FORTUNÉ DU BOISGOBEY

L'AS DE COEUR

TOME DEUXIÈME

PARIS

E. DENTU, ÉDITEUR

Libraire de la Société des Gens de Lettres

PALAIS-ROYAL, 17-19, GALERIE D'ORLÉANS

L'AS DE CŒUR

II

Y²

D. Thiéry et Cⁱᵉ. — Imprimerie de Lagny.

L'AS DE CŒUR

PAR

FORTUNÉ DU BOISGOBEY

TOME DEUXIÈME

PARIS

E. DENTU, ÉDITEUR

LIBRAIRIE DE LA SOCIÉTÉ DES GENS DE LETTRES

PALAIS-ROYAL, 17 ET 19, GALERIE D'ORLÉANS

1875

L'AS DE CŒUR

I

Un mois s'était passé depuis la disparition de l'exempt Larfaille.

Le printemps naissait, les bourgeons des charmilles commençaient à s'épanouir, et les petits oiseaux chantaient joyeusement dans les grands arbres. Le clair soleil de mars dorait les toits pointus du vieux Paris ; le ciel était bleu, l'air était tiède. On sentait venir cette douce saison, ce rajeunissement de la nature que nos pères avaient si bien nommé : le *renouveau*.

En 1720, tout aussi bien que de nos jours, ces souffles printaniers agissaient puissamment sur les bourgeois de la grande ville et les poussaient à se répandre par les rues.

Aussi, ce matin-là, ne voyait-on partout que courtauds

de boutique endimanchés, promenant des fillettes en courtes jupes rayées, soldats aux gardes, flanqués de Margotons en caraco d'indienne à fleurs, et montant vers les Porcherons avec ce gracieux déhanchement dont les tambours-majors ont perpétué jusqu'à nous la tradition. On rencontrait même, de ci de là, quelques vénérables couples modestement vêtus de serge et de futaine, qui s'en allaient humer les senteurs du quai de la Râpée, tout comme les Espagnols de Madrid s'en vont, en hiver, *prendre le soleil* à la *Puerta del Sol*.

La rive gauche de la Seine, en ce temps-là, n'était pas, comme à présent, privée de divertissements populaires, et ses habitants n'étaient point obligés, pour s'amuser, de passer le Pont-Neuf ou le Pont-Royal, alors récemment construit. Les jours de fête, les rues y regorgeaient d'oisifs s'acheminant, qui vers l'enclos des Chartreux, où on jouait aux boules, qui vers la foire Saint-Germain, où on jouait à toutes sortes de jeux.

C'est pourquoi, par une belle journée de la semaine qui précédait le dimanche de la Passion, nul ne s'étonna de voir sortir de l'hôtel de Flandre et remonter la rue Dauphine deux gentilshommes qui paraissaient de fort belle humeur.

Le plus jeune de ces deux seigneurs était le comte de Horn, habillé avec recherche et portant haut la tête, comme toujours. L'autre, moins élégant et moins fier, était Laurent de Mille, qui, pour la circonstance, avait revêtu un costume d'officier réformé, moitié militaire, moitié civil.

Le comte et l'aventurier Piémontais, que la nature n'avait cependant point créés pour frayer ensemble, avaient l'air d'être les meilleurs amis du monde. Ils causaient avec une animation et une gaieté qui faisaient parfois retourner les passants, émerveillés de la braverie de ces fringants cavaliers.

— Ainsi, mon cher capitaine, disait M. de Horn, vous m'assurez que le coup se fera aux fêtes de Pâques ?

— Tout me le fait espérer, monsieur le comte, répondait Laurent de Mille. Le colonel me disait encore hier que le Régent, aussitôt après la semaine sainte, ne manquerait point de s'en aller visiter la marquise, qui vient de se mettre en retraite à Asnières.

— Oui, oui, elle est depuis deux jours dans sa petite maison du bord de l'eau.

— C'est bien cela. Oh ! nous sommes exactement renseignés, et, pour avoir changé nos batteries, nous n'en sommes pas moins préparés à l'attaque. Au premier signal, tous nos hommes seront sur pied, et, comme nous n'avons plus d'indiscrétion à craindre, les choses ne tourneront point comme dans la carrière où vous passâtes une si mauvaise nuit.

— Je le souhaite, car je veux ma part de la revanche que Philippe nous doit. Mais ce que j'admire, c'est que vous ayez pu dépister si complétement les agents de d'Argenson, après notre mésaventure de la plaine de Vanves, qui les a tous dû mettre en éveil.

— On voit bien, monsieur le comte, que vous ne connaissez pas notre La Jonquière. C'est surtout après une bataille perdue qu'il fait des prodiges.

Dans le cas présent, par exemple, toute sa combinaison reposait sur la crédulité du Régent, auprès duquel il avait réussi à se faire passer pour le commandeur Baroni, vieux camarade des guerres d'Italie et grand sorcier. Le Régent bavarde, comme vous savez; Dubois, plus fin que lui, prend ses mesures pour nous ramasser tous d'un même coup de filet. Par bonheur, on nous avertit, et nous ne tombons point dans la nasse.

Que fait notre ami La Jonquière? Vous croyez peut-être qu'il va poursuivre ses courses à travers Paris sous cent déguisements divers, persister à nous réunir chez ce vieil ours de Blanche-Barbe. Point. Il fait le mort.

Le commandeur italien doit être signalé à toutes les mouches du lieutenant de police, aussi bien que certains commissaires, certains sous-fermiers, certains gardes-françaises de fantaisie. La Jonquière s'habille en moine mendiant, s'en va trouver le supérieur des pères Capucins du faubourg Saint-Jacques, lui persuade qu'il est envoyé par les Franciscains de Burgos pour recueillir des aumônes destinées à l'entretien de je ne sais quelle chapelle, et obtient la permission de séjourner au couvent et de quêter dans Paris.

Tous nos affiliés reçoivent l'ordre de se disperser, de vivre bourgeoisement et de se promener séparément tous les jours à une certaine heure sur le Pont-Neuf, où dom Blas, le frère quêteur, passe quotidiennement avec son âne et ses besaces.

— Bon, je comprends. Quand le moment sera venu, il leur fera un signe...

— Et tous ces braves gens s'iront promener le soir aux alentours du bac d'Asnières. Ce n'est pas tout. Quelques indices ont donné à penser au colonel que le cabaret de Blanche-Barbe était devenu suspect aux exempts. Nous ne nous réunissons plus à l'*Epée-de-Bois*. C'est tout au plus, si je vais rôder de ce côté-là, de temps en temps, à la brune, pour échanger un mot avec le tavernier, qui a conservé la louable habitude de fumer sa pipe, le soir, sur le seuil de sa porte.

— Tout cela est supérieurement réglé, mon cher capitaine, et je suppose que vous-même, vous avez trouvé le
moyen de défier toutes·les recherches.

— Moi, monsieur le comte, j'ai pris le rôle qui me convenait le mieux ; je suis chargé du ministère des affaires
extérieures, ni plus ni moins que ce cuistre de Dubois au
Palais-Royal. Ainsi, c'est moi qui ai mission, comme
vous le savez, d'entretenir avec Votre Seigneurie des relations auxquelles nous attachons le plus grand prix. Par
fortune, mon visage n'est point connu des mouches de
d'Argenson. Je puis donc me promener librement, et j'ai
pris gîte dans une bonne auberge, près de la porte Saint-
Honoré, en me faisant passer pour un cadet de Provence
qui vient solliciter une compagnie.

— A merveille. Mais vous ne me parlez pas du chevalier
du Terne de Grandpré.

— Oh! celui-là a mal tourné.

— Quoi ! il aurait passé à l'ennemi?

— Non, pas précisément; mais c'est bien pis, il est
amoureux.

— Oui, je me souviens, il est fou de cette fille qui vendait
des fleurs autrefois, et qui, présentement, raccommode
des bas dans le cul-de-sac de Venise. Mais que fait cela
à la conspiration?

— Monsieur le comte, le colonel a coutume de dire que
les femmes furent créées par le diable pour la perdition
des hommes, et il a raison. Croiriez-vous que cette créature ayant disparu un beau soir, soit qu'elle ait été enlevée, soit qu'elle ait suivi de son plein gré un grand seigneur ou un traitant, ce pauvre chevalier en a perdu l'esprit et ne pense plus qu'à la retrouver. C'est à ce point
qu'il néglige tous ses devoirs de conspirateur, et que

nous ne le voyons plus que très-rarement. Il est allé
se loger près de l'hôpital général, où il s'imagine qu'on
a enfermé sa belle, et c'est à peine s'il vient parfois
confier ses chagrins à la mère de la petite, à dame Margot, qui a pris la chose plus à cœur que son peu tendre
époux.

— C'est dommage, dit Horn. M. de Grandpré était bon
gentilhomme et bon compagnon. J'aurais eu du plaisir à
le voir à côté de moi quand nous chargerons l'escorte du
Régent.

— Vous l'y verrez peut-être, monsieur le comte, reprit
vivement le Piémontais, car j'espère qu'il ne nous a pas
tout à fait abandonnés, et que nous le retrouverons le
jour de l'action. Mais, puisque vous me parlez de l'attaque du carrosse, il faut que je vous demande où est située
exactement la petite maison que vous venez d'acquérir à
Asnières.

— A cent pas de la Seine, presque en face du bac.

— Tout près de celle de madame de Parabère, alors. Et
c'est là que je devrai aller vous avertir quand le moment
sera venu d'en finir avec M. le Régent?

— C'est là.

— Mais, à partir de quel jour? car, si je ne me trompe,
vous n'avez point encore quitté votre auberge pour vous
établir dans votre nouvelle propriété.

— Très - prochainement. Après-demain, demain peut-
être. Je ne sais pas au juste.

— Vraiment? Excusez mon indiscrétion, mais je m'ima-
ginais que, la marquise étant en retraite depuis deux jours,
vous deviez être très-pressé d'habiter Asnières.

— Je le suis on ne peut plus, mordieu! et si cela ne dé-
pendait que de moi, et non du notaire qui m'a vendu cette

bicoque... Imaginez, mon cher capitaine, que ce maître
sot ne me veut point remettre les clefs avant que le prix
de l'acquisition lui soit payé jusqu'au dernier sou.

— Voilà un notaire bien impertinent !

— Or, j'attends de l'argent que madame ma mère doit
m'envoyer et qui n'arrive point, et pendant ce temps-là,
les jours s'écoulent, et la marquise...

— La marquise s'ennuie, cela est certain. C'est pourquoi, monsieur le comte, je crois que c'est le cas de procéder à l'application d'un des préceptes favoris du colonel. Il
a coutume de dire que lorsqu'on manque d'argent, il faut
aller au jeu. Or, je connais à la foire Saint-Germain, où
nous nous rendons de ce pas, une certaine banque de
pharaon qui vous fournira, je l'espère, les quelques milliers de louis dont vous avez besoin.

— J'y compte bien, dit le comte d'un air sombre.

Le subtil Piémontais, Lorenzo de Mille, ne soupçonnait
pas à quel point l'avis qu'il venait d'ouvrir agréait au
comte de Horn. Il lui proposait de tenter la fortune, et
depuis trois jours le comte pensait à demander au jeu
l'argent dont il avait besoin pour payer l'achat de la petite
maison d'Asnières.

C'est que le jeune gentilhomme que Mille croyait fort
riche se trouvait, au contraire, dans le plus grand embarras. Il avait beau être de maison souveraine, il était cadet,
réduit par conséquent à sa *légitime*, c'était le terme
usité pour désigner la pension généralement assez médiocre que servait à ses frères le premier né d'une grande
famille. Sa mère, il est vrai, veuve du prince de Horn et
fille du prince de Ligne, jouissait d'un douaire considé-
rable et prenait sur son revenu personnel de quoi remplir
fréquemment la bourse d'un enfant qu'elle chérissait d'au-

tant plus peut-être, que le hasard de la naissance l'avait moins bien traité que son aîné.

Bien souvent déjà, alors que le jeune capitaine Antoine-Joseph de Horn tenait garnison en Autriche, la bonne princesse était venue à son secours en payant ses dettes, à l'insu de Maximilien-Emmanuel, chef actuel de leur maison. Mais les dettes n'étaient pas plus tôt payées qu'Antoine-Joseph en faisait d'autres, et ses prodigalités menaçaient d'aller si loin, qu'on l'avait fait revenir de Vienne au château de Baussignies.

Il s'était si fort ennuyé dans le manoir de ses ancêtres, il y avait tant de fois menacé sa mère et son frère de faire un coup de tête et de se sauver chez les Turcs, que, d'un commun accord, ils avaient décidé de l'envoyer à Paris passer un mois ou deux, afin de calmer cette fougue de jeunesse.

Le remède, hélas! avait été pire que le mal. Au lieu de fréquenter chez le duc de Croï, chez le marquis de Créquy et chez tant d'autres grands seigneurs de la cour de France qui étaient ses parents et qui l'eussent accueilli à bras ouverts, au lieu de se faire présenter au Régent et au roi comme sa naissance lui en donnait le droit, Antoine-Joseph s'était jeté à corps perdu dans la basse compagnie et la débauche obscure.

Sa rencontre avec le duc d'Orléans au bal de l'Opéra et l'intrigue ébauchée avec la marquise de Parabère étaient à peu près les seuls épisodes avouables de cette existence dévoyée, et encore avaient-ils eu pour conséquence de le lancer dans la conspiration de La Jonquière.

Cependant, la dépense du jeune comte avait été effroyable, et sa pauvre mère, fatiguée de subvenir sans cesse à des débordements qu'elle déplorait, songeait sérieusement à y mettre un terme en refusant les subsides que l'enfant prodigue ne se lassait pas de demander. Elle venait même de se résoudre à envoyer à Paris un gentilhomme de sa maison pour le ramener en Flandre.

C'était la raison pour laquelle l'argent réclamé par le jeune et extravagant rejeton d'une race illustre tardait tant à venir, et ce retard le mettait dans l'impossibilité de conclure l'achat de cette petite maison, où la chauve-souris du bal masqué avait promis de venir se poser.

Depuis le premier billet parfumé que Liévin était venu lui apporter le jour où il traversait le Pont-Neuf, en compagnie du chevalier du Terne, la marquise lui en avait écrit deux autres encore plus significatifs. Le dernier laissait même percer un certain dépit du peu d'empressement que le comte paraissait mettre à devenir propriétaire dans le village d'Asnières. Les marquises ne connaissent point d'obstacles, et madame de Parabère surtout n'avait point accoutumé d'attendre.

Le comte cependant n'était pas coupable de négligence, car il était allé tout droit chez maître Crozat, notaire au Châtelet, pour lui donner ordre d'acheter à tout prix, et ledit maître Crozat avait promptement trouvé ce qu'il fallait à des amoureux de qualité : une ravissante bon-bonnière qu'un traitant ruiné par les actions du Missis-sipi avait fait construire et meubler pour une danseuse de l'Opéra, et qu'il consentait à vendre pour la modique somme de trente mille livres.

Par malheur, ces misérables trente mille livres, le comte de Horn ne les avait plus. De la grosse, très-grosse bourse que sa mère avait garnie à son départ, il lui restait une centaine de pistoles, à peine de quoi subvenir aux menues dépenses d'une campagne de galanterie.

1.

Il avait bien essayé de le prendre de très-haut avec maître Crozat. Mais ce fut en vain qu'il fit sonner devant lui le crédit de sa famille et même qu'il le menaça de lui couper les oreilles. L'intraitable tabellion tint ferme. Ses oreilles ne furent point coupées, mais elles restèrent sourdes à toute proposition d'accommodement.

Cependant, le temps marchait, la réponse à une lettre pressante et les secours maternels n'arrivaient point. Et madame de Parabère venait de s'établir à Asnières pour toute une semaine, et, faute de la petite maison, Horn allait manquer une occasion qui ne se représenterait plus.

Maître Crozat, qui retenait impitoyablement les clefs de ce paradis, ne se doutait pas des conséquences que devait amener sa fidélité au devoir professionnel.

Laurent de Mille venait voir le comte de temps à autre pour tenir en haleine ses velléités de conspiration. Il arriva ce jour-là au moment le plus aigu de la crise morale par laquelle passait depuis un mois l'emporté gentilhomme, et on peut juger si la proposition qu'il lui fit de le mener au jeu fut bien accueillie.

C'était avec le secret désir de courir les tripots que Horn avait prié le Piémontais de l'accompagner à la foire Saint-Germain et il avait eu bien soin de mettre dans sa poche les cent pistoles qui composaient, pour le présent, tout son avoir.

— Y a-t-il vraiment un jeu sérieux à cette foire? demanda-t-il.

— Je vous le promets, dit gravement le capitaine.

— C'est que je le veux gros.

— Vous l'aurez gros. Mon compatriote Razzetta met chaque matin deux mille louis en banque et tient toute la journée contre tout venant.

— Deux mille louis, murmura le comte, ce serait bien la somme qu'il me faudrait. Qui est ce Razzetta ?

— Un Génois fort entreprenant qui vint ici l'an passé, et qui a obtenu du lieutenant de police l'autorisation d'établir un jeu public pendant toute la durée de la foire.

— Et vous dites qu'on peut lui gagner cinquante mille livres ?

— Eh ! eh ! cela n'est pas précisément facile ; mais enfin cela s'est vu. On prétend même que mylord Stairs, ambassadeur d'Angleterre, lui a enlevé, au commencement du carême, six mille pistoles en une seule séance.

— Et il ne triche pas, cet Italien ?

— Pour cela non. Ce serait contraire à son intérêt, puisque le jeu de *pharaon* donne à celui qui tient la banque un avantage mathématique, et puis, je le crois honnête homme.

— Oh ! bien, alors, nous dirons deux mots à ce brave Génois et à ses écus.

— Vous m'excuserez, monsieur le comte, si je garde en cette rencontre un silence prudent. Je suis pour le moment fort désargenté.

— Mais, moi, je suis en fonds, mon cher capitaine, dit Horn en faisant sonner son or dans sa poche, et, si je gagne, comme je l'espère bien, vous aurez votre part du bénéfice.

— Ma foi ! monsieur le comte, vous avez des façons d'agir qui font qu'on se jetterait au feu pour vous, et, si jamais vous avez besoin de mon épée... c'est la seule chose dont je puisse disposer, mais elle est bien à votre service.

— Merci, capitaine. Sommes-nous encore loin de cette bienheureuse foire ?

— Nous y voilà. Voyez là-bas, devant nous, la première rangée de baraques.

Tout en causant, les deux promeneurs étaient arrivés au coin de la rue de Condé et de la rue de Quatre-Vents qui aboutissait directement à une des faces des constructions où se tenait alors chaque année, du 3 février au dimanche des Rameaux, la foire la plus fréquentée de Paris.

Elle occupait un vaste emplacement dépendant de l'Abbaye Saint-Germain des Prés et couvrait tout l'espace compris aujourd'hui entre la rue de Seine, la rue Saint-Sulpice, la rue des Canettes et la rue du Four.

Cet immense terrain était sillonné de voies bordées de boutiques en planches, formant le carré autour d'un préau central, complanté de grands arbres. Les baraques les plus achalandées se trouvaient à l'angle qui confinait à la rue de Tournon.

Il y avait là des bijoutiers, des marchandes de modes, des cafés, des danseurs de corde, montreurs de marionnettes ou de bêtes curieuses et une foule d'autres commerçants forains. Il y avait même un opéra-comique qui attirait beaucoup de monde et faisait souvent du tort à la Comédie Italienne. Mais la principale cause de la vogue dont la foire jouissait alors, c'était le jeu public qu'on y avait autorisé après la mort de Louis XIV et qui y fut toléré tout le temps de la Régence.

Lorsque, quarante ans plus tard, elle prit fin, par suite d'un terrible incendie qui, dans la nuit du 16 au 17 mars 1762, consuma toutes les baraques, elle était déjà bien déchue de son ancienne splendeur.

L'hiver de 1720 fut peut-être celui où elle brilla du plus vif éclat, où, par conséquent, on joua le plus cher, et les

jours qui précédèrent la semaine sainte furent certainement les plus animés de ce triomphant hiver.

Ce matin-là, les allées regorgeaient de curieux et d'ache-
teurs, poussant, poussés, se bousculant et criant presque
aussi fort que les bateleurs perchés sur leurs tréteaux.
Les instruments de cuivre faisaient rage, les chanteurs en
plein vent s'égosillaient à qui mieux mieux, les enfants
braillaient. C'était un vacarme assourdissant et un tumulte
inouï.

Laurent de Mille, qui connaissait la foire aussi bien et
mieux que son *Pater*, guida son compagnon à travers le
dédale des boutiques et l'amena devant une grande baraque construite avec plus de luxe que les autres, au fron-
ton de laquelle s'étalait cette alléchante inscription :

Cinquante mille livres à gagner avec une pistole.

En dépit de cette enseigne pleine de promesses, la foule
ne se pressait pas autour de l'autel élevé par le *signor*
Razzetta à l'aveugle déesse Fortune.

A la foire Saint-Germain, les petits joueurs, beaucoup
plus nombreux que les gros, préféraient des tripots moins
brillants, où on n'avait pas la chance de gagner autant,
mais aussi où on pouvait tenter le hasard avec un petit
écu, voire même avec une pièce de quinze sous, car, en
ce lieu privilégié, le vice était à la portée de toutes les
bourses.

A la banque du Génois, le minimum de la mise étant
d'une pistole, les clercs de procureur, les courtauds de
boutique et les sergents recruteurs n'en approchaient
guère. Mais en dehors de ces trois catégories, qui, avec
les filous et les filles, formaient le public habituel de la
foire, il y venait aussi bon nombre de jeunes seigneurs
et d'étrangers de qualité, curieux de plaisirs populaires,

et même quelques grandes dames, ravies de s'enca-
nailler un peu.

Tout ce beau monde se serait cru déshonoré d'exposer
ses louis ailleurs que chez l'illustre Razzetta. C'était donc
par exception que, ce jour-là, chômait la partie de l'Italien.

Cet intéressant industriel attendait la pratique, assis
derrière une table recouverte d'un tapis vert. Il avait à
sa gauche des piles de louis et de doubles louis d'or sy-
métriquement alignées, et des cartes à sa droite.

Tout cela était à portée de la main des passants. Point
de grille; pas même de balustrade. C'était le jeu en boutique et en boutique ouverte.

Il est vrai que ce banquier en plein vent était flanqué
de deux grands nègres, bizarrement accoutrés, et appuyés
sur de grosses cannes très-propres à rompre les os du
malavisé qui se serait permis de toucher au trésor.

Razzetta, d'ailleurs, était un personnage de basse mine,
maigre et pâle, avec une figure fine et des yeux d'une
vivacité inquiétante : un vrai type de sbire italien. Cet
homme avait dû espionner jadis pour le compte des in-
quisiteurs d'État de la Sérénissime République de Venise.

Dès qu'il vit s'arrêter devant son étalage deux cavaliers
de bonne apparence, il leur adressa un sourire gracieux
et se leva en leur tendant, d'un air tout à fait engageant,
deux petits paquets de cartes.

Cela s'appelait deux *livrets*, dans l'argot du *pharaon*.

Ce jeu, fort en vogue au XVIIIe siècle, et encore très-
pratiqué de nos jours en Russie et dans le Levant, avait
dû être inventé dans la ville des doges, où il était devenu
presque une institution d'État, puisque les patriciens ins-
crits au Livre d'Or, y jouissaient seuls du droit de le *tailler*

publiquement et en robe rouge. Il ressemblait assez à ce qu'on nomme aujourd'hui le *lansquenet*, qui n'est pas du tout le *lansquenet* du temps de Louis XIV.

Chaque joueur étalait devant lui son *livret* et posait sa mise sur une ou plusieurs des treize cartes qui le composaient. Le banquier *taillait*, c'est-à-dire tirait, de deux grands jeux mêlés ensemble, les cartes l'une après l'autre. Deux cartes tirées successivement formaient un coup ; la première lui faisait gagner, la seconde faisait gagner au joueur l'argent exposé sur la carte correspondante dans le livret. Quand il amenait de suite deux cartes pareilles, il prenait la moitié de la mise, et, autre avantage, il ne payait pas la dernière carte gagnante de la taille.

Ces détails, indispensables maintenant pour comprendre la marche de ce jeu démodé, Antoine-Joseph de Horn les connaissait à fond, car il n'était pas alors un gentilhomme qui ne sût sur le bout du doigt toutes les finesses du *pharaon*, et, de plus, il était né aussi joueur que s'il eût vu le jour sur les bords de la Garonne. Il prit donc son *livret* d'une main assurée et l'étala méthodiquement sur la table.

Laurent de Mille en fit autant du sien, mais c'était pour la forme, car il dit à Razzetta en touchant du doigt la poche de sa veste :

— Elle est vide, compère. C'est pourquoi aujourd'hui je ne serai qu'un *ponte* pour rire. Mais voilà mon ami qui, à lui tout seul, est de force à faire sauter la banque.

— A votre aise, mon gentilhomme, dit le Génois avec un nouveau sourire.

Pendant qu'il mêlait tranquillement les cartes, le comte préparait ses munitions pour le combat. Il tira de sa poche

une poignée d'or, la seule d'ailleurs qu'il pût y puiser,
et commença de distribuer des louis sur un certain nombre de cartes de son livret.

A voir l'aplomb avec lequel il procédait à cette opération, on aurait juré que ses habits étaient bourrés de
doubles pistoles et de billets de caisse. Razzetta lui lança
un regard destiné à sonder l'énergie et la bourse de cet
adversaire inconnu, puis il le pria de *couper*.

— Mauvaise méthode, que la vôtre, dit le capitaine à
l'oreille du comte ; les grands joueurs ne *pontent* jamais
que sur une seule carte à la fois.

Horn haussa légèrement les épaules et ne retira point
ses mises.

L'Italien se mit à tailler lentement, froidement, magistralement, en homme accoutumé à braver le feu des *parolis*, et plein de foi dans les avantages du *doublet* et de la
dernière carte.

Les deux nègres restaient impassibles et immobiles
comme deux cariatides noires.

Quelques oisifs s'étaient arrêtés à regarder la bataille.

Elle se livrait avec des chances diverses. Au quinzième
tirage, Horn avait perdu trois cartes et il en avait gagné
une qui, par trois fois, était sortie seconde.

Heureusement cette carte, la dame de trèfle, portait sa
plus grosse mise, six beaux louis tout neufs. Il l'avait
donc triplement cornée, suivant l'usage adopté pour mar-
quer les *parolis*, et les six louis en représentaient déjà quarante-huit.

— La marquise est brune ; une dame noire doit vous
porter bonheur, dit le capitaine en riant.

Il n'avait pas fini de lancer sa prophétie, qu'elle était
déjà vérifiée. La dame était encore venue seconde.

Cette fois, Razzetta allongea silencieusement deux piles de louis, et le comte, alléché par ce succès, commença d'attaquer avec de gros bataillons. Seulement il serra son jeu et, suivant le conseil du capitaine, il ne misa plus que sur deux cartes à la fois.

Il laissa cinquante louis sur la dame de trèfle et en plaça quarante sur l'as de cœur.

Cinq minutes après, la dame perdait, après avoir encore gagné trois fois, et l'as, au contraire, enlevait triomphalement, à son troisième paroli, quatre cent quatre-vingts louis.

— La marquise se conduit fort mal, ricana Laurent de Mille; à votre place, moi, je la planterais là.

Ainsi fit le jeune comte, qui reporta tout son espoir et toutes ses forces sur l'as. L'as sortit, puis sortit encore du bon côté.

Au quarantième tirage, Horn avait gagné dix-neuf cent vingt louis, lesquels représentaient un peu plus de quarante-six mille livres.

La petite maison d'Asnières n'en coûtait que trente mille.

Pendant que le banquier lui poussait un tas d'or, Horn pensait à l'ineffable plaisir qu'il aurait dans une heure à jeter les trois mille pistoles au nez de M⁰ Crozat, et à celui non moins enviable que lui procurerait peut-être le soir même la possession de la clef arrachée à ce dragon en bésicles.

Les nègres roulaient des yeux blancs, Mille sautait de joie, et les curieux qui formaient le cercle exprimaient tout haut leur admiration. Seul, l'inébranlable Génois ne paraissait non plus ému que si les louis qu'il perdait eussent été de petits écus.

Un observateur consommé aurait peut-être remarqué que ses lèvres minces se pinçaient encore davantage, mais c'était tout.

— Mon gentilhomme, dit-il du ton le plus calme, j'ai pour coutume invariable de ne jamais tenir au delà de ma banque. Elle était de cinquante mille livres, vous venez de m'en gagner quarante-six mille. C'est donc environ quatre mille livres qui restent au jeu, et que je serai ravi de vous payer tout à l'heure, si la fortune continue à vous favoriser.

Le comte allongea sa main pour retirer son or et l'empocher. Par malheur, il crut voir se dessiner sur la bouche serrée de Razzetta un sourire ironique.

— Ce croquant a l'air de croire que j'ai peur de ce méchant reste, pensa-t-il.

Et il dit vivement :

— Masse aux quatre mille livres !

— Tope ! répondit l'Italien.

Il tira les cartes et amena un as du premier coup. Horn avait perdu. Le banquier attira à lui les quatre cents pistoles et le regarda fixement.

— Masse aux huit mille livres ! cria le comte.

Au troisième tirage, l'as sortit encore le premier. Décidément, la veine changeait.

Il restait encore à l'imprudent adorateur de la marquise de quoi acheter la petite maison, et il eut un instant la bonne inspiration de ramasser son gain et de partir. Mais le diable lui fit passer par l'esprit qu'une fois le notaire payé, il se trouverait presque à sec et que l'amant de madame de Parabère ferait, sans argent, bien triste figure.

Il joua les seize mille livres et il les perdit.

A partir de ce coup décisif, ce fut moins un combat qu'une déroute.

Au jeu de hasard, le banquier est à peu près dans la même situation que le commandant d'un fort auquel on donne l'assaut. Quant l'assaut est repoussé, l'assaillant est souvent forcé de lever le siége.

Quatre fois encore, l'as fatal sortit pour le banquier, et, au quatrième, il enleva au comte de Horn sa dernière pistole.

Laurent de Mille avait suivi avec angoisse les progrès du désastre.

— Triple sot que je suis ! cria-t-il en se frappant le front ; triple sot de ne pas vous avoir averti que Law et l'*as de cœur*, c'est tout un. Que le diable étrangle le maudit Écossais qui nous a porté malheur !

En sa qualité d'Italien, Laurent de Mille avait le désespoir superstitieux, et le rapprochement qu'il prétendait établir entre M. Law, dit l'*As de Cœur*, et la carte qui venait de ruiner le comte de Horn, était, il le faut avouer, assez puéril. Mais l'homme qui perd au jeu s'en prend volontiers à quelqu'un ou à quelque chose, et le jeune gentilhomme dépouillé par Razzetta fit chorus avec son équivoque ami.

— Vous avez raison, capitaine, dit-il entre ses dents, c'est ce pleutre venu d'Ecosse qui m'a porté malheur.

Et, tournant le dos au banquier de *pharaon*, occupé à reconstruire les piles d'or qu'une audacieuse attaque avait passagèrement démolies, M. de Horn fendit les rangs grossis des spectateurs et s'éloigna à grands pas du champ de bataille où il avait été vaincu.

Les deux grands nègres firent sonner leurs cannes sur les planches de la baraque, comme s'ils eussent voulu saluer la retraite de l'ennemi ; le fin Génois se contenta de sourire, et Mille décampa, sans plus attendre, à la suite du comte.

— Mauvaise idée que j'ai eue là, dit-il dès qu'il l'eut rejoint ; ce Razzetta est favorisé du diable comme tous les coquins de sa sorte, et c'est folie que d'essayer de le plumer ; mais je sais par la foire des croupiers plus traitables, et, s'il vous plaît d'en essayer...

— Inutile, interrompit Horn. Je n'ai plus d'argent pour jouer.

Ce n'était que trop vrai. L'imprudent amoureux de madame de Parabère avait laissé le fond de sa bourse sur le tapis vert, mais pour qu'il avouât sa détresse, orgueilleux comme il l'était, il fallait que la perte l'eût touché profondément.

Et, de fait, il se trouvait dans une situation des plus fâcheuses. Outre qu'il ne savait plus comment subsister jusqu'à l'arrivée du secours attendu de Flandre, il se voyait contraint de renoncer à ses plus chers projets. Point d'argent, point de petite maison ; partant, point de marquise. Point de vengeance non plus, car comment s'embarquer sans un sou vaillant dans une entreprise qui le pouvait mener jusqu'en Espagne à la suite de la chaise de poste du Régent ?

Le comte se disait tout cela et enrageait de tout son cœur. Mille, qui devinait sa pensée, entreprit, non plus de le consoler, mais de lui prouver qu'il ne fallait point désespérer et qu'il était avec la malechance des accommodements.

— Si je vous accompagnais chez ce notaire, lui demandat-il quand ils eurent franchi les limites de la maudite foire, peut-être qu'à nous deux nous réussirions à lui faire entendre raison.

— Vous voulez dire à lui faire peur, n'est-ce pas? répliqua sèchement Horn. Eh bien! Ôtez-vous cela de l'esprit, capitaine. Le drôle est intraitable, et j'aimerais mieux avoir affaire à un escadron de chevau-légers qu'à ce cuistre en perruque courte. Si nous le menacions, il rentrerait sous terre, mais il appellerait à son aide tous les huissiers du grand et du petit Châtelet.

— Et cela ne ferait point les affaires du colonel, qui ne cesse de me recommander la prudence. Il nous faut aviser à autre chose.

— Je ne vois rien de possible, si ce n'est de me passer mon épée au travers du corps.

— Oh! monsieur le comte, que dites-vous là! Rien n'est perdu, mordieu! et un gentilhomme de votre nom ne peut pas rester dans l'embarras faute de quelques milliers de pistoles. Tenez! pour ne parler que du colonel, je ne fais point de doute qu'il ne s'estimât heureux de vous prêter la misérable somme dont vous avez besoin pour adoucir le maître cerbère qui garde la petite maison d'Asnières. La Jonquière dispose librement de l'or du roi d'Espagne, et il n'aurait qu'un mot à écrire à certain banquier de sa connaissance…

— Je préfère ne point recourir au colonel.

— Alors, pourquoi ne pas vous adresser à quelque seigneur de votre parenté? au duc d'Havré, au prince d'Epinay, au duc de Bouillon, à François de Lorraine, évêque-comte de Bayeux?

— Pas un d'eux ne consentirait à me venir en aide, pas un qui ne me refusât, de crainte de déplaire à mon frère aîné.

— Diable! c'est que je commence à être à bout d'expédients. Il y a bien encore les prêteurs à usure, qui ne de-

manderaient pas mieux que de gagner de gros intérêts
en obligeant un fils de famille princière; mais ce sont
pour la plupart gens méticuleux qui ne s'engagent point
à la légère; ils voudraient écrire en Flandre, afin de
se renseigner sur vos biens, et cela prendrait du temps.
Les Lombards ne font d'avances que sur gage...

— Et toutes mes nippes ensemble ne valent pas assurément trente mille livres. Ainsi, laissons cela, capitaine.
J'attendrai l'argent que ma mère doit m'envoyer.

Le capitaine ne dit plus mot et suivit, tout pensif, son
désolé compagnon. Après avoir fait silencieusement une
centaine de pas, il se frappa le front et s'écria :

— Monsieur le comte, cette fois, je crois que je tiens une
idée.

— Voyons, dit Horn assez froidement.

— C'est ce croquant de Law qui vous a porté malheur ;
c'est à lui de réparer les désastres causés par l'*As de
Cœur*.

— Je ne comprends pas.

— Comment ! ne savez-vous point que, du jour au lendemain, quelquefois du matin au soir, on peut faire fortune avec le *système* inventé par ce va-nu-pieds enrichi.

— Je l'ai entendu dire; mais du diable si je sais comme
il faut s'y prendre pour gagner à ce jeu-là.

— C'est moins difficile assurément qu'au *pharaon*. Il ne
s'agit que d'acheter des actions la veille du jour où elles
haussent.

— La belle affaire, et que me voilà bien avancé ! Qui
m'avertira, s'il vous plaît, qu'elles doivent hausser un tel
jour ?

— On n'est jamais absolument sûr de ces choses-là,
mais cela se devine, cela se sent. J'ai assez souvent écouté

les discours que ces Mississipiens tenaient entre eux chez Blanche-Barbe pour être au courant de leurs façons, et, si je m'en voulais mêler, je suis sûr que j'agioterais tout aussi habilement que le plus fin de la bande.

— Et vous croyez qu'en ce moment cette banque est sur le point de hausser?

— J'en jurerais. Hier encore, je me mêlai aux groupes dans la rue Quincampoix, et j'entendis raisonner les gros bonnets de l'agio. Ils prétendent unanimement que, sous trois jours, le cours des actions aura presque doublé.

— En vérité, capitaine, vous me surprenez fort, et je n'étais non plus instruit de tous ces mystères que ne le sont les habitants de la lune. Mais est-il bien sûr qu'on puisse, quand ils ont gagné, convertir en or ces chiffons de papier que vous nommez des actions?

— On ne peut plus sûr. Il y a, dans Paris, cent courtiers qui vous les payeraient comptant.

— Et moi qui pensais que tout cela n'était que jongle-rie !

— Jonglerie, soit ! mais qui enrichit promptement les jongleurs adroits.

— Oui, murmura le comte, devenu rêveur, ce serait un moyen. La fortune ne me sera peut-être pas toujours contraire, et, si je pouvais la tenter...

— Là ! s'écria le Piémontais triomphant, je savais bien que vous y viendriez !

Horn ne répondit pas à cette exclamation, et il chemina quelque temps sans adresser la parole au capitaine. Peut-être mesurait-il les progrès inquiétants que ce personnage avait faits dans son intimité depuis le jour où il lui avait inspiré à première vue tant de répugnance. Peut-être se disait-il qu'un aventurier étranger, coupe-jarret de profession et intrigant de bas étage, était une pauvre compagnie à fréquenter pour le descendant du grand comte de Horn, martyr, avec d'Egmont, de l'indépendance des Pays-Bas.

Ces salutaires réflexions, si elles lui vinrent, ne furent pas de longue durée.

— Capitaine, c'est fort bien, dit-il brusquement ; mais je suppose que pour acheter des actions il faut de l'argent, et vous savez que je n'en ai point.

— Bon ! n'est-ce que cela ? Rassurez-vous. Les courtiers ne sont pas de si farouche approche que les notaires, et je connais un bon juif qui ne demande qu'à traiter à crédit avec tous ceux qui, comme vous, lui offrent des garanties suffisantes. Le père Abraham porte toujours sur lui des actions pour plusieurs centaines de mille livres, et, quand il saura qui vous êtes, l'affaire sera bâclée en un tour de main.

— Expliquez-moi, je vous prie, comment les choses se passeront.

— De la façon la plus simple. Je l'irai trouver dans le coin où il se tient tout le jour, devant l'hôtel de la Compagnie des Indes, et je lui dirai que vous désirez acheter, par exemple, cinq cents actions, livrables et payables sous trois jours. Il a justement trafiqué autrefois à Bruxelles, et il connaît à merveille les biens immenses de votre maison. Il ne fera donc nulle difficulté de consentir au marché qui se conclura le soir même dans le cabinet situé au-dessus du cabaret de l'*Epée-de-Bois*. Le lendemain et le surlendemain, les actions monteront de cent, deux cents, trois cents livres, plus ou moins, mais elles monteront, j'en suis sûr, et, le troisième jour, Abraham vous comptera en beaux louis d'or une somme énorme, en retenant son courtage, cela s'entend.

— Et si, par malheur, les actions venaient à baisser ?

— Alors vous seriez débiteur d'autant à ce fils d'Israël et il en serait quitte pour attendre.

Le comte tressaillit. Il voyait clairement que le sieur de Mille lui proposait là une opération dont la loyauté d'un gentilhomme ne se pouvait guère accommoder, et son bon ange lui soufflait à l'oreille de refuser le tentateur. Mais l'esprit infernal évoqua pour le perdre l'image de madame de Parabère. La décevante marquise lui apparut, un sourire dédaigneux sur les lèvres, montrant d'un geste ironique la petite maison d'Asnières dont la porte restait fermée au cadet de famille, trop pauvre pour la payer. Son orgueil révolté fit taire sa conscience.

— Je suis décidé à faire ce que vous me conseillez, dit-il d'une voix saccadée, mais il faut que ce soit tôt.

— Venez demain, à la nuit tombante, au cul-de-sac de Venise. Vous m'y trouverez avec Abraham, que j'aurai prévenu. En moins d'une demi-heure, l'affaire sera finie. Est-ce convenu, monsieur le comte ?

— C'est convenu, dit Antoine-Joseph de Horn.

Et le bon ange remonta au ciel.

II

Le soir de ce jour, à la brune, le chevalier du Terne, que Laurent de Mille accusait, non sans motif, de négliger les intérêts du complot, se promenait seul au milieu de la Place-Royale.

Depuis un mois, il venait là dès que la nuit tombait.

La convention conclue avec la fille de l'exempt avait été ponctuellement exécutée de part et d'autre, et ils arrivaient tous les deux au rendez-vous avec une régularité qui, d'ordinaire, n'est pratiquée que par les amoureux. Et, de fait, les bourgeois attardés qui les rencontraient au crépuscule, marchant côte à côte et se parlant à voix basse, ne manquaient pas de les prendre pour des fiancés échangeant de douces confidences, sinon pour des époux en pleine lune de miel.

Ils se trompaient du tout au tout, car, entre les deux jeunes gens si exacts à se rencontrer, il était question de tout, excepté d'amour. Gudule n'avait garde, dans ces longs entretiens, de laisser paraître un sentiment qu'elle refoulait au plus profond de son cœur. Du Terne, qui la devinait, s'abstenait soigneusement de toute allusion à cette entrevue chez maître La Perrelle où la pauvre enfant avait laissé échapper son secret, et il poussait la délicatesse jusqu'à choisir ses termes quand il parlait de Violette. Pour éviter de blesser sa petite amie, il s'efforçait de contenir les élans de sa passion et de rester calme, presque froid, dans son langage, alors que l'inquiétude sur le sort d'une femme adorée bouleversait son âme.

Qui les eût entendus échanger le récit de leurs démarches pour retrouver la pauvre disparue aurait certainement cru qu'il s'agissait d'une sœur ou d'une amie, et n'aurait jamais soupçonné tout ce qu'il y avait d'abnégation dans cette recherche d'un rivale préférée entreprise par la généreuse enfant qui sacrifiait son amour au bonheur de celui qu'elle aimait.

Jusqu'alors, hélas! Dieu n'avait pas béni leurs efforts, et ils n'étaient guère plus avancés que le premier jour. Vainement le chevalier était allé se confiner dans une mansarde dont la fenêtre donnait sur les jardins de l'hôpital général où il avait de fortes raisons de croire qu'on avait enfermé Violette. Vainement il avait tout mis en œuvre pour obtenir accès par la ruse ou par l'argent dans ce redoutable asile où on jetait alors indistinctement les incurables, les mendiants et les filles perdues. Vainement il s'était renseigné auprès des voisins, même auprès des servants de la maison, pour savoir si on n'y avait point amené une personne dont le signalement correspondît à celui de Violette.

L'hôpital général — aujourd'hui la Salpêtrière — se composait de bâtiments immenses aussi sévèrement gardés qu'une prison. On n'y pénétrait point sans être muni d'une autorisation du lieutenant général de police, et les malheureuses qu'on y enfermait ne sortaient guère des salles infectes où elles vivaient entassées pêle-mêle avec des folles et des infirmes; quant aux rares habitants de ce triste faubourg, ils étaient trop accoutumés à voir passer les charrettes pleines de pauvres créatures ramassées par le guet pour s'amuser à remarquer une de ces brebis égarées.

Du Terne, depuis un mois, perdait donc son temps et ses peines. Il en était venu à croire que Violette avait été ensevelie toute vivante dans un cachot ou qu'on l'avait entraînée hors de Paris.

Il y avait bien encore une troisième supposition, mais celle-là il osait à peine s'y arrêter, quoiqu'elle se présentât souvent à son esprit. Il se demandait parfois avec effroi si le rapt de la jeune fille n'était point le fait d'un puissant du jour, de ce Law exécré, par exemple, et s'il ne valait pas mieux surveiller l'hôtel de la Compagnie des Indes, ou celui qu'habitait dans la rue Neuve-des-Petits-Champs l'aventurier écossais. Mais, de ce côté-là non plus, il n'avait rien appris.

Les mystères de ces opulentes demeures étaient protégés contre les curieux par toute une armée de valets et de soldats, car Law avait obtenu du Régent une garde destinée à défendre sa personne en même temps que les finances du royaume. Le chevalier en était réduit à rôder aux alentours sans oser même interroger les valets.

Parfois aussi, il s'en allait errer près du cabaret de l'*Epée-de-Bois,* où la crainte des rebuffades de l'affreux Blanche-Barbe l'empêchait d'entrer. Ses relations avec La Jonquière s'étaient sensiblement refroidies et, dans les entrevues qu'il avait encore de loin en loin avec le colonel, celui-ci ne se faisait pas faute de lui reprocher sa faiblesse, mais il ne se montrait nullement disposé à l'aider à retrouver la bouquetière.

Du Terne en vint peu à peu à n'espérer qu'en Gudule.

L'orpheline n'avait pourtant pas mieux réussi que lui dans ses recherches, mais elle était mieux placée pour agir efficacement, plus libre de ses mouvements, puisque nul ne soupçonnait la fille d'un exempt de travailler à l'encontre des desseins du lieutenant de police. Avec une décision et une fermeté fort au-dessus de son âge, elle avait commencé par régler sa vie de façon à s'assurer l'indépendance et en même temps à conserver des relations dont elle comptait tirer parti pour faciliter sa tâche.

Dubois, occupé d'autres soins, avait complétement négligé de donner suite aux intentions bienveillantes du Régent, et Gudule n'avait reçu du ministre oublieux ni emploi, ni pension, ni secours. Mais, heureusement, maître Crozat, le consciencieux notaire qui tenait si bien tête à M. le comte de Horn, maître Crozat s'était promptement et scrupuleusement acquitté de la mission à lui confiée par Jean Larfaille. Il avait mandé par-devant lui l'orpheline pour lui donner lecture du testament de l'exempt et lui annoncer que, sur les douze mille livres déposées en son étude par le présumé défunt, il lui servirait, jusqu'à ce que l'acte de décès pût être régulièrement dressé, une pension annuelle de six cents livres, dont il lui remit, séance tenante, le premier quartier.

Gudule ne mangeait guère plus qu'un oiseau; le loyer de la maison de la rue du Pont-aux-Choux était payé jusqu'à la Saint-Michel prochaine. Avec son modeste revenu, elle avait donc plus qu'il ne lui fallait pour vivre.

Ainsi débarrassée des préoccupations matérielles, elle

2.

put se vouer tout entière à l'œuvre de la délivrance de Violette.

Tout d'abord, elle fit de son temps deux parts consacrées, l'une à prier pour son père captif ou mort, l'autre à chercher sa rivale. Levée avec le jour, elle s'en allait passer les heures matinales à l'église de Saint-Paul et y demander à Dieu de lui rendre Larfaille, s'il était encore de ce monde, ou de recevoir son âme, s'il était mort pour le service du roi. L'après-dînée appartenait à Violette et les premières heures de la soirée à M. Lestang.

Presque chaque jour, après son frugal repas, elle recevait la visite de l'exempt Pillavoine, ami et successeur de Larfaille dans la confiance du ministre. Accoutumé à la respecter quand il était sous les ordres de son père, ce brave agent continuait à lui témoigner une déférence mêlée d'affection qui la touchait beaucoup, mais qui ne l'empêchait pas de le faire causer adroitement sur les choses de son métier.

Elle en tirait une foule de renseignements précieux, non pas sur le sort de Violette, car elle craignait de se trahir en abordant directement ce sujet brûlant, mais sur les mesures prises contre les conspirateurs dont la poursuite avait coûté si cher à son père. Ainsi, elle avait appris que ces gens étaient tout à coup devenus invisibles, mais qu'on persistait à les traquer avec ardeur et qu'il y en avait un sur lequel on espérait mettre la main bientôt.

Le sieur Pillavoine ne disait pas sur quoi reposait cette espérance, mais il laissait parfois entendre qu'on avait imaginé un moyen de l'attirer dans un certain quartier de Paris où il serait facile de le saisir.

Tout cela était fidèlement rapporté par elle chaque soir au chevalier du Terne qu'elle appelait encore M. Lestang, car il avait jugé inutile de lui apprendre son vrai nom. Ils raisonnaient ensemble sur les informations recueillies dans la journée et, à force de rapprocher les circonstances de l'enlèvement et les propos de l'exempt, ils avaient acquis à peu près la certitude que Violette avait été emprisonnée dans le but de forcer à se montrer celui des conspirateurs qui était amoureux d'elle.

C'était peu, mais enfin c'était quelque chose et Gudule espérait bien en savoir davantage avec le temps. En attendant, elle ne cessait de recommander la prudence à son ami qui s'exposait peut-être beaucoup en habitant si près de l'hôpital général, car les probabilités étaient pour qu'on y eût conduit la fille de maître Blanche-Barbe.

Les choses en étaient là, lorsque, le soir du jour où le comte de Horn perdit son argent à la foire Saint-Germain, du Terne et Gudule se rencontrèrent comme de coutume au milieu de la Place-Royale.

Le chevalier était arrivé le premier et il avait attendu assez longtemps pour concevoir un peu d'inquiétude. Aussi courut-il à elle dès qu'il l'aperçut.

— Ne vous est-il rien arrivé? lui demanda-t-il avec empressement.

— Rien que d'heureux, dit la jeune fille qui paraissait plus émue qu'à l'ordinaire.

— Auriez-vous enfin su de cet homme le nom de la prison où ils ont enfermé Violette?

Gudule tressaillit et du Terne regretta de s'être laissé aller à son premier mouvement, car la pauvre enfant, si résignée qu'elle fût, avait pu être blessée de cet emportement de passion qui poussait le chevalier à s'informer de sa rivale, sans s'inquiéter de savoir si la bonne nouvelle ne la concernait pas elle-même.

— J'ai bien des choses à vous apprendre, dit-elle sans répondre directement à la question.

— Parlez, ma chère Gudule, dit du Terne en s'efforçant de paraître calme.

— Si vous saviez comme j'avais peur de ne plus vous trouver au rendez-vous, reprit la jeune fille. Je m'étais attardée, bien malgré moi, et je craignais que vous ne m'eussiez pas attendue.

— Il s'agit donc de choses bien graves?

— Très-graves. Vous n'êtes plus en sûreté dans le logement que vous habitez.

— Quoi! ce n'est que cela!

Cette exclamation échappa au chevalier, qui regretta encore une fois d'avoir ainsi montré le fond de sa pensée. Il y avait peu de générosité à laisser voir que son propre salut l'intéressait beaucoup moins que le salut de Violette. Peut-être Gudule, pour l'en punir, mit-elle quelque malice à prolonger ses incertitudes.

— N'est-ce donc rien, dit-elle tristement, n'est-ce donc rien que d'avoir découvert enfin ce qui se trame contre vous?

— Excusez-moi, mon enfant; je ne sais où j'avais la tête, mais croyez que je n'oublierai jamais ce que je vous dois. Vous avez donc vu cet exempt? Il a donc parlé?

— Il m'a dit ce soir même que sa fortune était en bon chemin, car il tenait la piste d'un des lieutenants d'un certain colonel La Jonquière qui conspire, à ce qu'il paraît, contre M. le Régent, et, à la description qu'il m'a faite de ce lieutenant, j'ai reconnu bien vite qu'il s'agissait de vous.

— Qui donc a pu me dénoncer? murmura du Terne.

— Personne, à ce que je crois. Pillavoine a appris, par un rapport de police, qu'un jeune homme de bonne mine demeurait depuis quelques semaines tout près de l'hôpital général et passait des journées entières à une fenêtre donnant sur les jardins. Il n'en a pas fallu davantage pour éveiller ses soupçons. Il s'est renseigné adroitement et il n'a pas eu de peine à savoir que ce jeune homme n'exerçait aucune profession et ne sortait jamais qu'à la brune. C'est pourquoi il a résolu de faire surveiller les abords de votre maison.

— Tout cela est bien vague, et on n'arrête point un homme sur de pareils indices.

— Il y a d'autres présomptions, m'a dit Pillavoine. Il est persuadé que cet inconnu est venu loger là afin d'être à portée de favoriser l'évasion d'une femme.

— Ah! j'avais donc deviné leur plan infernal, s'écria le chevalier, et c'est bien pour m'attirer dans un piége que ces misérables ont enlevé Violette.

— Je le crois comme vous, dit froidement Gudule, et c'est pourquoi il vous faut quitter cette maison où vous pouvez être pris d'un instant à l'autre. Mieux vaut même n'y pas rentrer ce soir.

— Ce serait plus prudent, sans doute, mais l'exempt qui vous a révélé tant de choses ne vous a-t-il point parlé aussi de la pauvre victime de leurs machinations abominables?

— Il m'en a parlé.

— Et que vous a-t-il dit? Est-ce elle? Est-ce Violette?

— Oui.

— Quoi! c'est elle! et vous vous taisiez! et vous n'avez pas commencé par me répéter tout ce que vous saviez sur son sort!

— Vous ne l'apprendrez que trop tôt.

— Lui serait-il arrivé malheur? Ne me cachez rien, je vous en supplie; j'aurai du courage, mais, au nom du ciel, ne me laissez pas dans cette affreuse incertitude.

— Promettez-moi d'abord que vous ne retournerez point dans ce quartier où on va vous guetter jour et nuit.

— Je vous le promets, Gudule; parlez, je vous en conjure!

— Oh! maintenant, je puis tout vous dire, s'écria la jeune fille. Voici ce que Pillavoine m'a raconté : il paraît que c'est le ministre qui a eu cette idée de l'enlèvement; alors il a fait aposter des hommes près de la rue Quincampoix, et un soir...

— Je sais cela, interrompit du Terne qui mourait d'impatience; où l'ont-ils conduite?

— A l'hôtel de la Compagnie des Indes.

— Je ne m'étais pas trompé, c'est cet infâme Law...

— Elle n'y est pas restée. Le lendemain ou le surlendemain, on l'a menée au For-l'Évêque.

Du Terne laissa échapper un soupir de soulagement. Quelque affreux que fût le sort de Violette, il aimait encore mieux apprendre qu'elle était en prison que de la savoir abandonnée à la discrétion de l'*As de cœur*.

— Au For-l'Évêque, reprit Gudule, ils ont tout mis en œuvre pour lui faire avouer qu'elle connaissait un des conspirateurs et pour obtenir d'elle l'indication de sa demeure. Promesses, menaces, mauvais traitements, rien n'y a fait.

— Et c'est pour moi qu'elle a souffert tout cela, murmura le chevalier qui avait les larmes aux yeux.

— Ils ont imaginé une ruse, continua la jeune fille; soupçonnant que le maître de l'*Epée-de-Bois* entretenait des relations secrètes avec les conspirateurs, ils lui ont fait savoir par des propos tenus avec intention dans son cabaret, que sa fille était enfermée au For-l'Évêque. Ils comptaient bien qu'il parlerait de cette découverte à ses complices et que celui d'entre eux qui s'intéressait à la prisonnière ne manquerait pas de se montrer autour de la prison.

— Et le coquin n'a rien dit?

— C'est peut-être son silence qui vous a sauvé, car tout était préparé pour vous arrêter aux abords du For-l'Évêque, comme tout est préparé maintenant auprès de l'hôpital général.

— Violette y est donc? s'écria du Terne.

— Depuis trois jours, reprit Gudule, et, depuis trois jours aussi, ils ont pris des informations dans le voisinage et, depuis ce matin, ils savent, à n'en pas douter, qu'ils avaient d'abord fait fausse route et que le conspirateur qu'ils cherchent habite une maison contiguë au mur de l'hôpital. Vous voyez bien que, si vous y rentriez, vous courriez à votre perte.

— Il faut pourtant que j'y rentre, dit le chevalier entre ses dents.

— Oubliez-vous ce que vous m'avez promis?

— Et vous, Gudule, est-ce bien vous qui me conseillez d'abandonner à ses indignes persécuteurs une pauvre enfant que vous deviez m'aider à sauver!

— L'abandonner! Dieu m'est témoin que ce n'est pas là ma pensée, mais...

— Et c'est au moment où je vais pouvoir enfin agir que je renoncerais à une chance inespérée de délivrer Violette!

— Que prétendez-vous donc faire?

— Je n'en sais rien encore, mais je sais que, de ma fenêtre, on peut descendre avec une échelle de cordes dans le jardin de l'hôpital, qu'on peut limer les grilles, briser les portes, tuer les geôliers, s'il le faut.

— Hélas! quand tout cela serait praticable, les exempts qui vous cherchent ne vous laisseraient pas le temps de l'exécuter.

— Je leur échapperai.

— Et quand vous leur échapperiez, quand vous parviendriez, par un miracle, à déjouer la surveillance des gardiens, à surmonter tous les obstacles, vous n'arriveriez pas jusqu'à elle, car vous ignorez dans quelle partie de cet immense édifice elle est enfermée.

Ce fut dit d'un ton si ferme, et l'objection était d'une vérité si frappante que du Terne se tut et baissa la tête.

La nuit était venue tout à fait et Gudule ne voyait plus son visage, mais elle devina qu'il pleurait. Ils marchaient côte à côte au milieu de cette grande place déserte, silencieux, agités, atteints au cœur tous les deux, et ce n'était peut-être pas le chevalier qui souffrait le plus.

— Mais que faut-il donc que je fasse? demanda-t-il en se tordant les mains de désespoir.

— Je vais vous le dire, répondit doucement Gudule; et d'abord savez-vous où est ce colonel La Jonquière?

— Il s'est réfugié au couvent des capucins du faubourg Saint-Jacques.

— Pourrait-il vous y donner asile?

— Mais, je ne sais trop. Il s'y fait passer pour un moine espagnol, sorti du couvent des franciscains de Burgos, et il a persuadé au prieur qu'il venait quêter en France. Réussirait-il à lui faire croire aussi que j'appar-

tiens à un des ordres mendiants? Je l'ignore, et j'avoue
que cela me semble bien difficile.

— Il le faut cependant, car c'est le seul moyen qui vous
reste d'échapper aux exempts. Ils sont sur vos traces,
et, si vous commettiez l'imprudence de rentrer à votre
logement, vous y seriez arrêté cette nuit. Vous ne pouvez ni louer une autre chambre, ni errer dans Paris.
Votre signalement est donné et on vous cherchera partout, excepté dans un couvent et sous l'habit d'un religieux.

— L'habit, je pourrais peut-être me le procurer dans
la maison de Blanche-Barbe qui possède encore un as-
sortiment de costumes à notre usage, mais il me faudrait
parler à cet homme que je méprise et que je hais.

— Vous pouvez choisir le moment où il s'absentera et
vous adresser à sa femme. Pour ce qui est de voir le
colonel...

— Rien de plus aisé. Il passe tous les jours sur le Pont-
Neuf, un peu avant le coucher du soleil. Je peux l'y
aller attendre et lui conter mon cas. Il a l'esprit assez
inventif pour imaginer un récit qui décidera le prieur à
me recevoir.

— S'il en est ainsi, je vous supplie de ne pas différer
davantage, et si, cette nuit même, vous pouviez aller
trouver la dame de l'*Epée-de-Bois*...

— C'est impossible, Blanche-Barbe ne sort jamais que
dans la journée.

— Alors, dès demain, il faut saisir l'instant. Je me
charge de vous l'indiquer; j'irai moi-même à l'*Epée-de-
Bois* et je m'assurerai que dame Blanche-Barbe est seule.
Tous les exempts me connaissent de vue et, si quelqu'un
d'eux se trouvait là pour surveiller le cabaret, il ne

manquerait pas de me saluer discrètement. Je pourrais donc vous avertir qu'il y a du danger. Dès que vous aurez revêtu l'habit de franciscain, vous irez à la rencontre du colonel sur le Pont-Neuf.

— Et que ferai-je d'ici à demain ?

— Vous resterez chez moi, dit bravement la jeune fille, et certes le guet ne vous y viendra point chercher.

— Merci, Gudule, murmura du Terne, merci de votre dévouement, mais je ne puis l'accepter. Si je me cachais, il ne resterait personne pour sauver Violette.

— Il restera moi, répliqua Gudule d'une voix douce.

— Vous, Gudule ! s'écria le chevalier. Vous sauveriez Violette !

— Je la sauverai.

— Comment ? par quel moyen ? par quel miracle ? Là où vous dites vous-même que tous mes efforts échoueraient, prétendez-vous réussir ?

— Je le prétends.

— Expliquez-vous, au nom du ciel !

— Écoutez-moi. Mon projet est arrêté dans mon esprit et rien au monde ne m'y fera renoncer ; je vous supplie donc de ne pas chercher à m'en détourner. Je l'ai conçu en apprenant de la bouche de l'exempt Pillavoine cette lamentable histoire, et c'est à lui que je me suis adressée pour me procurer les moyens de l'exécuter.

— A cet homme !

— Oui, car il était le seul qui pût me les fournir. Sa charge lui donne accès dans l'hôpital général et il y jouit même de quelque considération auprès de l'économe, pour lui avoir rendu jadis de légers services. Il m'avait plus d'une fois offert de me faire obtenir un petit emploi dans la lingerie de la maison, et j'avais toujours refusé, parce

que je voulais me consacrer à d'autres soins. Aujourd'hui,
j'ai accepté, et demain je serai en possession du droit de
passer toutes mes journées à l'hôpital général, d'aller et
venir librement par les cours et les jardins, de parcourir
les bâtiments, de pénétrer dans les salles où sont entassées les malheureuses qui...

— Est-ce que je devinerais, mon Dieu ! murmura du
Terne.

— Oui, vous devinez, s'écria Gudule ; vous devinez que,
si j'ai résolu de renoncer à ma liberté, c'est que je suis
sûre de découvrir celle que vous aimez, et d'assurer son
évasion.

Elle n'avait point achevé que le chevalier lui saisit les
deux mains et les porta à ses lèvres. L'enfant se dégagea
vivement et lui dit :

— Consentez-vous maintenant à faire ce que je vous ai
demandé ?

— Si j'y consens, Gudule ! mais comment ne m'estime-
rais-je pas heureux de vous obéir, à vous qui êtes mon
bon ange, à vous qui me sauvez du désespoir ?

— Nous allons donc arrêter toutes choses en vue de
notre dessein, reprit la jeune fille sans laisser voir son
émotion. Avant de m'en être entretenue avec vous, je
doutais encore qu'il réussît ; maintenant, je suis assurée
du succès, car nous pourrons agir de concert. La journée de demain sera bien employée. Dès que je me serai
assurée par moi-même que vous pouvez sans danger
vous présenter à l'*Épée-de-Bois*, j'irai trouver à l'hôpital général l'exempt Pillavoine, et, grâce à la protection de son ami l'économe, il me fera entrer aussitôt en
fonctions. Cependant, vous prendrez un habit de moine
chez dame Blanche-Barbe, vous vous rendrez sur le Pont-

Neuf à l'heure où le colonel y doit passer, et vous vous ferez reconnaître de lui. Il faut absolument que, par son intercession, vous obteniez du prieur des capucins la permission d'habiter le couvent et de quêter par la ville.

— La Jonquière fera cela, j'en suis sûr, et, comme je parle aussi bien que lui la langue espagnole, les bons Pères ne se douteront pas de la supercherie.

— Alors rien n'empêchera que chaque jour vous veniez recueillir les aumônes qui se distribuent à la porte de l'hôpital général.

— Oui, je comprends, c'est Dieu qui vous inspire, murmura du Terne presque fou d'émotion.

— Et même, en votre qualité de religieux étranger quêtant pour une œuvre pieuse de son pays, vous pourrez aisément avoir accès auprès de l'économe, auprès de la supérieure, et, qui sait? obtenir l'autorisation de porter des consolations aux prisonnières.

— Et je vous trouverai sur mon chemin n'est-ce pas, Gudule?

— En doutez-vous? Tous mes instants vont être consacrés à préparer la délivrance ; je n'aurai plus d'autre pensée, et dussé-je échanger ma liberté contre celle de la pauvre captive, je la tirerai de cet enfer.

— Que dites-vous?

— Je dis que, si je puis lui ouvrir les portes de sa prison ou l'aider à en franchir les murs, je le ferai. Et alors je vous rappellerai votre promesse, et je vous supplierai de m'emmener avec vous, loin, bien loin de cette ville maudite.

— Cette promesse, je la tiendrai, Gudule.

— Mais je dis aussi que je puis être forcée de recourir

à un autre moyen qui consisterait à changer de vêtements avec elle. Je sais bien que je ne lui ressemble pas, mais, en profitant d'une heure sombre, on pourrait peut-être tromper la vigilance des gardiens. Alors, je vous dirais : Partez avec elle, partez sans moi, et soyez heureux.

— Non, non, c'est trop, Gudule, c'est trop de sacrifices.

— Je le veux, dit l'enfant d'un ton ferme. Et puis, ajouta-t-elle doucement, qui vous empêchera, quand vous aurez franchi la frontière, quand vous serez unis, qui vous empêchera de me faire connaître le lieu de votre retraite? et si vous y consentez, si elle y consent, qui m'empêchera d'aller vous rejoindre? Alors, oh! alors je serais trop payée de mes peines.

La nuit était noire, la Place-Royale était solitaire. Le chevalier du Terne de Grandpré tomba aux pieds de la fille de l'exempt. Il étouffait de joie, d'attendrissement, d'émotion. Gudule troublée, presque effrayée, recula vivement, et peu s'en fallut qu'elle ne s'enfuît, car elle se défiait des entraînements de son cœur et elle ne se sentait pas de force à leur résister longtemps. Elle se rappela fort à propos qu'il y avait encore quelques dispositions à prendre pour procurer au chevalier un asile sûr jusqu'à l'heure où il lui serait possible d'aller revêtir, au cabaret de l'*Épée-de-Bois*, le déguisement convenu. Elle revint donc sur ses pas pour lui dire :

— Relevez-vous, je vous en prie, vous me faites peur.

Dès que du Terne fut debout, elle se hâta de reprendre l'exposé de ses projets, afin de couper court à des élans de reconnaissance dont elle redoutait l'expression trop passionnée.

— Maintenant, commença-t-elle, en feignant un calme

qui n'était pas dans son âme, maintenant, il faut me suivre chez moi. Le logement qu'habitait mon pauvre père est le seul où vous puissiez passer une nuit en toute sûreté. Demain, vous en sortirez pour n'y plus rentrer, mais ce soir vous n'avez pas d'autre refuge.

Du Terne hésitait encore. Il lui en coûtait de fuir ainsi devant les vils agents du lieutenant de police, de leur céder la place sans combattre. Il pensait à la fenêtre de la mansarde qu'il lui fallait quitter précipitamment, comme on évacue à la guerre un poste avancé que l'ennemi va cerner, à cette fenêtre où il avait passé de longues heures, scrutant d'un œil avide la sombre façade, les grilles formidables et les tristes jardins de la prison de Violette. Mais il secoua promptement le poids de ces souvenirs accablants, et il se dit que Gudule avait raison, que la contemplation des bâtiments de l'hôpital général n'aboutirait à rien et qu'il était temps d'agir.

Au surplus, il se trouvait en mesure de déménager au pied levé ; car, depuis qu'il conspirait, il avait pour coutume invariable de porter sur lui toute sa fortune, un millier de louis d'or enfermés dans une ceinture. Rien ne l'obligeait donc à rentrer au logis qu'il occupait depuis un mois, puisqu'il n'y laissait que des nippes sans valeur et pas un seul papier compromettant.

Quant à la situation assez délicate où le mettait la nécessité de dormir sous le toit d'un ennemi et d'accepter l'hospitalité que la fille de l'exempt lui offrait avec une générosité si naïve, il n'avait pas trop à s'en préoccuper, car, selon toute apparence, Larfaille était mort, et Gudule ne voulait, ne pouvait être pour M. Lestang qu'une sœur, une amie.

— Je suis prêt à vous suivre, dit-il à la jeune fille, et,

si nous réussissons à délivrer la pauvre prisonnière, c'est
à vous, à vous seule qu'elle et moi nous devrons notre
bonheur. Je vous donne ma parole de gentilhomme que
vous ne nous quitterez jamais, quoi qu'il arrive, mais je
vous supplie encore de ne pas vous compromettre pour
moi. Si on venait à découvrir que vous m'avez donné
asile ou que vous avez favorisé l'évasion de Violette, et
qu'il vous en coûtât la liberté, je jure ici que je quitterais
tout pour vous secourir, pour vous arracher des griffes de
ces misérables.

— Je le sais bien, dit doucement Gudule, mais Dieu ne
permettra point que je sois punie pour avoir réparé une injustice. Venez, ajouta-t-elle, je n'ai point coutume de rentrer tard, et il ne faut pas que les voisins remarquent du
changement dans mes habitudes.

Le chevalier jugea qu'il en avait dit assez, et qu'il était
temps de quitter la place.

On se couchait alors de bonne heure dans la rue du
Pont-aux-Choux, et les boutiques étaient fermées quand
ils y arrivèrent. Personne ne se trouva donc là pour s'apercevoir que Gudule ne rentrait pas seule.

Elle introduisit M. Lestang dans le modeste logis que
la disparition de Larfaille laissait plus qu'à moitié vide, et
l'établit dans la salle où le pauvre exempt rédigeait na-
guère ses rapports au lieutenant de police. Sa table y était
encore toute couverte de papiers, parmi lesquels s'étalaient des formules imprimées de prise de corps et des
procès-verbaux d'arrestation dont la vue inspira au chevalier certaines réflexions sur la bizarrerie de la destinée
qui l'avait conduit là.

Gudule ne lui laissa pas le temps de la remercier. Elle
lui montra un grand fauteuil qui semblait fait tout exprès

pour dormir, posa un flambeau près de lui et courut s'enfermer dans sa chambre.

Dire que le chevalier passa une nuit très-calme dans le fauteuil de Jean Larfaille, ce serait calomnier son cœur. Il sentait trop vivement tout ce qu'il devait de reconnaissance à sa jeune protectrice, et tout ce qu'il y avait d'abnégation dans l'hospitalité qu'elle lui accordait pour dormir tranquillement sous le toit de l'exempt disparu. Il eut donc bien de la peine à fermer l'œil et il passa de longues heures à s'agiter sans pouvoir trouver le repos du corps et encore moins celui de l'esprit.

Les souvenirs, les espérances se mêlaient dans son cerveau surexcité aux projets les plus bizarres. L'image de Gudule y heurtait cèlle de Violette. Il est superflu d'ajouter que , dans cette confusion d'idées , il ne lui en vint aucune dont il eût à rougir, et qu'il respecta scrupuleusement le candide sommeil de la fille de son ennemi. Ce ne fut qu'à l'aube qu'il parvint à s'assoupir. Mais , comme il arrive toujours après une grande fatigue physique ou morale, il tomba promptement dans un anéantissement complet.

Quand il se réveilla, il faisait grand jour, et ses yeux, en s'ouvrant, tombèrent sur une horloge qui marquait quatre heures. Il crut d'abord qu'elle était arrêtée, mais le bruit du balancier lui apprit qu'elle marchait et qu'il avait dormi les trois quarts de la journée. Il n'en revenait pas, et il fut encore plus surpris quand il vit, à côté de lui, sur un guéridon, un repas léger préparé évidemment par les mains de Gudule. Sur une belle assiette blanche, elle avait posé une feuille de papier où il lut ces mots :

« Je sors pour tout préparer. Je reviendrai vous délivrer avant la nuit. »

— Pauvre petite! que d'attention! que de dévouement! murmura-t-il.

Il s'aperçut bientôt qu'elle avait pensé à tout. Il y avait de l'eau fraîche dans un grand bassin de cuivre, du feu dans la cheminée, et sur une table tout ce qu'il fallait pour écrire. Elle avait voulu sans doute le mettre à même de donner de ses nouvelles à Violette et elle consentait à se charger de la lettre. Il vit aussi qu'elle avait fermé la porte en dehors afin de le mettre à l'abri des visites indiscrètes.

Il lui vint une larme d'attendrissement et il se jura encore une fois de ne jamais abandonner la courageuse enfant qui se sacrifiait pour lui. Puis, il pensa que le temps marchait et qu'il fallait se tenir prêt à profiter de l'occasion. Il procéda à une toilette sommaire et il mangea de grand appétit. Ce n'était point une précaution inutile, car il ne pouvait pas prévoir comment se passerait la fin de la journée et, à tout événement, il était bon de prendre des forces.

Il venait d'achever son repas, quand il entendit la clef tourner doucement dans la serrure. Gudule entra, le teint animé, les yeux brillants. Son premier mot fut :

— Je l'ai vue.

— Où est-elle? s'écria du Terne.

— Dans le bâtiment qui forme l'aile gauche de l'hôpital général. Elle est seule dans une cellule, mais elle vient tous les jours dans la grande cour du fond à l'heure de la promenade des prisonnières. J'entre en fonctions demain et j'ai obtenu d'être employée à la lingerie de sa division; je pourrai donc facilement trouver l'occasion de lui parler.

Le chevalier, fou de joie, courut à Gudule les bras ouverts, mais elle le repoussa doucement et reprit avec une émotion contenue :

3.

— J'espère maintenant que tout ira bien, je dirais même que j'en suis sûre, si je n'étais accoutumée aux malheurs imprévus, mais il ne faut pas que vous perdiez une minute. Je viens de l'*Epée-de-Bois*. Les exempts ne s'y sont point montrés depuis plusieurs jours et vous pouvez vous y présenter sans danger; le maître est allé ce matin à Saint-Denis pour y recevoir une tonne de bière qui lui arrive de Flandre, et il ne rentrera que fort avant dans la soirée, c'est dame Blanche-Barbe qui me l'a dit.

— Vous lui avez parlé?

— Oui, et je sais maintenant qu'elle aime sa fille et qu'elle fera tout pour nous aider à la sauver. Elle vous attend à quatre heures; vous entrerez dans le cabaret par la rue Quincampoix, et vous monterez tout droit l'escalier qui conduit au cabinet du premier étage. A ce moment-là, il n'y aura personne, car les Mississipiens n'y viennent qu'à la nuit close. Dame Blanche-Barbe vous y viendra trouver et vous pourrez l'entretenir tout à loisir, mais elle vous supplie de ne pas tarder.

— Je pars, dit vivement le chevalier; et maintenant je n'ai plus qu'à vous demander où et quand je dois vous revoir.

— Demain, à pareille heure, devant la grande entrée du jardin du roi (1), car il serait imprudent de nous donner rendez-vous à la porte de l'hôpital général, avant que vous vous soyez entendu avec le colonel.

— J'y serai.

— C'est l'heure où je pourrai sortir de la lingerie, et peut-être que déjà j'aurai pu lui parler; mais partez, au nom du ciel! les instants sont précieux.

Du Terne baisa la main de l'orpheline et lui dit :

(1) Actuellement le jardin des plantes.

— A demain, Gudule. Je prierai Dieu pour qu'il veille sur vous et pour qu'il vous récompense.

Et il sortit précipitamment, car il sentit que l'émotion le gagnait.

Le grand air le remit, et lui rendit le sang-froid dont il avait besoin pour l'entrevue à laquelle il courait.

Le trajet n'était pas bien long de la rue du Pont-aux-Choux à l'*Epée-de-Bois* et il le fit rapidement. Quand il arriva devant le cabaret, il vit tout de suite que les renseignements de l'orpheline étaient exacts et qu'il n'y avait rien à craindre pour lui; car, au lieu de la rébarbative figure de maître Blanche-Barbe, ce fut dame Margot qu'il aperçut sur le seuil. Du plus loin qu'elle le reconnut, la bonne dame lui fit un signe amical et un geste d'encouragement, puis elle rentra aussitôt dans la taverne. Cette pantomime disait clairement : mon mari n'y est pas et je vais vous attendre là-haut.

Il hâta le pas et franchit la porte. Le cabaret était presque désert : à peine trois ou quatre buveurs disséminés dans la salle et tous porteurs de figures rassurantes.

Du premier coup d'œil, le chevalier vit que le comptoir était vide. Dame Margot qui y trônait à l'ordinaire avait momentanément abdiqué entre les mains de sa grosse servante flamande. Cette fille aux cheveux couleur de filasse ne se permettait point d'occuper le siége de sa maîtresse, mais elle se trémoussait autour des tables avec un zèle exemplaire. Du Terne, qui n'était point connu d'elle, entra en tâchant de se donner les airs affairés d'un Mississipien et alla tout droit à l'escalier dont il grimpa les marches quatre à quatre. A l'*Epée-de-Bois*, on était accoutumé à ces façons des trafiquants d'actions, et personne ne fit attention à lui.

Il ne s'était pas trompé. La mère de Violette l'attendait dans le réduit réservé aux financiers d'occasion qui venaient y conclure leurs marchés, après que la cloche avait annoncé la fermeture de la rue Quincampoix. Le chevalier n'y avait jamais pénétré, et il fut surpris du misérable aspect de ce lieu, où s'échangeaient des millions. C'était une soupente étroite et basse, fort mal éclairée par une fenêtre unique, donnant sur le cul-de-sac de Venise, et meublée d'une table et de quelques escabeaux de bois. Un bouge, pour tout dire, et qui semblait préparé tout exprès pour y perpétrer quelque œuvre honteuse ou sinistre.

Les yeux de du Terne n'étaient point encore accoutumés à la demi-obscurité qui y régnait, et il fallut que la voix de dame Margot l'appelât pour le guider à travers les siéges dont le cabinet était semé.

— Ah! monsieur le chevalier, que je suis aise de vous voir, s'écria la bonne dame. Il y a si longtemps que je n'ai pu vous parler sans témoins! Quand cette petite est venue me dire tantôt que vous souhaitiez de me rencontrer, mais que vous craigniez les rebuffades de Pierre, j'ai sauté de joie, car il s'est tout justement absenté ce matin et, selon toute apparence, il ne rentrera que fort tard. De plus, voilà au moins quinze jours que je n'ai vu rôder par ici de figures suspectes. Les archers ont renoncé à surveiller la maison et les gens du colonel n'y fréquentent plus. Vous ne courrez donc aucun risque, et...

— Dame Margot, interrompit du Terne, je viens vous demander de m'aider à sauver votre fille.

— Violette! sauriez-vous où elle est? L'auriez-vous vue?

— Je ne l'ai point vue, mais je sais où elle est.

— Et où l'ont-ils menée, bon Dieu?

— A l'hôpital général.

— Oh! c'est indigne! murmura la malheureuse mère qui se mit à fondre en larmes.

— Oui, c'est indigne, c'est infâme, et les misérables qui ont fait cela méritent mille morts, et j'espère que je pourrai les châtier un jour, mais ce n'est pas l'heure de pleurer ni de songer à la vengeance; il nous faut penser avant tout à délivrer Violette et vous pouvez m'en fournir les moyens.

— Parlez, monsieur le chevalier; je suis prête à tout braver pour vous servir en ce dessein, tout, même la colère de Pierre.

— Il ne s'agit point de cela, mais simplement de me procurer l'entrée du magasin qui referme les vêtements à l'usage de La Jonquière et au nôtre. Pour m'introduire dans l'hôpital général, j'ai besoin de me déguiser, vous devez le comprendre, et j'ai choisi pour cela le costume de...

— Hélas! interrompit dame Margot, il m'est impossible de vous satisfaire.

— Pourquoi? Qui vous empêche de me remettre la clef de l'escalier dérobé? J'en connais assez les détours pour m'y diriger seul, et je saurai bien trouver dans le vestiaire tout ce qu'il me faut.

— Monsieur le chevalier, soupira l'épouse de maître Blanche-Barbe, vous n'y trouveriez rien, car Pierre a tout détruit.

— Quoi! s'écria du Terne, il s'est permis de violer ce dépôt qui appartenait au colonel.

— Mon Dieu! oui, soupira dame Margot. Il a forcé les armoires, et il a jeté au feu les vêtements et les armes qu'elles contenaient.

— Par ma foi ! voilà qui est trop fort !

— Il ne s'est pas contenté de cette exécution. Il a enlevé la porte qui défendait l'entrée de ce corps de logis si bien caché, de sorte que maintenant toutes nos pratiques y peuvent pénétrer sans difficulté. Il a maçonné lui-même le mur du jardin, de façon à condamner le passage secret qui s'ouvrait sur le cul-de-sac de Venise et qui vous servit un certain soir à échapper aux exempts.

— Mais le misérable nous trahit donc ?

— Non, car, en vous dénonçant, il se compromettrait gravement lui-même. Seulement, il prétend que les projets du colonel sont éventés, que le lieutenant de police a l'œil sur notre maison et peut d'un moment à l'autre donner l'ordre de la visiter de fond en comble, et qu'il est bon de prendre ses précautions en conséquence.

— Ces précautions sentent la trahison d'une lieue, et quand le colonel saura ce que maître Blanche-Barbe a osé faire...

— Je crois bien qu'il s'en doute. Il ne vient plus ici, ni lui, ni ses hommes ; mais son lieutenant, M. de Mille, passe encore de temps en temps devant la porte pour échanger quelques mots avec Pierre, et je suppose qu'il a dû apprendre ce qui s'était passé et en instruire M. de La Jonquière.

— Le malheur ne se lassera donc pas de me poursuivre ! murmura du Terne. Me voilà réduit maintenant à aller acheter la défroque dont j'ai besoin, et cela au risque d'éveiller les soupçons du fripier qui me la vendra. En vérité, dame Margot, il faut convenir que votre mari est sans gêne, et il n'est pas permis de se jouer ainsi d'honnêtes gens qui avaient mis en lui leur confiance.

— Ah ! monsieur le chevalier, il n'aurait jamais agi de la

sorte si ce jeune seigneur ne s'était pas mêlé de la conspiration.

— Quel jeune seigneur ?

— Le comte de Horn, dit la bonne Flamande en baissant la voix.

— Que me contez-vous là ? Et qu'a le comte de Horn à faire en tout ceci ? s'écria du Terne, que la colère commençait à gagner. Maître Blanche-Barbe est un misérable, et je n'en veux pour preuve que sa lâche indifférence à l'endroit du rapt de sa fille.

— Hélas ! ce n'est pas de l'indifférence qu'il a pour ma pauvre Violette, c'est de la haine, une haine pareille à celle qu'il porte à ce jeune comte.

— Pas pour la même cause, sans doute ?

— Pas tout à fait, quoique les rancunes qu'il nourrit contre eux aient une origine commune.

Cette réponse eut pour effet de calmer subitement le chevalier, en lui rappelant le souvenir d'un entretien à peine entamé avec dame Margot, un certain soir que le faux bossu chantait ses chansons dans le cabaret.

Ces confidences de ménage avaient été, ce soir-là, brusquement interrompues, mais du Terne en avait cependant entendu assez pour que le désir très-vif lui fût resté de savoir la fin d'une histoire qui se rattachait à la naissance de Violette. Il saisit donc l'occasion d'apprendre le reste, et, oubliant que les instants étaient précieux, il dit à la dame :

— Expliquez-vous plus clairement, je vous en prie. Vous m'avez bien raconté une fois que maître Pierre eut jadis des soupçons jaloux, mais je ne vois point quel rapport il y a entre M. de Horn...

— Ce n'est pas de lui qu'il s'agit, c'est de son père,

murmura dame Margot d'un air assez embarrassé.

— Quoi ! le feu prince de Horn aurait...

— Avant de venir en France, nous vivions sur ses domaines, et c'est pour fuir son service que Pierre a quitté la Flandre. Mais le récit de ce triste passé serait trop long et ne vous intéresserait point.

— Vous vous trompez, dame Margot ; rien ne saurait m'intéresser davantage, car j'aime votre fille et je veux l'épouser, dit du Terne d'un ton ferme.

— Vous, monsieur le chevalier ? s'écria la bonne femme en rougissant de joie ; vous, un gentilhomme, aussi noble que le roi, vous voulez vous allier à de pauvres gens comme nous, vous voulez descendre jusqu'à...

— Ecoutez-moi, dit vivement du Terne, pour couper court à des transports qui ne lui plaisaient guère ; quel que soit le sang d'où Violette est sortie, j'ai juré qu'elle serait ma femme. Quand les infâmes suppôts de d'Argenson et de Dubois l'ont enlevée, nous n'attendions qu'un moment favorable pour fuir ensemble, et nous nous étions promis de vous appeler auprès de nous dès que nous serions établis en Espagne, où nous comptions nous rendre. Mais j'avais fait aussi le serment que Blanche-Barbe ne saurait jamais ce qu'était devenue cette enfant, qu'il n'a cessé de persécuter depuis qu'elle est au monde. Rien n'est changé dans mes projets. Dieu aidant, je délivrerai Violette, je passerai la frontière avec elle, et vous viendrez nous rejoindre. Vous voyez bien qu'il faut que vous m'appreniez l'histoire de cet homme.

— Puisqu'il en est ainsi, monsieur le chevalier, je vais tout vous dire ; aussi bien, Pierre n'est point près de revenir et les Mississipiens ne montent guère ici qu'après le soleil couché. Pourtant, il faut tout prévoir, et, s'il entrait quelqu'un, mieux vaudrait qu'on ne nous vît point ensemble; je vais donc vous montrer une issue par laquelle vous pourriez vous dérober.

Dame Margot souleva une vieille tapisserie tout usée, qui garnissait le fond du cabinet, et fit voir à du Terne que cette tenture cachait un couloir très-étroit et très-obscur.

— En cas d'alerte, reprit-elle, vous entrerez là, et, pendant que je recevrai ceux qui se présenteront, vous vous y cacherez, à moins que vous n'aimiez mieux gagner le jardin par ce corridor qui fait le tour de la maison.

— C'est convenu. Mais l'histoire, au nom du ciel! l'histoire! Il faut que je voie le colonel ce soir, et je ne puis le rencontrer qu'à une certaine heure qui approche.

— Eh bien! donc, monsieur le chevalier, quand je devins la femme de Blanche-Barbe, il y a de cela dix-huit ans, j'étais au service de madame la princesse Antoinette, et lui, il était garde dans la forêt de Baussignies, qui s'étend fort loin autour du manoir patrimonial de la maison de Horn.

C'est le feu prince qui avait fait ce mariage. Il m'avait vue toute petite, car j'étais la fille d'un de ses tenanciers, et il m'aimait beaucoup. Pierre était né aussi sur ses domaines, et le prince tenait en grande estime son forestier, qui montrait un zèle et un dévouement à toute épreuve.

Si on m'avait consultée, j'aurais peut-être dit non, car Pierre passait pour un homme dur et violent; mais j'étais orpheline et dans la dépendance absolue de mes maîtres. On ne me demanda point mon consentement et je n'osai pas le refuser. Au surplus, Blanche-Barbe occupait un poste qui lui rapportait gros, et il avait déjà amassé beaucoup d'argent, si bien que toutes les filles du château enviaient mon sort. Je l'épousai donc, et je fus d'abord assez heureuse.

Nous habitions une jolie maison bâtie au centre de la forêt, à égale distance du château et d'une vieille abbaye, où se tenait un chapitre de dames nobles. Je ne m'y déplaisais point, étant née à la campagne et ayant toujours aimé à y vivre. La première année de notre mariage s'écoula donc paisiblement. Vers le commencement de la seconde, quelques mois avant la naissance de Violette, le caractère de Pierre changea tout à coup. Il devint sombre et rêveur, passant des journées entières à courir les bois et les soirées sans m'adresser la parole. Bientôt je m'aperçus qu'il m'épiait quand je sortais, qu'il se cachait pour surveiller les abords de la maison. Il était jaloux.

— Et de qui ? puisque vous viviez seuls...

— Du prince de Horn, monsieur le chevalier ; et, comme il n'osait s'en prendre à son maître, c'était sur moi que retombait sa mauvaise humeur.

— Mais le prince lui donnait-il quelque sujet de...

— Aucun, si ce n'est que, presque tous les jours, il traversait à cheval la forêt pour visiter une dame de ses parentes, qui était chanoinesse dans cette abbaye d'Overiske, et qu'en passant il s'arrêtait souvent pour m'adresser quelques bonnes paroles. Parfois même, il ne dédaignait pas d'entrer chez nous et de s'enquérir de la fortune de notre pauvre ménage. Il n'en fallut pas davantage pour que Pierre conçût les plus injustes soupçons.

— Et c'est sur de pareils indices que cet homme poursuit Violette de sa haine ?

— Il la détestait avant qu'elle fût née, et lorsqu'elle vint

au monde il la maudit ; ce n'est pas tout, la nuit qui suivit la naissance de ma pauvre enfant, il arriva qu'elle fail-
lit mourir. Pierre la regardait souffrir d'un œil sec ; mais
je le suppliai tant qu'il consentit à aller chercher le médecin du bourg de Baussignies. C'était une longue nuit d'hiver, la neige couvrait la terre, et le village était loin.
Je restai seule avec Violette ; elle était couchée dans son
berceau, à côté du lit où me retenait une fièvre brûlante ;
bientôt le délire me prit et, pendant de longues heures, je
perdis le sentiment de ce qui se passait autour de moi.
J'avais des visions horribles. Il me semblait par moments
entendre les cris de ma fille, qu'un homme vêtu de noir
emportait dans ses bras. Quand je revins à moi, Pierre et
le médecin du village étaient près de mon chevet ; ils me
dirent qu'il n'y avait plus rien à craindre pour l'enfant,
et mon cœur bat encore au souvenir de la joie que je res-
sentis quand je revis fraîche, rose et bien vivante, la chère
petite, que la veille encore je tremblais à chaque minute
de voir expirer sous mes yeux.

Hélas ! ce bonheur fut de courte durée. Neuf jours après,
le soir de mes relevailles, Pierre me commanda de le suivre. Il me donna cet ordre d'un tel ton que je n'osai même
pas le questionner. Je pris ma fille dans mes bras et je sortis de la maison. Deux chevaux nous attendaient devant la
porte. Il me fit monter sur l'un, enfourcha l'autre et me
força, malgré mes larmes et mes prières, à courir à côté
de lui toute la nuit. Le lendemain nous entrions en
France, et, après une semaine du plus pénible voyage,
nous arrivions à Paris ; nous n'en sommes plus sortis.

— Il faut donc que cet homme soit fou, à moins que...
mais il n'est pas possible qu'il ne vous ait jamais dit la
raison de ce brusque départ.

— Ah ! monsieur le chevalier, il ne me l'a que trop souvent jetée à la face comme une injure. Croiriez-vous que, pendant cette fatale nuit, au moment où il approchait de notre maison, il prétend en avoir vu sortir...

Du Terne attendait avec impatience la fin de ce récit, mais dame Margot s'arrêta tout à coup et se mit à dire tout bas :

— Mon Dieu ! il me semble qu'on monte l'escalier.

C'était vrai. Des pas résonnaient sur les marches inférieures et des voix montaient d'en bas, annonçant l'arrivée de quelques habitués du cabinet.

— Vite, monsieur le chevalier, cachez-vous, dit précipitamment dame Margot. Il ne faut pas qu'on vous voie ici.

Et, sans attendre la réponse de du Terne, elle le poussa dans le couloir secret et laissa retomber sur lui la tapisserie. Puis, saisissant vivement le coin de son tablier, elle commença d'essuyer la table avec l'énergie qu'apporte toujours à cette besogne une ménagère flamande. C'était le moyen de se donner une contenance, et, de fait, elle avait grand besoin de dissimuler son trouble, car elle tremblait de voir paraître son redoutable mari, revenant de son voyage à Saint-Denis plus tôt qu'il ne l'avait annoncé.

Elle se rassura bientôt. La première figure qui émergea de l'escalier fut celle d'un agioteur fort connu dans la rue Quincampoix, le juif Abraham. Derrière lui venait un autre personnage que dame Margot avait vu souvent aussi, mais qu'elle n'aimait guère, le capitaine Laurent de Mille. Elle leur fit sa plus belle révérence et leur demanda ce qu'il y avait pour leur service.

— Rien pour le moment, dit assez brusquement le Piémontais ; nous avons à parler d'affaires, et je vous appellerai quand il nous prendra fantaisie de nous humecter le gosier. Mais il viendra tout à l'heure un jeune gentil-homme de mes amis; s'il était embarrassé pour trouver l'escalier qui mène ici, je compte sur vous pour le lui montrer.

— A quoi le reconnaîtrai-je? demanda la femme de maître Blanche-Barbe.

— C'est M. le comte de Horn, dit le capitaine avec emphase. On ne rencontre guère à l'*Épée-de-Bois* des gens de sa qualité; il y est cependant venu une fois et je pense que vous n'avez point oublié sa figure.

— Non, non, certainement, balbutia dame Margot, sur-prise autant que troublée.

Elle finissait à peine de raconter une histoire où le feu prince de Horn jouait le principal rôle, et voilà qu'au mo-ment où elle avait encore la tête remplie des souvenirs du père, on lui annonçait la prochaine apparition du fils, de ce fils que Blanche-Barbe avait si mal accueilli na-guère.

— Que vient-il faire ici en semblable compagnie? mur-murait la pauvre femme en descendant l'escalier. Mon Dieu! pourvu que Pierre ne rentre pas trop tôt.

Pendant qu'elle reprenait le chemin de son comptoir, du Terne, caché derrière la tapisserie, passait aussi par de très-vives émotions. Il avait parfaitement reconnu la voix de Laurent de Mille, et très-distinctement entendu le nom de M. de Horn, mais il ne savait pas avec qui le capitaine était entré dans le cabinet, et la prudence lui comman-dait de ne pas se montrer. Il fut même très-tenté de ga-gner au pied tout doucement, de faire le tour de la maison par le passage dérobé, et d'en sortir en traversant le ca-baret, où il y avait encore très-peu de monde. La curiosité le retint, une curiosité vague, car, au fond, les affaires de ces gens-là ne l'intéressaient guère, et aussi le secret espoir d'entendre la suite du récit, de percer le mystère de la naissance de Violette.

Au surplus, rien ne le pressait de partir, puisque le colonel ne devait passer sur le Pont-Neuf qu'à l'*Angelus*, c'est-à-dire au coucher du soleil, et qu'il était à peine cinq heures. Il se décida donc à rester à son poste, au moins jusqu'à la fin de la conférence.

La tapisserie qui le protégeait était fort usée, et il n'eut pas de peine à y découvrir un trou auquel il appliqua son œil. Au cas où il aurait passé par la tête au sieur de Mille d'écarter ce léger obstacle et d'inspecter la cachette, la rencontre entre deux complices de la conspiration de La Jonquière ne pouvait pas avoir de bien graves conséquences. Mais le Piémontais ne songea point à prendre cette précaution. Il poussa un escabeau au juif, lui fit signe de s'asseoir, et prit place en face de lui, de l'autre côté de la table.

— Çà, maître Abraham, dit-il en se rengorgeant, savez-vous bien que vous me devrez tout à l'heure une jolie commission. Des affaires comme celles que vous allez conclure avec M. le comte de Horn ne se présentent pas tous les jours, et c'est moi qui vous la procure.

— Parce que vous ne pouvez pas vous adresser à un autre, dit le courtier d'une voix sèche et cassée.

— Et pourquoi, s'il vous plaît, suis-je condamné à recourir à vos services ?

— Parce que moi seul, dans toute la rue Quincampoix, moi seul, entendez-vous bien, je suis en état de livrer ou d'acheter comptant, à toute heure de jour ou de nuit, pour un million d'actions.

Le capitaine se mordit les lèvres, et il est probable qu'en toute autre circonstance il aurait secoué d'importance l'homme qui se permettait de lui parler sur ce ton; mais il avait ses raisons pour filer doux, et il se contenta de lui lancer un regard qui n'était pas précisément empreint de bienveillance, regard que du reste maître Abraham supporta sans broncher.

Il est vrai que ce trafiquant en papiers de banque ne ressemblait point du tout aux autres fils d'Israël qui vivaient du Mississipi sans sortir de Paris. Soit que la fortune l'eût enflé, soit que ce fût l'effet naturel de son tempérament, c'était bien le vieillard le plus quinteux, le plus roide, le plus intraitable qui se pût rencontrer sur le pavé de la rue Quincampoix. Tandis que ses coreligionnaires couraient humblement après les courtages, lui, choisissait les affaires et malmenait ses pratiques, pour peu que les choses n'allassent point à sa fantaisie. Mais, aussi, il était de beaucoup le plus solvable de tous les entremetteurs, et les grosses spéculations passaient presque toutes par ses mains, car on savait qu'il payait rubis sur l'ongle.

Laurent de Mille, qui avait eu recours à lui pour cet unique motif, se garda bien de se fâcher de ses premières rebuffades, et tâcha même de le prendre par la douceur.

— C'était une plaisanterie, dit-il avec un rire forcé, une simple plaisanterie. Je suis homme d'épée, et, comme tel, je n'ai point la prétention de palper des pots-de-vin sur les affaires dont je consens à m'occuper pour le compte de mes amis.

— Et vous faites bien, répondit sèchement le juif. Mais venons au fait. Je n'ai pas de temps à perdre, ayant ce soir un marché à terminer à l'hôtel de Condé, avec M. le duc de Bourbon. Vous m'êtes venu chercher en me disant qu'un certain comte de Horn voulait sur-le-champ quelques centaines d'actions. Où est-il ce comte? Et combien lui en faut-il au juste?

— Il sera ici tout à l'heure, et il vous le dira lui-même. Et tenez! parbleu! je crois que je l'entends.

En effet, quelqu'un montait l'escalier, et le chevalier, toujours embusqué derrière sa tapisserie, vit paraître Antoine-Joseph de Horn.

Le jeune gentilhomme était pâle et ses yeux cernés gardaient encore la trace des fatigues et des émotions de la veille. Du Terne, qui le connaissait bien, devina tout de suite, à l'expression de son visage, qu'il devait être de fort méchante humeur.

— Bonjour, comte, lui dit le capitaine d'un air dégagé; vous arrivez à propos, car maître Abraham est impatient d'en finir. N'est-ce pas cinq cents actions que vous souhaitez d'acheter à ce digne descendant des Hébreux?

— Oui, murmura Horn d'un air assez embarrassé, cinq cents me suffiraient, je crois, à condition de les payer sous trois jours.

Le juif, qui jusqu'alors s'était contenté de regarder froidement le nouveau venu, se leva comme s'il eût été poussé par un ressort.

— Est-ce pour entendre de pareilles sornettes que vous m'avez fait venir ici? demanda-t-il au Piémontais.

— Là! là! calmez-vous, maître Abraham, dit Laurent de Mille; par la barbe de Moïse, vous prenez feu comme la poudre, et pourquoi, je vous le demande, parce qu'on vous propose de faire crédit de trois jours à un seigneur qui est comte du Saint-Empire, fils de prince souverain, et qui vous offre en garantie de cinq cents misérables actions les terres de Baussignies, de Hautekerke, de Bailliol et bien d'autres encore appartenant à madame sa mère, sans compter...

— Monsieur, dit le vieillard avec colère, je ne suis ni comte du Saint-Empire, ni seigneur terrier, mais j'ai là, dans ma poche, pour huit cent mille livres d'actions, plus cent cinquante mille livres en billets de caisse et environ deux mille louis en or. Pensez-vous sérieusement que j'aie l'envie de troquer la plus petite partie de cet avoir contre des promesses chimériques ?

— Qu'est-ce à dire ? s'écria le comte furieux.

— Ah ! vieux mécréant, grommela de Mille en se levant rapidement, ah ! tu portes un million sur toi et tu fais l'insolent !

— Je dis, reprit Abraham en forçant le diapason de sa voix de crécelle, je dis que j'entends traiter des affaires sérieuses, et que je n'ai point accoutumé de négocier avec des aventuriers.

Le mot ne fut pas plutôt lâché que Horn se rua sur le malheureux courtier en vociférant :

— Rétracte-toi, misérable juif ! demande-moi pardon, pardon à genoux ou je te tue.

Le vieillard, sans trop s'émouvoir, tourna autour de la table pour s'en faire un rempart contre le jeune gentilhomme qu'il avait assez imprudemment offensé.

Laurent de Mille, qui semblait vouloir rester neutre, se rapprocha insensiblement de lui, le nez au vent, le sourire aux lèvres et les mains dans les poches de son justaucorps.

Cependant Horn, arrêté par l'obstacle de la table, n'avait pas pu en venir aux voies de fait, mais il tourmentait la garde de son épée, et ses yeux lançaient des éclairs.

— Monsieur, lui cria le juif, je me moque de vos menaces, et je vous avertis que si vous ne me livrez passage, je vais appeler à l'aide.

— Maître Abraham, dit entre ses dents le Piémontais, pour sortir, il vous faudra payer rançon.

— Ah! ah! il paraît, mes beaux seigneurs, que vous voulez me voler; c'est fort bien, et je vais...

Abraham n'acheva pas. L'épée du comte, subitement tirée du fourreau, lui troua la gorge.

Le juif tomba à la renverse en jetant un cri, un seul, mais un cri d'agonie, un cri qui perça les murailles, terrifia les buveurs de la taverne et cloua sur place les passants de la rue Quincampoix.

Ce cri, Laurent de Mille fit bien tout ce qu'il put pour l'étouffer, car il se rua sur le blessé et le cribla de coups de poignard.

Le misérable Piémontais s'attendait à un acte de violence de la part du comte, et il n'avait mis ses mains dans les poches de son justaucorps que pour y chercher un instrument propre à achever Abraham. Ses infernales prévisions ne se trouvèrent que trop justifiées, et il ne s'épargna point à compléter le crime qu'il avait préparé, car il se mit à fouiller la victime.

Pendant qu'il arrachait des vêtements ensanglantés du moribond des liasses d'actions et de billets de caisse, Antoine-Joseph de Horn, livide, muet, tremblant, assistait à l'horrible scène sans y prendre part et sans l'empêcher. Il ne pensait même pas à remettre son épée au fourreau, et il restait là pétrifié, tenant encore le fer meurtrier au bout de son bras, de ce bras qui avait frappé le premier.

Cependant, une grosse rumeur montait d'en bas et se rapprochait de l'escalier. La plainte suprême du malheureux courtier avait été entendue et les pratiques de maître Blanche-Barbe accouraient à son secours.

Le comte aurait certainement attendu sans bouger qu'on

vînt le saisir, mais l'abominable Mille avait l'habitude des bagarres criminelles et il connaissait à fond l'art de détaler.

— Allons, monsieur le comte, cria-t-il en courant à la fenêtre, nous sommes dans un mauvais cas, et nous n'avons pas le choix des issues. Prenons donc celle qui se présente et gagnons pays pendant que ces croquants s'apitoieront sur le sort de ce vilain Hébreu.

Ce disant, il ouvrait la croisée, enjambait prestement l'appui et se laissait couler le long des poutres qui soutenaient la maison, surplombant le cul-de-sac de Venise.

Horn avait complétement perdu la tête et il prit le même chemin sans savoir ce qu'il faisait.

Ils arrivèrent tous les deux en bas assez facilement, mais au moment où ils mettaient le pied sur le pavé, les gens du cabaret apparaissaient à la fenêtre et les signalaient aux oisifs de la rue en criant à pleins poumons :

— Au meurtre ! arrêtez-les ! arrêtez les assassins !

Alors commença une course désespérée, une chasse effrayante.

Mille serrant contre sa poitrine son infâme butin et bondissant comme un cerf, Horn, l'épée au poing, brochant comme un sanglier à travers les groupes qui lui barraient le passage ; et, derrière eux, une foule ameutée et hurlante s'acharnant à la poursuite.

Le chevalier du Terne ne vit point cela, mais il l'entendit. Il entendit les imprécations des gens qui relevaient le cadavre, à deux pas de lui ; il entendit les clameurs des Mississipiens aux trousses des fuyards. Bientôt même le bruit d'une rumeur lointaine et des cris de triomphe lui apprirent que les coupables étaient arrêtés.

Le moment eût été mal choisi pour se préoccuper de

leur sort, car c'était un véritable miracle que personne n'eût encore eu l'idée de soulever la tapisserie.

Du Terne, surpris dans sa cachette, courait grand risque d'être écharpé ou tout au moins traîné chez un commissaire comme complice de l'assassinat. Il s'empressa de suivre le conseil que dame Margot lui avait donné pour le cas où son terrible époux viendrait à paraître inopinément, et, se glissant par le couloir dérobé, il fit rapidement le tour de la maison, déboucha dans les appartements où s'assemblaient autrefois le colonel et sa bande, descendit l'escalier jadis secret qui n'avait plus de secrets et se trouva dans la salle basse de l'*Epée-de-Bois.*

Il n'y vit que dame Margot, affaissée sur son comptoir et à demi morte de peur. Les buveurs s'étaient précipités en masse vers le cabinet d'où partaient les cris.

Le chemin de la rue était donc libre, et du Terne se hâta de sortir de l'affreuse taverne où sa mauvaise étoile l'avait conduit. Il eut du moins le bonheur d'en trouver les abords dégagés. La foule s'était portée en masse vers l'hôtel de la Compagnie des Indes, devant lequel on apercevait un gros de curieux attirés sans aucun doute par là prise des meurtriers du Juif. Le chevalier pût donc traverser la rue Quincampoix sans que personne fît attention à lui, et il se mit à courir à toutes jambes vers le Pont-Neuf.

Pendant qu'on assassinait chez maître Blanche-Barbe, le temps marchait et le jour baissait.

C'était l'heure où le colonel habillé en moine et monté sur un âne chargé de besaces pleines, passait chaque soir devant la Samaritaine, regagnant son couvent du faubourg Saint-Jacques et saluant d'un clignement d'yeux ses fidèles soldats répandus sur le pont du bon roi Henri.

Du Terne ne pouvait plus lui demander de le présenter

au prieur des capucins, puisque le froc lui manquait, le froc qui devait assurer le secret de la supercherie inspirée, sinon justifiée, par l'ardent désir de sauver Violette. Mais, plus que jamais, il éprouvait le besoin de lui parler pour lui avouer qu'il était résolu de se consacrer entièrement à la délivrance de la prisonnière et aussi pour lui apprendre la catastrophe dont il venait d'être témoin.

Quoique fort dégoûté pour son propre compte d'une conspiration qui n'aboutissait point, il se regardait comme tenu à certains devoirs envers l'homme qui la dirigeait et qui croyait encore avoir le droit de compter sur lui. Quant à un plan de conduite pour la suite, il n'en avait point. Toutes les belles combinaisons qui devaient lui procurer l'entrée de l'hôpital général étaient à bas, et ses vues se réduisaient, pour le moment, à tâcher de sauvegarder sa liberté, faute de laquelle Violette risquait fort de ne jamais échapper à ses persécuteurs. Du Terne comptait, au surplus, demander conseil à La Jonquière, homme de ressources et d'expédients, et c'était encore là une raison pour ne pas manquer de l'attendre au passage.

Son voyage à travers Paris s'effectua sans fâcheuse rencontre, et, quand il arriva au débouché du pont, sur la rive droite, la nuit approchait. Il se glissa le long du parapet d'aval, dans l'intention de s'arrêter au pied de la statue d'Henri IV et d'attendre là le colonel, qui ne pouvait tarder à paraître.

Chemin faisant, dans la foule qui se pressait toujours en ce temps-là sur le Pont-Neuf, il aperçut plusieurs fois des figures à lui familières.

Les soldats du complot étaient à leur poste, prêts à défiler isolément devant leur chef qui, chaque soir, passait là une revue secrète de sa petite armée. Comme de cou-

4.

tume, ils étaient déguisés de cent façons différentes et parfaitement méconnaissables pour les profanes. Il y avait parmi eux des soldats, des abbés, des forts de la halle ; il y avait même des mendiants, faux éclopés se traînant sur des béquilles dont, en un besoin, ils auraient su se servir pour assommer les gens, et des femmes, harangères de contrebande, portant poignard et pistolets sous leurs cotillons d'emprunt.

Tout ce monde de la cour des Miracles reconnut parfaitement le chevalier et se contenta de lui lancer au vol un regard d'intelligence. La consigne donnée par le colonel était religieusement observée, et les affiliés avaient défense de jamais se parler en public.

Du Terne gagna promptement le terre-plain et y prit position. Là, le dos tourné à la Seine et au soleil qui se couchait, il se mit à réfléchir au prétexte dont il se servirait pour aborder La Jonquière sans trop se faire remarquer.

Ce n'était pas que les frères quêteurs fussent gens de difficile approche et qu'on dût s'étonner d'entendre un passant leur adresser la parole, mais encore fallait-il s'y prendre d'une façon naturelle.

Pendant que le chevalier cherchait dans sa tête une entrée en matières, il vit venir de loin le colonel enfroqué, s'avançant au petit pas de son âne, qu'il avait cavalièrement enfourché. Le vieux reître portait une barbe postiche qui lui cachait la moitié du visage, et, au bout de ses longues jambes, ses pieds nus chaussés de sandales touchaient presque la terre.

Du Terne admirait la perfection du changement de visage et de tournure, quand, à sa profonde surprise, il reconnut, marchant à côté du capucin improvisé et conversant avec lui, maître Blanche-Barbe, le détestable ta-

vernier de l'*Epée-de-Bois*. Que signifiait ce colloque? Et
comment se faisait-il que le mari de dame Margot passât
le Pont-Neuf pour revenir de Saint-Denis au cul-de-sac de
Venise? Blanche-Barbe était déjà fort suspect au chevalier
qui redoutait par-dessus tout de se trouver face à face
avec lui, et cette étrange démarche pouvait fort bien cacher une trahison.

Quoi qu'il en fût, à cinquante pas de la statue, le cabaretier salua poliment le frère quêteur, tourna les talons
et se perdit dans la foule.

Du Terne respira. Il allait pouvoir, sans crainte de cette
déplaisante rencontre, se montrer à La Jonquière. Sans
trop savoir comment il allait s'y prendre pour l'interpeller,
il fit quelques pas au-devant de lui, de façon à se faire voir.

Le colonel l'aperçut et tout aussitôt talonna les flancs
de son âne.

— *Vaya usted con Dios, hijo !* (1) cria-t-il au chevalier dès
qu'il fut à portée de la voix.

Cette salutation formulée dans un idiome étranger fut
pour du Terne un trait de lumière. Il savait très-bien l'espagnol, et le colonel qui le parlait en vrai Castillan l'invitait ainsi à en faire usage pour dérouter les oreilles indiscrètes.

Le chevalier s'empressa de répondre à cette ouverture
en continuant la conversation dans la langue du Cid, non
pas toutefois sans précaution, car il eût été imprudent
de s'exprimer trop clairement au milieu de cette foule
composée de gens de toute condition; mais il trouva sans
peine quelques phrases à double entente, bien sonores,
bien majestueuses, comme on les prononce au delà des

____

(1) En espagnol : — Allez avec Dieu, mon fils.

Pyrénées, en ce royaume où les savetiers eux-mêmes sont nobles et parlent noblement.

Il dit dans le plus pur langage de toutes les Espagnes qu'il arrivait de Burgos, qu'il remerciait Dieu d'envoyer sur son chemin un compatriote et qu'il souhaitait ardemment d'accompagner un instant le *senor padre* pour l'entretenir des choses du pays natal, *cosas de Espana*. Le *padre* répondit courtoisement qu'il était heureux de rencontrer un *hidalgo* de sa province, et tout prêt à l'entendre s'il voulait bien prendre la peine de le suivre jusqu'à la porte de son couvent, car il se faisait tard et il n'avait point le loisir de s'arrêter. L'*hidalgo* se confondit en remerciements et se mit à marcher tout doucement, une main appuyée sur le cou du baudet qui portait La Jonquière et ses besaces.

Les badauds du Pont-Neuf n'entendirent rien du tout à ce dialogue, ou si, par fortune, quelqu'un en comprit le sens, il n'y découvrit assurément rien de suspect. Le colonel et son lieutenant purent donc poursuivre leur chemin sans que personne s'occupât d'eux, et, arrivés à l'entrée de la rue Dauphine, ils eurent soin de tourner à gauche, par le quai des Augustins, où, dès le crépuscule, les passants étaient rares.

— Pardieu ! mon cher enfant, il faut convenir que vous arrivez à propos, s'écria La Jonquière, quand ils eurent gagné un coin assez désert pour qu'on pût y parler sans crainte d'être entendu. Savez-vous ce que me disait ce vieux loup-cervier de Blanche-Barbe qui est venu m'attendre tout exprès à l'entrée du Pont-Neuf, et cela malgré mes ordres formels ?

— Non, répondit du Terne, mais je vous apporte de graves nouvelles, et...

— Il me disait, l'animal, le bourreau, le traître, il me disait qu'il était las de nous servir sans profit, qu'ayant amassé assez de bien pour vivre sans conspirer, il avait résolu de tirer ses grègues et d'aller finir sa vilaine existence loin de d'Argenson et des exempts.

— Je m'en doutais.

— Attendez! ce n'est pas tout. Sans daigner même prendre la peine de m'avertir, il a jeté au feu toutes nos hardes de rechange, ouvert toutes les portes de notre appartement secret, en un mot, il nous ferme son cabaret et nous chasse de sa maison. Que dites-vous de cela, chevalier?

— Je le savais.

— Comment! vous le saviez!

— Oui. Je viens de l'*Épée-de-Bois* et dame Margot m'a tout appris; mais, colonel, ce n'est point de cela qu'il s'agit.

— Et de quoi donc, mordieu? Pensez-vous qu'il y ait quelque chose de plus pressé que d'aviser sur-le-champ à châtier comme il le mérite ce venimeux manant? Ne comprenez-vous pas que son infâme trahison peut nous perdre tous et qu'il faut aviser à notre sûreté? Nous étions déjà serrés de bien près par le successeur de ce damné Larfaille et j'avais fort à faire pour déjouer ses recherches. Maintenant, je puis m'attendre d'un jour à l'autre à être dénoncé par Blanche-Barbe, que puissent emporter cent mille charretées de diables! En vérité, c'est à dégoûter de travailler pour le roi d'Espagne, et, si le voyage de M. le Régent à Asnières ne devait pas être si prochain, si surtout je ne comptais pas sur vous, chevalier...

— N'y comptez plus, colonel, car ce qui vient de se passer...

— Quoi ! vous aussi ! s'écria La Jonquière ; est-ce donc pour m'apprendre que vous m'abandonnez que vous vous êtes mis sur mon passage ? Fort bien ! je devine, c'est pour courir après cette péronnelle en jupons courts que vous manquez à un serment prêté !

— Monsieur !

— A votre aise, chevalier ! Déshonorez-vous pour les beaux yeux d'une servante de cabaret. Heureusement, il me reste des amis sûrs, et je pourrai me passer de vos services, tant que j'aurai pour soutenir mon entreprise des braves comme le capitaine Laurent de Mille et comme le comte de Horn.

— Écoutez-moi, colonel, dit froidement du Terne en saisissant La Jonquière par la manche de son froc. Vous venez de m'insulter gravement, et en toute autre occasion je vous demanderais sur-le-champ réparation d'une injure qu'aucun gentilhomme ne saurait supporter. Mais les instants sont précieux, et je remets à d'autres temps la satisfaction que vous me devez. Sachez bien seulement que ce n'est pas moi qui renonce à poursuivre nos desseins ; c'est Dieu qui les condamne.

— Qu'est-ce à dire ? et espérez-vous me leurrer avec des phrases creuses ?

— Vous comptez sur Laurent de Mille, et sur M. de Horn ? Ni le capitaine, ni le comte ne vous aideront plus ; ils sont, à cette heure, arrêtés et vous ne les reverrez jamais.

— Arrêtés ! où ? comment ? pourquoi ?

— Vous le sauriez déjà, si vous m'aviez laissé m'expliquer. Ils ont tué un Juif qu'ils avaient amené à l'*Epée-de-Bois* dans le cabinet du premier étage ; ils l'ont tué parce qu'il refusait de leur livrer des actions du Mississipi, et Mille les a volées sur son cadavre. L'homme a crié en tombant; on est monté; ils ont sauté par la fenêtre, on les a poursuivis et saisis au bout de la rue Quincampoix.

— Qui vous a dit cela?

— J'ai tout vu. J'étais caché derrière une tapisserie, au fond du cabinet où j'étais allé pour demander à la femme de Blanche-Barbe de me procurer un costume de moine; j'ai réussi à fuir par le couloir dérobé et, en traversant la rue, j'ai entendu les cris des gens qui venaient de mettre la main sur eux.

— Merci, chevalier, dit le colonel en sautant lestement à bas de son âne au grand étonnement de du Terne; merci! je vous présente mes excuses et je vous fais mes adieux.

— Que voulez-vous dire? demanda le chevalier stupéfait de ce changement de ton.

— Rien que de très-simple. J'aime beaucoup le roi d'Espagne, mais j'aime encore mieux le colonel La Jonquière et ne veux point qu'on lui coupe le cou. La conspiration est à vau-l'eau, point par ma faute; mais je n'y peux rien et je m'en vais. Adieu paniers, vendanges sont faites. Philippe V n'aura point le plaisir d'enfermer son cousin d'Orléans dans la tour de Ségovie, mais moi j'aurai la consolation de sauver ma peau.

— Quoi! vous désespérez si vite! il me semble pourtant...

— Il vous semble fort mal. Je suis un vieux singe qui se connaît en grimaces, et je vois d'ici celle que fera Laurent de Mille à la torture. Pour obtenir sa grâce, il nous dénoncera tous.

— C'est vrai! murmura du Terne. Un homme capable de l'action lâche et vile qu'il vient de commettre peut bien trahir ses complices. S'ils ne tenaient que M. de Horn!...

— Oh! celui-là a du cœur; il n'avouera rien; et puis le Régent lui fera grâce, car il ne voudra point envoyer à l'échafaud un fils de prince souverain, qui est son parent; mais il suffit que Mille soit mis à la question pour que nous soyons perdus sans rémission. Aussi, mon parti est pris. Je décampe et je vous engage fort à en faire autant.

— Moi, je reste, colonel.

— Comme il vous plaira; mais gare à la Bastille et à la hache du bourreau. Vous êtes bon gentilhomme, mais vous n'êtes pas de race royale, et, en ce moment peut-être, on abat sur la place publique de Nantes des têtes aussi nobles que la vôtre. Les Talhouët, les Pontcallec, les Montlouis, les Du Couëdic et bien d'autres seigneurs bretons vont payer de leur vie le léger tort qu'ils ont eu de conspirer avec M. de Cellamare. Vous ne serez pas mieux traité si on vous prend. Croyez-moi, partez le plus tôt possible.

— Je ne puis quitter Paris avant de...

— Bon! j'y suis! c'est toujours la bouquetière de la rue Quincampoix qui vous tient au cœur. Grand bien vous fasse! Mais si vous finissez un de ces jours sur une belle estrade tendue de noir, avec un billot au milieu, souvenez-vous que le colonel La Jonquière vous avait donné un bon conseil.

— Il est plus aisé à vous de me le donner qu'à moi de le suivre, en supposant que je m'y décidasse, s'écria du Terne avec humeur. Comment ferais-je, s'il vous plait, pour gagner la frontière, seul, sans un compagnon pour m'aider à dérouter les agents de d'Argenson qui vont se mettre à mes trousses? Paris est encore le lieu où on se cache le mieux, et je n'en veux point bouger.

— Chevalier, dit le colonel après un instant de réflexion, je ne devrais pas insister, car un soldat assez fou pour sacrifier son existence à une femme ne mérite pas qu'on s'intéresse à lui. Mais j'ai toujours été porté pour vous d'une affection singulière, et il ne sera pas dit que j'aurai négligé de vous montrer le chemin du salut. Si vous voulez me suivre, je sais un endroit où on nous fournira ce soir même deux chevaux excellents qui nous porteront gaillardement, en dix ou douze étapes, jusqu'à l'anse de Morgat, tout au fond de la Bretagne. Il y a là, mouillée sous le cap de la Chèvre, une certaine caravelle espagnole qui n'attend qu'un signal de votre serviteur pour le prendre à son bord et le conduire à Santander ou à Bilbao. Si le cœur vous en dit, elle nous emmènera tous les deux, mais décidez-vous vite, car je ne veux pas que le soleil levant me retrouve dans Paris.

— Non, ce serait une lâcheté, murmura du Terne, qui pensait à Violette.

— Alors, bonsoir, chevalier; je prierai Dieu pour le repos de votre âme, lui cria La Jonquière.

Et, chassant son âne d'un coup de pied, l'indomptable partisan releva son froc pour mieux courir et s'enfuit à toutes jambes vers le Pont-Neuf.

III

Le lendemain, vers trois heures de l'après-midi, du
Terne, qui avait erré dans Paris presque toute la nuit, attendait, assis sur la grève déserte de la Seine, le moment
où il devait se rencontrer avec Gudule devant le jardin du
Roi.

Brisé de fatigue, accablé, désespéré à la suite de son
entrevue avec le colonel, il avait fini par venir s'étendre
au bord de la rivière, à l'endroit où on la traverse aujourd'hui sur le pont d'Austerlitz.

Le hasard l'avait amené là un peu avant l'aube et il s'y
était endormi sur la terre humide avec une pierre pour
oreiller.

Il commençait l'apprentissage d'une vie qui allait être
la sienne jusqu'au jour où Violette serait délivrée, car il
n'avait plus d'asile. N'osant ni rentrer dans son logement
surveillé par les mouches de d'Argenson, ni recourir de
nouveau à l'hospitalité de Gudule, de peur de la compromettre, il en était réduit provisoirement à coucher à la

belle étoile et à se nourrir au fond des cabarets infimes,
à fuir les quartiers fréquentés et à se cacher dans les coins
écartés du vieux Paris.

Cette perspective, qui aurait découragé bien des gens,
ne l'effrayait pas outre mesure. Il était soldat, endurci à
la peine et bronzé contre les intempéries des saisons. Il
portait sur lui une somme qui devait suffire à le défrayer
longtemps, et son costume plus que modeste lui permettait de se montrer à peu près partout sans attirer l'attention. Il pouvait donc tenir longtemps le pavé de la grande
ville, à la barbe des exempts qui, depuis la disparition de
Larfaille, ne possédaient de lui qu'un signalement assez
incomplet.

Il s'agissait seulement d'éviter les mauvaises rencontres,
et, par conséquent, de ne pas se montrer dans les parages
de l'hôpital général, les seuls où on le guettât.

Quant aux entrevues indispensables avec Gudule, sur
qui reposaient toutes ses espérances, rien n'empêchait
qu'elles eussent lieu désormais à nuit close, et tantôt d'un
côté, tantôt de l'autre, de façon à déjouer l'espionnage.
Il suffisait qu'on ne les surprît point ensemble au premier
rendez-vous et qu'ils pussent en profiter pour se concerter
sur leurs futures rencontres.

Mais, en dehors de ces sécurités bien précaires, le chevalier avait de terribles soucis. L'entretien qu'il avait eu
la veille avec le colonel venait de renverser tout un écha-
faudage de projets auxquels était fatalement lié le sort de
Violette. La trahison de Blanche-Barbe, l'arrestation du
comte de Horn et de Laurent de Mille complétaient le désastre. Que faire maintenant sans amis, sans appui, sans
secours possible ?

Certes, La Jonquière ne lui aurait jamais prêté main-forte pour enlever la pauvre prisonnière ; mais cependant, une fois le coup fait, il n'aurait pas refusé de concourir indirectement au sauvetage définitif de la maîtresse de son meilleur lieutenant. Il était homme de ressources et disposait de moyens considérables et de forces inconnues. Par lui, on aurait pu se procurer des chevaux, s'assurer des gîtes sûrs pour gagner la frontière.

Et La Jonquière était parti, La Jonquière courait maintenant sur la route de Bretagne ; avec la soudaineté de décision qui le caractérisait, La Jonquière avait abandonné une partie qu'il croyait perdue, et s'en allait chercher, sous d'autres cieux, d'autres aventures, sans aucun souci de ce chevalier de Grandpré, assez sot pour sacrifier à une amourette son ambition et sa vie.

Les soldats de la conspiration, ces sacripants dévoués à leur paye, qui se rassemblaient chaque soir sur le Pont-Neuf, où les trouver maintenant, et en quoi pouvaient-ils servir les desseins de du Terne, qui n'avait plus d'autorité sur eux après le départ du chef suprême ?

Tout faisait présumer que le colonel avait dû trouver le moyen de leur faire parvenir secrètement l'avis de se disperser et qu'ils avaient profité de la permission pour reprendre des professions plus ou moins suspectes. Rien n'empêchait même que quelques-uns eussent passé, avec armes et bagages, au lieutenant de police. Leur rencontre était donc plutôt à fuir qu'à rechercher.

Et c'était le meurtre abominable commis à l'*Épée-de-Bois* qui avait produit tout ce désarroi, mis à néant les plans les mieux conçus, et qui allait peut-être condamner une pauvre innocente à mourir de désespoir.

Du Terne maudissait l'infâme Piémontais, assassin du juif, et ne pouvait s'empêcher de plaindre son malheureux complice, ce comte de Horn, si jeune, si beau, si brave, qu'une indigne faiblesse avait sans doute conduit à cet abaissement. Du Terne se reprochait presque d'avoir contribué indirectement à sa perte en l'encourageant par son exemple à se mêler de cette conspiration qui devait pour son malheur le mettre en rapport avec Laurent de Mille.

En même temps, il se rappelait que M. de Horn avait généreusement tiré l'épée pour l'aider à défendre Violette contre les exempts, et il chassait le souvenir de ses dédains à l'endroit de l'humble bouquetière.

Un autre sentiment plus vague le portait à s'intéresser au sort de ce malheureux gentilhomme qui l'avait appelé son ami.

L'étrange histoire racontée par dame Margot lui revenait sans cesse à l'esprit, et, quoique les soupçons de ce manant de Blanche-Barbe ne lui parussent point fondés, il ne pouvait s'empêcher d'être frappé de la bizarre coïncidence qui rattachait Violette à la famille de Horn, au moins par le hasard de sa naissance sur les domaines du feu prince. Qu'allait-il advenir du cadet de la race, de cet Antoine-Joseph, que la fatalité avait poussé au meurtre et qui encourait à cette heure le supplice réservé aux plus vils criminels ? Lui ferait-on grâce de la vie, comme le prétendait le colonel ; et, si le véritable assassin était condamné à périr sur l'échafaud, livrerait-il, pour sauver sa tête, le secret de la conspiration ?

Tout était à craindre d'un pareil scélérat, mais le chevalier n'avait plus à redouter beaucoup ses dénonciations ; alors même que le Piémontais l'aurait désigné nominativement, qu'il aurait signalé ses amours avec Violette et révélé le secret de son domicile, l'exempt Pillavoine n'eût pas été pour cela mieux en mesure de saisir du Terne, résolu à mener la vie errante d'un proscrit, et protégé d'ailleurs par Gudule.

Il y avait près d'une heure que le chevalier rêvait, accroupi au bord de l'eau, les coudes sur ses genoux et le front appuyé sur ses mains, quand un bruit de pas lui fit lever la tête.

Il vit, à très-peu de distance, un homme qui cheminait le long de la berge, en gesticulant comme un fou et qui s'arrêtait de temps en temps en regardant la rivière, comme s'il eût eu envie de s'y précipiter. Qu'il cherchât ou non une place pour se noyer, cela n'intéressait guère du Terne, qui se leva pour s'en aller plus loin. Mais à ce moment, le promeneur l'aperçut et courut à lui en s'écriant :

— Quoi ! monsieur, c'est vous ! Ah ! c'est le ciel qui me fait vous rencontrer.

Le chevalier, stupéfait, recula de trois pas et fut pris d'une violente envie de jouer des jambes pour se dérober aux transports de ce quidam qu'il n'avait point souvenir d'avoir jamais vu. Mais il réfléchit bien vite que par tout pays un homme qui se sauve est suspect et que des passants pouvaient le voir fuir et se mêler de le poursuivre. Or, il avait le plus grand intérêt à éviter un esclandre, et, plutôt que de s'y exposer, mieux valait certes attendre l'inconnu de pied ferme, sauf à le jeter à l'eau, si c'était décidément un ennemi. Il ne bougea donc point et se contenta de se préparer à repousser une attaque.

— Vous êtes le chevalier de Grandpré, reprit le survenant ; est-il possible, monsieur, que vous ne me reconnaissiez pas ? Moi, je ne vous ai vu qu'une fois, mais je n'ai jamais oublié votre figure.

Du Terne regardait de tous ses yeux ce personnage

doué d'une si heureuse mémoire. C'était un garçon d'une quarantaine d'années et d'assez forte encolure, vêtu d'une espèce de souquenille couleur de muraille. Il avait les cheveux blonds, un visage plein et coloré, une physionomie douce et en tout la mine discrète d'un de ces valets de confiance qu'on appelait alors des *grisons*, et que leurs maîtres employaient à des missions intimes.

— Je suis Liévin, le laquais de M. le comte de Horn, dit-il précipitamment; vous étiez avec lui, le mois passé, quand je lui apportai une lettre à l'entrée de la rue Dauphine.

— Je m'en souviens maintenant, s'écria le chevalier, dont la figure s'éclaircit sensiblement; mais, que venez-vous faire ici?

— Ah! monsieur, ne me le demandez pas, je n'en sais rien moi-même. Voilà une heure que je cours devant moi comme un fou, sans savoir où je vais. C'est le désespoir qui me pousse. Je n'ai plus la tête à moi, depuis le malheur arrivé à mon pauvre maître.

— Il est arrêté, n'est-ce pas?

— Vous le saviez!

— Tout Paris le sait, dit évasivement du Terne qui ne se souciait pas de s'expliquer davantage.

— Hélas! cela doit être, après un événement pareil; mais je m'en réjouis, qu'on le sache; tout le monde s'intéressera à lui sans doute, et il faudra bien qu'on lui rende la liberté.

— Où est-il? demanda du Terne en secouant tristement la tête, car il était fort loin d'apprécier dans le même sens que Liévin les sentiments du peuple parisien à l'endroit du comte de Horn.

— A la Conciergerie, monsieur, dans un cachot, les

fers aux pieds et aux mains, et, qui pis est, sur la même paille que ce coquin de Piémontais qui a causé tout le mal.

— Vous avez donc vu le comte dans sa prison ?

— Non, je n'ai pas eu tant de bonheur; et même, peu s'en est fallu que le commissaire ne me fît jeter à la geôle du Châtelet quand j'ai été lui demander mon maître. Croiriez-vous, monsieur, qu'ils m'ont tourmenté pendant deux heures pour me faire dire tout ce que je savais sur lui, sur les gens qu'il fréquentait?

— Et qu'avez-vous répondu ? demanda vivement du Terne.

— La vérité, monsieur; j'ai dit que mon maître ne voyait habituellement personne, qu'il ne s'occupait que de ses plaisirs, et que s'il n'avait pas rencontré ce maudit Italien dans quelque tripot, il ne se serait point jeté dans cette vilaine aventure.

Le chevalier respira. Il était clair maintenant que le valet du comte de Horn était un homme auquel on pouvait se fier.

— Sait-on comment ce malheureux meurtre a été commis? demanda du Terne.

Nul mieux que lui n'en était informé, mais il ne tenait pas à faire des confidences à Liévin, et il avait grand intérêt à se renseigner sur les bruits qui couraient dans le public.

— Il paraît, dit tristement Liévin, que M. le comte était sans argent depuis la veille, ayant beaucoup perdu à la foire Saint-Germain. Alors, ce damné Piémontais lui a proposé d'acheter des actions à crédit. Mon maître a accepté. Oh! il le pouvait, car il est riche, très-riche; la preuve, c'est que madame la princesse, sa mère, lui avait envoyé depuis quelques jours une grosse somme par un gentilhomme de sa maison, lequel, hélas! n'est arrivé à Paris que ce matin.

— Oui, j'ai entendu parler de tout cela; mais, dans ce cabaret, que s'est-il passé?

— Il s'est passé que le juif qui voulait vendre ces vilains papiers a exigé qu'on le payât sur-le-champ, puis, il a insulté mon maître. M. le comte est très-vif, il n'a pu se tenir de colère et il a blessé l'homme d'un coup d'épée. Alors le Piémontais l'a achevé, dépouillé, .on est accouru aux cris du juif, ils ont sauté par la fenêtre; on les a poursuivis et arrêtés dans la rue Quincampoix.

Du Terne se sentit soulagé d'un grand poids. Il craignait que le récit des faits n'eût été altéré ou que le commissaire ne l'eût pas admis, et alors, lui qui avait été témoin oculaire de l'affreuse scène, il se serait trouvé dans le. plus grand embarras. Comment faire pour venir attester la vérité devant les juges, sans s'exposer à être arrêté lui-même, et d'un autre côté comment priver le comte de Horn d'un témoignage qui pouvait le sauver? Liévin, en lui affirmant que la vraie version de l'événement n'était pas contestée, lui mettait la conscience en repos.

— Mais il est innocent, monsieur, reprit le fidèle serviteur, innocent comme le jour où il est né. Dieu ne permettra pas qu'il soit condamné; et puis, nous avons des amis, des amis puissants; à l'heure qu'il est, ils usent de tout leur crédit auprès de M. le Régent pour que le procès ne soit pas fait à un pauvre enfant de vingt-deux ans; le duc d'Orléans ne voudra pas déshonorer son cousin, car nous sommes cousins, et même assez proches, par Madame, qui est princesse palatine.

En d'autres temps du Terne aurait souri du naïf langage

de ce valet qui s'identifiait avec son maître au point de parler au pluriel quand il se réclamait des illustres alliances de la maison de Horn.

. — Figurez-vous, monsieur, reprit Liévin, que, dès hier soir, les archers tombaient comme la foudre à l'hôtel de Flandre où nous logeons dans la rue Dauphine. Ils ont tout visité, tout bouleversé, tout emporté, et il m'a fallu les suivre devant un commissaire qui m'a traité comme vous savez.

— Mais, demanda le chevalier avec anxiété, qu'a-t-on trouvé dans les papiers de M. de Horn?

— Rien, monsieur, rien que des billets galants. M. le comte était fort aimé des dames, pour son malheur, car c'est là peut-être ce qui a causé sa perte.

— Et sur sa liaison avec ce capitaine piémontais?

— Pas le moindre écrit, monsieur. Oh! de ce côté-là, vous pouvez vous ôter de l'esprit toute crainte. Il n'y a point de trace de la conspiration. M. le comte s'en est mêlé un instant, mais si peu!

— Quoi! vous savez?

— Tout, monsieur. Mon maître ne me cachait point ses actions et même, parfois, il daignait m'y associer. Ainsi, je l'accompagnais dans la plaine de Vanves, certaine nuit que nous attendions M. le Régent au fond d'une carrière.

— En effet, je me souviens que M. de Horn nous dit le lendemain qu'il avait emmené avec lui son valet. Pourvu que cette expédition ne vienne pas à la connaissance de Philippe ou de son ministre!

— Qui donc le leur dirait? Nous y sommes allés seuls et nous n'y avons rencontré personne, si ce n'est un homme qui ne s'en vantera point, car nous lui avons sauvé la vie. C'est le bourreau de Paris.

— Le bourreau de Paris! répéta du Terne stupéfait; et qu'était-il donc venu faire à pareille heure et en pareil lieu?

— Je ne l'ai jamais bien su au juste; il nous a raconté une longue histoire où il était question de brigands qui l'avaient arrêté et qui voulaient se donner la satisfaction d'exécuter l'exécuteur. Ce qu'il y a de sûr, c'est que nous l'avons débarrassé de deux de ces coquins qui le tenaient, c'est qu'il nous doit de la reconnaissance et que si, ce qu'à Dieu ne plaise, mon maître était condamné, j'irais trouver maître Sanson pour lui rappeler sa promesse, et je suis sûr qu'il m'aiderait à faire échapper M. le comte.

— Il faut espérer que vous n'en serez pas réduit à cette extrémité, dit le chevalier, qui marchait de surprise en surprise; mais je tremble que Laurent de Mille ne vienne à parler. Cet homme doit être un lâche, et, pour avoir la vie sauve, il peut faire des révélations.

— Je croirais plutôt qu'il se taira dans l'espérance que le colonel La Jonquière fera tout pour le délivrer; et même, s'il faut vous l'avouer, j'ai déjà pris mes mesures pour lui faire passer dans sa prison un avis secret qui le tiendra en haleine.

— Vous avez pensé à cela!

— Mon Dieu! oui, dit simplement Liévin.

Du Terne se tenait à quatre pour ne pas sauter au cou de ce brave Flamand qui, avec son air endormi, avait trouvé du premier coup le plus sûr moyen de prévenir les indiscrétions du Piémontais.

— J'ai pensé à cela et à bien d'autres choses encore, reprit le serviteur aussi ingénieux que dévoué. Aussitôt que j'en ai eu fini avec le commissaire qui m'a mis à la porte en me commandant de me tenir prêt à me présenter devant lui à la première réquisition, j'ai couru chez M. le duc de Croï d'Havré qui est notre proche parent, et je lui ai raconté ce qui se passait. M. le duc a envoyé chercher aussitôt M. le marquis de Créquy et M. le prince de Courtenay qui sont aussi nos cousins. Ces dignes seigneurs m'ont fait répéter ce que je savais et ils ont délibéré d'aller tous ensemble trouver M. le Régent pour lui remontrer qu'on ne pouvait passer outre à ce procès sans attenter gravement aux droits et à l'honneur de la noblesse du Saint-Empire dont est mon maître.

— Oh! bien, alors, Philippe se laissera fléchir, et le comte en sera quitte pour un ordre d'expulsion du royaume.

— C'est ce que j'espère, mais si, par malheur, les choses tournaient autrement, s'ils osaient le juger, le condamner, j'entreprendrais de le sauver, et je suis sûr, monsieur, que vous m'y aideriez, car le pauvre enfant m'a souvent parlé de vous, et il m'a dit cent fois que vous étiez le plus brave et le plus loyal gentilhomme qu'il connût.

— Hélas! si je pouvais vous servir, je le ferais de grand cœur, mais je ne suis plus libre de mes actions. Je suis proscrit, traqué par les exempts, réduit à me cacher dans des endroits déserts comme cette rive où nous venons de nous rencontrer par un hasard providentiel. Le secours que je vous apporterais serait nul et pourrait même gravement nuire à M. de Horn si je venais à être pris.

— Quoi! vous aussi, monsieur, vous êtes en danger! Le colonel, je pense, ne vous y laissera point; il a le bras long, m'a dit mon maître, et tant qu'il sera à la tête du complot...

— Il n'y a plus de complot. Le colonel a quitté Paris cette nuit en laissant à ses hommes l'ordre de se disperser.

— Ah! monsieur, que m'apprenez-vous là! Heureusement, le Piémontais, dans sa prison, ne se doutera point qu'il ne lui reste plus d'espoir de ce côté. Mais vous, le compagnon, l'ami de mon maître, vous ne pouvez pas rester à Paris, seul, sans appui, exposé aux poursuites du lieutenant de police et aux vengeances du ministre. Il faut fuir, sortir de France avec nous.

— Que voulez-vous dire?

— Que M. le comte va être mis en liberté ou qu'avec l'aide de ses protecteurs je l'arracherai des griffes de ceux qui le persécutent; dans un cas comme dans l'autre, il regagnera promptement la Flandre et nous vous emmènerons.

— Merci, mon ami, dit du Terne touché jusqu'au fond du cœur, merci de l'offre généreuse que vous me faites et que M. de Horn me ferait aussi, je n'en doute pas, s'il était libre, mais je ne puis l'accepter.

— Pourquoi?

— Parce que j'ai juré de délivrer une jeune fille que mes ennemis, les ennemis de votre maître, ont jetée dans une prison. Tant que je ne serai pas parvenu à lui rendre la liberté, je ne m'éloignerai point de Paris, dussé-je payer de ma tête ma persévérance.

— Alors, monsieur le chevalier, c'est à moi de me mettre à votre service quand j'aurai sauvé mon maître; et si j'osais, je vous demanderais dès à présent qui est cette personne qui vous intéresse si fort.

— Une pauvre enfant qui n'est ni noble, ni riche et que le hasard a fait naître du maître de cette malheureuse taverne de l'*Epée-de-Bois*; c'est la fille de ce Blanche-Barbe.

— Blanche-Barbe, avez-vous dit! Pierre Blanche-Barbe

qui fut jadis garde forestier à Baussignies et qui vint à Paris il y a seize ou dix-sept ans?

— C'est bien cela. La connaîtriez-vous?

— Si je la connais! ah! mon Dieu! c'est comme une fatalité! mon maître m'a souvent parlé de lui, de la jolie bouquetière que vous aimez; il ne m'a jamais dit ce nom de Blanche-Barbe qui m'aurait tout de suite rappelé des souvenirs...

— Quels souvenirs?

— Des souvenirs bien lointains. M. le comte lui-même ne sait pas cette histoire, mais je vous la conterai plus tard. Vous m'assurez que la petite que vous voulez délivrer est bien celle que Pierre et sa femme ont élevée comme leur enfant?

— Sans doute.

— Alors, monsieur le chevalier, j'en fais le serment, nous la tirerons de peine ou j'y laisserai ma peau. Seulement, je vous demande quatre jours; c'est à peu près le temps qu'il me faut pour que mon maître soit hors d'affaire; mardi prochain, 26 mars, trouvez-vous à cette place, un peu après le soleil couché; j'y serai et je vous appartiendrai tout entier. Si vous avez besoin d'un homme dévoué pour un coup de main, je serai cet homme. S'il vous faut de l'argent pour acheter des geôliers, je vous en donnerai; des chevaux pour gagner la frontière, je vous en procurerai.

— Merci, cent fois merci! Mais, au nom du ciel, que savez-vous sur la naissance de cette jeune fille?

— Écoutez! s'écria Liévin, au lieu de répondre à la question de du Terne; quatre heures sonnent à l'église des Bernardins, et, à cinq, je dois me présenter à l'hôtel d'Havré pour apprendre de la bouche de M. le duc ce qu'a répondu le Régent à la demande des seigneurs. Je n'ai que le temps d'y courir. Adieu, monsieur le chevalier, adieu! et, à mardi soir, quoi qu'il arrive.

Le chevalier essaya de courir après Liévin, mais il s'aperçut promptement que le Flamand avait de meilleures jambes que les siennes, et puis il comprit qu'une chasse à l'homme à travers Paris serait dangereuse et inutile. Le valet de M. de Horn était évidemment décidé à n'en pas dire plus long sur Violette jusqu'à ce qu'il eût réussi à sauver son maître, et du Terne, en le poursuivant, se serait exposé à de fâcheuses rencontres. Il resta donc sur la berge, plus troublé que jamais par les demi-confidences de Liévin. Évidemment, cet homme connaissait le fond du mystère que le récit de dame Margot lui avait déjà fait entrevoir; mais il semblait que la fatalité s'en mêlât pour empêcher ceux qui savaient cette histoire de compléter leurs explications.

Le chevalier, fort heureusement, n'avait pas de temps à donner aux réflexions et aux conjectures, car il aurait pu perdre la tête au milieu de tant d'incertitudes. L'heure approchait où il devait s'aboucher avec Gudule devant la grande entrée du jardin du Roi, et il se serait bien gardé de manquer à ce rendez-vous qui allait peut-être décider de son sort.

Sa petite providence, c'est ainsi que souvent il désignait la fille de l'exempt, sa petite providence avait déjà sans doute concerté avec Violette un plan d'évasion, et il n'avait, lui, rien de bon à annoncer à cette amie dévouée. La défection de Blanche-Barbe, le brusque départ du colonel, la dispersion complète des conjurés, tous ces désastreux incidents menaçaient de faire échouer des projets laborieusement combinés. Comme compensation, du Terne avait, il est vrai, rencontré l'appui inespéré de Liévin, mais, au prix des avantages perdus, c'était peu. Et même, à bien prendre, comme il ne partageait pas les illusions de ce fidèle serviteur sur le sort réservé au comte de Horn, il se disait que, si le maître mourait sur l'échafaud, le valet aurait certainement d'autres soucis que la délivrance d'une jeune fille enfermée à l'hôpital général. Ce fut donc presque sans espoir et la tristesse dans le cœur que le chevalier s'achemina vers l'endroit convenu.

En ce quartier désert, et vêtu comme il l'était, il n'avait guère à craindre d'être reconnu, et pourtant il s'en allait la tête basse, rasant de près les hauts murs du jardin du Roi et ne regardant personne pour ne pas être regardé; mais il eut beau se hâter, il n'arriva pas le premier.

Gudule l'attendait assise sur une borne, au coin de la rue Saint-Victor. Elle se leva dès qu'elle l'aperçut et vint à lui d'un pas délibéré. Ce n'était point son allure habituelle, et du Terne fut frappé aussi du changement de son visage. Ses yeux brillaient d'un éclat inaccoutumé, et ses traits si doux et si calmes avaient pris une expression résolue, presque exaltée.

Elle tenait à la main une petite touffe d'herbes, au milieu de laquelle brillaient quelques pauvres fleurs, de celles qui poussent au hasard entre les pierres disjointes des masures ou sur les tombes délaissées.

Le chevalier ne put s'empêcher de penser aux frais bouquets de violettes que la chère captive s'en allait semant jadis, le sourire aux lèvres, la joie au cœur, le bonheur sur le front, et, en dépit de tous ses efforts pour faire à Gudule un accueil affectueux, sa physionomie s'assombrit.

Quel contraste entre ces jours si rapidement envolés, ces jours éclairés par le soleil de son amour naissant, et le triste horizon qui maintenant étendait devant lui son voile funèbre ! L'image de la jeune fille adorée lui apparaissait rayonnante de jeunesse et de beauté, et il voyait à peine la figure pâle et mélancolique de la petite disgraciée qui se sacrifiait pour une rivale.

Et pourtant, ce jour-là, Gudule ne se ressemblait plus à elle-même. On eût dit que, sous l'influence d'une passion violente, le charme mystérieux qui se cachait sous ce visage terne montait à la surface et illuminait toute sa personne. Le sang courait sous sa peau, le feu s'allumait dans ses prunelles, la vie circulait dans son corps frêle. Elle n'était pas jolie ; elle était ravissante, et pour ne pas s'en apercevoir, il fallait, comme du Terne, être éperdument amoureux d'une autre femme. Il la regarda pourtant et, tremblant de l'interroger :

— Hélas ! ma chère enfant, dit-il, je vous apporte de déplorables nouvelles. Je n'ai pas pu me déguiser, vous le voyez, et cela parce que ce misérable tavernier de l'*Epéede-Bois* a jugé à propos de brûler nos costumes et de nous fermer sa maison ; il nous trahit et, au surplus, un crime a été commis hier dans son cabaret, un crime pour lequel deux des nôtres sont arrêtés. Sur cela, notre chef a pris peur, et, abandonnant la conspiration, il a dû quitter Paris cette nuit. Me voilà maintenant seul, sans appui, sans asile, réduit à mes propres ressources ; plus de secours à espérer du colonel ni de refuge dans le couvent des Capucins.

— Dieu soit loué ! vous ne courrez plus de dangers, puisque vous ne conspirerez plus, s'écria Gudule.

— Et qu'importe que je n'entreprenne plus rien contre le Régent ? Croyez-vous donc que je m'exposerai moins pour arracher Violette à ses persécuteurs, ou pensez-vous que je vais renoncer à la délivrer ?

— Dans trois jours, à pareille heure, elle sera libre.

— Libre! Violette libre! non, c'est impossible! Et pourtant, vous n'auriez pas la cruauté de vous jouer de moi. Mais ai-je bien entendu? qu'avez-vous dit?

— La vérité. Tout est prêt, tout est convenu. Aujourd'hui, j'ai été de service dès le matin. J'ai donc pu la voir dans la cour du fond à l'heure de la promenade et l'entretenir longuement.

— Oh! mon Dieu! Elle souffre, n'est-il pas vrai? elle pleure.

— Elle est pleine de courage et d'espoir, car elle ne cesse de penser à vous, et elle sait maintenant que nous agissons de concert, dit Gudule en baissant la tête, peut-être pour cacher sa pâleur.

La généreuse enfant avait deviné que le chevalier mourait d'envie de savoir si Violette parlait de lui et qu'il n'osait s'en informer.

— Écoutez-moi, reprit-elle, et retenez bien mes paroles, car cet entretien est le dernier que nous aurons ici. Je suis obligée de redoubler de précautions, et les surveillants de la maison pourraient remarquer mes absences. Je ne reviendrai donc plus. Par le même motif, je ne puis vous offrir un abri pour le temps que vous avez encore à passer dans Paris. Il m'en coûte de vous laisser errer par la ville, mais mieux vaut encore cette extrémité que de rien abandonner au hasard. Et puis cette épreuve sera courte.

— Quand donc finira-t-elle? demanda vivement du Terne.

— C'est le mardi qu'on rend le linge des prisonnières, et je vous ai déjà dit que j'étais chargée du service de l'aile gauche, où se trouve la cellule...

Elle s'arrêta une seconde, comme elle le faisait toujours quand il s'agissait de prononcer le nom de Violette, et elle continua d'une voix qui tremblait un peu :

— Mardi soir donc, j'y entrerai à l'heure accoutumée ; je serai seule, car l'économe et madame la supérieure ont confiance en moi, tant de confiance qu'on me permet d'aller et de venir par toute la maison, d'en sortir même, sans lever mon voile, ce voile noir, que je porte depuis le deuil de mon père.

Les amants n'ont d'yeux que pour la femme aimée, et du Terne n'avait pas remarqué le nouveau costume de Gudule, qui avait pris l'habit de laine grise, la guimpe et les coiffes rabattues des femmes employées dans le service de l'hôpital général.

— Nous n'aurons besoin que de quelques minutes pour changer de vêtements. Nous sommes à peu près de la même taille. Je lui ai enseigné le chemin qu'il fallait suivre pour gagner la grande porte. Personne, au surplus, ne lui adressera la parole ni ne s'étonnera qu'elle se présente à la grille sans montrer son visage, car, plusieurs fois chaque jour, on m'y voit passer voilée. Il y a, en face de cette grille, de l'autre côté du boulevard, à l'angle du marché aux chevaux, trois gros arbres dont le tronc vous protégera contre les regards des surveillants. Trouvez-vous là, mardi soir, et, quand six heures sonneront, vous verrez venir une femme habillée comme moi. Elle passera près de vous sans vous parler et traversera le marché. C'est le chemin que j'ai l'habitude de suivre. Le terrain va s'abaissant et, à cent pas plus loin, la femme sera hors de la vue des passants du boulevard ; alors, vous la rejoindrez, et, quand vous vous serez assuré que c'est elle, ma tâche sera finie et la vôtre commencera.

— Mais vous, Gudule, vous ! s'écria du Terne.

— Moi, dit l'enfant avec un sourire doux et triste, je prierai Dieu pour vous dans la cellule où je resterai enfermée jusqu'au lendemain à midi, et c'est alors seulement qu'on s'apercevra du changement de personnes. Vous aurez donc dix-huit heures d'avance sur les archers qui vous poursuivront. Si vous les employez bien, vous devez leur échapper.

— Mais les misérables s'en prendront à vous, pauvre enfant ! et qui sait de quelle peine ils vous feront payer votre sublime dévouement ?

— Que voulez-vous qu'il fassent à la fille d'un exempt mort pour le service du roi ? demanda Gudule en levant sur le chevalier ses grands yeux bleus. Ah ! je serais trop heureuse de souffrir pour vous... pour elle, mais, rassurez-vous, je ne cours aucun risque, pas d'autre du moins que celui d'être chassée de l'hôpital genéral. Alors, je rentrerai dans la maison de mon père, et j'y attendrai que vous teniez votre promesse. Ah ! je sais que je passerai par de cruelles angoisses et que les heures me sembleront bien longues jusqu'au jour où une lettre de vous m'apprendra que vous avez passé la frontière.

Du Terne se taisait. Il pliait sous le poids de tant de bonheur, et il osait à peine soutenir le regard clair de la noble jeune fille qui lui sacrifiait jusqu'à son amour, cet amour fait de résignation et d'innocence, dont il mesurait maintenant toute la grandeur. Pâle, tremblant, baissant la tête, il cherchait des mots pour exprimer ce qu'il ressentait, et, malgré lui, il se laissait distraire par la vue de ces fleurs, que Violette avait peut-être touchées.

— Prenez-les, dit Gudule en lui mettant aux mains les humbles brins de primevère sauvage arrachés sans doute aux pavés du préau; c'est elle qui les a cueillis pour vous; vous les lui rendrez bientôt. Gardez-en une en souvenir de moi.

Et l'enfant s'enfuit sans laisser au chevalier le temps de lui répondre.

IV

Au dix-huitième siècle, la justice civile était souvent
fort lente, et on se léguait parfois un procès d'une génération à l'autre, mais, par compensation, la procédure criminelle marchait presque toujours avec une rapidité effrayante.

« Aussitôt pris, aussitôt pendu, » est un dicton de
ce temps-là.

Jamais peut-être affaire ne fut menée de façon plus
expéditive que celle du comte de Horn.

Le meurtre du juif avait été commis le vendredi 22 mars
1720, entre cinq et six heures du soir, et les coupables,
arrêtés presque aussitôt, interrogés sommairement par un
commissaire et enfermés à la Conciergerie. La journée du
lendemain samedi et celle du dimanche suffirent au conseiller rapporteur pour parfaire son enquête, et la chambre
criminelle du Parlement, la Tournelle, comme on disait

alors, se rassembla le lundi 25 mars, pour juger séance
tenante les deux accusés.

Pendant qu'on délibérait au Palais de Justice, Philippe
d'Orléans, Régent de France, soutenait, dans ses petits
appartements du Palais-Royal, des assauts qui mettaient
sa concience à une rude épreuve.

Ce prince était né doux et humain ; il avait horreur des
sévérités à outrance, il oubliait volontiers les injures et
il aimait à pardonner à ses ennemis. Autant de raisons
pour s'opposer à ce qu'on fît ce procès, qui n'allait à rien
moins qu'à la roue, et pour couvrir de sa protection
M. de Horn, qui n'était certes point de ses amis. Mais le
duc d'Orléans possédait aussi un très-vif sentiment de
l'équité naturelle ; il estimait que la loi doit être égale
pour tous et qu'un gentilhomme qui s'est souillé d'un
crime mérite moins d'indulgence qu'un scélérat obscur.

De ces deux tendances contraires étaient résultés dans
son esprit des combats très-pénibles, et les influences op-
posées qui s'agitaient autour de lui n'avaient fait qu'a-
jouter à ses perplexités.

Excédé des luttes qu'il soutenait depuis deux jours, il
s'était enfermé, l'après-dinée du lundi, dans son cabinet,
et Coche, son valet de chambre, avait reçu l'ordre d'en défendre l'accès contre les solliciteurs dont son maître redoutait l'invasion.

Le matin, Philippe avait reçu la visite du duc de Saint-
Simon, membre du conseil de Régence et son ami particulier. Ce grand seigneur qui fut un grand esprit et qui
nous a laissé les inimitables mémoires que l'on sait, n'a-
vait pas voulu partir pour sa terre de la Ferté-Vidame
où il s'en allait passer la semaine sainte, sans donner son
avis au Régent sur ce cas si grave et si extraordinaire.

Cet avis avait été tel qu'on devait l'attendre de ce duc et pair aussi rigoureusement vertueux que profondément attaché aux prérogatives de la noblesse. M. de Saint-Simon conseillait de faire bonne et prompte justice, sans s'arrêter aux considérations tirées de la naissance ou des alliances du coupable. « Quiconque, avait-il dit au duc d'Orléans, vous demanderait la vie du comte de Horn, après un crime si détestable, ne se soucierait que de la maison de Horn, et ne serait pas votre serviteur. » Il fallait, selon lui, laisser le Parlement juger et condamner, même à la roue. Seulement, il fallait aussi intervenir, après l'arrêt rendu, non pour en empêcher l'exécution, mais pour la modifier.

Les princes de Horn étaient des princes de l'Empire. Or, dans les Pays-Bas et en Allemagne, le supplice de la roue infligeait une telle infamie à la famille du supplicié, que les frères, les sœurs, les oncles, les tantes et les descendants jusqu'à la troisième génération étaient privés du droit d'entrer dans aucun chapitre noble. La décapitation, au contraire, ne produisait aucun de ces effets qui rendaient une race entière responsable du crime d'un de ses membres.

Le duc opinait donc pour qu'on ne jetât point dans le désespoir une illustre maison, et pour que le Régent, aussitôt la sentence prononcée, signât une commutation de peine et fît, le jour même, couper la tête à M. le comte de Horn. Le Régent, goûtant l'avis, avait promis d'user de ce moyen terme, et M. de Saint-Simon était parti, content d'avoir pu concilier ainsi deux choses qu'il aimait d'égale passion, la justice et le privilége.

De cette décision aux espérances que nourrissait encore le fidèle Liévin, il y avait loin, comme on voit, et pourtant

Philippe d'Orléans, qui venait de la prendre, sentait bien qu'il n'était pas quitte de toutes tribulations et qu'il lui faudrait compter avec Dubois, avec Law et peut-être avec bien d'autres.

Il se promenait à grands pas de son bureau à la fenêtre et de la fenêtre à la porte, qui s'entr'ouvrait de temps en temps pour laisser passer la personne discrète de Coche, apportant des demandes d'audience auxquelles le maître répondait invariablement par un refus tout sec.

— Qu'est-ce encore que cela? dit-il brusquement en prenant des mains du valet de chambre une longue pancarte couverte d'écriture.

— Une supplique, monseigneur.

— Pour le comte de Horn, n'est-ce pas? Je n'en ai que faire.

— Monseigneur, elle est signée de tous ses parents, et ils l'ont apportée ici après avoir fait leur démarche solennelle au Palais de Justice.

— Quelle démarche ?

— Ces seigneurs, au nombre de cinquante-sept, tous des premières maisons du royaume, se sont transportés ce matin dans la salle des Pas-Perdus, à l'heure où Messieurs de la Tournelle criminelle allaient entrer en séance pour juger le comte.

— Qu'est-ce à dire? Est-ce qu'ils se seraient permis d'insulter le Parlement ou de chercher à l'influencer ?

— Non, monseigneur; ils se sont contentés de se ranger sur le passage des conseillers et de les saluer respectueusement.

— A la bonne heure! quoique peut-être ce soit déjà trop que cette recommandation muette. Laisse-moi, et surtout ne permets à personne d'entrer.

Coche se retira sur la pointe du pied et le Régent reprit

sa promenade. Il avait bonne envie de ne pas regarder le placet dont il croyait savoir d'avance le contenu, mais ses yeux tombèrent sur les premières lignes, et il lut ce qui suit :

« Monseigneur, les fidèles sujets de Sa Majesté dont les noms suivent exposent humblement à Votre Altesse Royale : Premièrement.... »

— Bon! murmura Philippe en haussant les épaules; encore quelques tirades sur l'illustre origine de la maison de Horn ! S'ils espèrent me toucher avec de semblables arguments, ils se trompent. Un noble qui assassine et qui vole perd sa caste; ces gens-là ne me persuaderont point le contraire.

Voyons cependant leurs raisons.

« Exposent : Premièrement, que le prince Ferdinand de Ligne et d'Amblise, oncle utérin du comte Antoine-Joseph de Horn, présentement enfermé à la Conciergerie, est légalement interdit pour cause de folie, depuis l'année 1717.

« Secondement, que le père de la princesse de Horn, grand-père dudit Antoine-Joseph, avait perdu l'usage de la raison trois ans avant l'époque de son décès. »

— Où veulent-ils en venir ? dit le Régent, et que m'importe que cet oncle et cet aïeul aient été ou non sains d'esprit ?

L'étonnement de Philippe d'Orléans était assez naturel, car, en ce temps-là, on n'avait point encore usé d'un moyen judiciaire dont on a fort abusé depuis, et le procès du comte de Horn est probablement le premier où on ait invoqué, comme excuse d'un crime, l'influence de la folie héréditaire.

La supplique continuait ainsi :

« Troisièmement, que le comte Ambroise de Horn, grand forestier de France et d'Artois, oncle consanguin d'Antoine - Joseph, est enfermé depuis dix - sept ans,

« Que, dans un accès de frénésie, il a tué madame Agnès-Brigitte de Créquy, son épouse, et que les cours souveraines de Flandre et de Brabant, ne l'ont pas considéré comme justiciable d'une autre loi que celle de l'interdiction.

« Que ledit oncle de l'accusé ayant un jour trouvé le moyen de s'enfuir du château de Loozen, où on le gardait, rencontra deux capucins de Ruremonde, lesquels il commença par maltraiter furieusement, en les voulant obliger à renier Dieu.

« Il était pour lors armé de quatre pistolets chargés qu'il avait enlevés à des voyageurs.

« L'un de ces religieux, effrayé par la violence du malheureux comte, ayant eu la faiblesse de prononcer certaines paroles d'apostasie, il lui fit sauter la cervelle en lui disant qu'il n'était qu'un misérable apostat, qu'il était juste d'envoyer au diable.

« L'autre moine, ayant tenu ferme, n'en fut pas moins tué d'un coup de pistolet, cet aliéné disant qu'il irait droit en paradis et qu'il en faisait un martyr de la foi. »

— Oh ! oh ! s'écria le Régent ; mais c'est un abominable scélérat que ce grand forestier. Tel oncle, tel neveu, à ce qu'il me paraît, et si tous ces Horn sont les alliés de madame ma mère, il faut convenir que j'ai là une jolie parenté.

Allons jusqu'au bout, quoique je devine la conclusion.

« Quatrièmement, que le comte Antoine-Joseph de Horn,

âgé de vingt-deux ans, petit-fils et neveu des précédents, a lui-même été attaqué d'une maladie reconnue par les médecins brabançons et aussi par les autorités judiciaires des Pays-Bas autrichiens, comme ayant tous les caractères de l'aliénation mentale.

« Cinquièmement, que si les soussignés n'entendent pas entrer en discussion sur le fond et la forme de l'arrêt à intervenir contre le comte Antoine-Joseph, c'est uniquement par bienséance, et nullement par estime et respect de la chose jugée... »

— Quelle insolence ! dit le duc d'Orléans avec une indignation véritable.

Et il reprit :

« Les soussignés se réservent tous moyens que de raison pour obtenir justice en faveur de leur dit parent.

« A ces causes, il plaise à Votre Altesse Royale obtenir du roi, notre souverain seigneur, remise pleine et entière de la peine qui pourra être prononcée contre lui par l'arrêt de la Tournelle. »

— Et c'est signé des plus grands noms de la noblesse française ! s'écria Philippe en laissant tomber le placet ; et ils veulent que je fasse grâce à un homme qui s'est souillé de l'action la plus vile, la plus lâche ! Non, non, messieurs, ce n'est point ainsi que j'entends la justice, et si ce comte Ambroise, que vos tribunaux du Brabant ont envoyé aux Petites-Maisons, avait tué des capucins en France, je l'aurais fait exécuter bel et bien, comme je ferai de son neveu Antoine-Joseph. Il est fou, dites-vous ? soit ! Il faut le soigner et non le punir ? Je le veux bien ; seulement je prétends que cette folie-là ne se doit guérir qu'en place de Grève, avec le bourreau pour médecin.

— La Grève ! le bourreau ! quelle horreur ! taisez-vous,

Philippe, taisez-vous, si vous m'aimez, dit une voix douce qui vint tout à coup bruire à l'oreille du Régent, pendant qu'une main potelée lui fermait la bouche.

Le Régent se retourna vivement et se trouva en face de madame de Parabère.

La brune et sémillante marquise, *le petit corbeau noir*, comme on l'appelait aux soupers du Palais-Royal, la charmeuse irrésistible avait forcé la consigne, par la grâce de Coche, qui ne savait rien refuser à la maîtresse régnante, et, ouvrant doucement la porte, elle était venue sur la pointe du pied jeter ses bras autour du cou de Philippe, absorbé dans de tristes reflexions.

— Que diable ! marquise, dit-il avec humeur, voilà qui passe la permission, et je ne puis vous recevoir. Vous savez fort bien qu'après six heures du soir je serai tout à vous et à nos amis, mais, jusqu'à ce bienheureux moment, je me dois aux affaires sérieusès.

— Fi ! fi ! donc, Philippe ! ne parlez point ainsi ou je ne vous tiendrai plus pour l'aimable et galant gentilhomme que vous êtes. Quoi ! je viens vous surprendre, vous embrasser, car j'allais vous embrasser quand vous avez jugé à propos de vous cabrer, et c'est ainsi que vous m'accueillez ! par des grands mots que vous devriez laisser à ce cuistre de Dubois ! en me jetant au nez les affaires sérieuses !

— Marquise, je vous le répète...

— Jolies affaires, par ma foi ! je vous surprends discourant tout seul, et, dans les gracieux propos que vous vous tenez à vous-même, j'entends qu'il est question de grève, de bourreau. Gageons qu'il s'agit de ce pauvre comte de Horn.

— Et quand cela serait ? s'écria le duc avec impatience.

6.

Venez-vous aussi vous mêler de cette vilaine histoire?

— Pourquoi ne m'en mêlerais-je pas? dit madame de Parabère de sa voix la plus douce. La cour et la ville ne s'occupent d'autre chose en ce moment. Et puis, ce malheureux enfant est si jeune!

— Voilà maintenant que vous vous apitoyez sur son sort! il ne vous manque plus que de me demander sa grâce.

— Et si je vous la demandais, Philippe? Si j'implorais votre pitié, pour ce...

— Madame, interrompit le Régent dont la figure s'assombrissait à vue d'œil, je vous ai déclaré cent fois que je ne souffrais pas l'ingérence des femmes dans le gouvernement du royaume; encore moins la tolérerai-je dans un procès criminel, et, pour le cas particulier qui vous amène, vous m'obligez à vous dire que je m'étonne fort de vous voir prendre auprès de moi la défense de M. de Horn.

— Quoi! vraiment? dit la marquise en éclatant de rire, vous seriez jaloux! savez-vous que j'en serais bien fière, car ce serait, je pense, la première fois de votre vie?

— Et qui vous parle de jalousie, madame? quelle sotte visée me prêtez-vous là?

— Là! là! ne vous fâchez point, Philippe, on n'est jaloux que quand on aime; laissez-moi croire que vous m'aimez un peu. Et puis, voyons, la main sur la conscience, avouez que vous pensez encore à la scène que vous eûtes dans ma loge, au bal de l'Opéra, avec ce jeune fou, et que c'est ce souvenir qui vous fait trouver mauvais que je m'intéresse à lui.

— Et vous, à votre tour, dit le duc piqué dans son amour-propre, avouez qu'il est pour le moins étrange

que vous preniez sous votre protection le héros de cette
ridicule aventure, et qu'il faut que vous me croyiez de
bonne composition pour oser...

— Je vous crois le plus noble et le plus généreux des
hommes, Philippe, et c'est à votre cœur que je m'adresse
quand je vous recommande un infortuné dont l'âge et la
naissance méritent quelque indulgence.

— Son âge! sa noblesse! voilà de belles raisons pour
me décider à commettre une injustice! je vous affirme,
marquise, que, si vous n'en avez pas de meilleures à faire
valoir...

— J'en ai une, une seule, et celle-là, je suis sûre que
vous n'y contredirez point.

— Je suis, pardieu! curieux de la connaître. Voyons
donc un peu cet irrésistible argument qui doit me décider à gracier un assassin, un voleur...

— Oh! les vilains mots que vous prononcez là, Philippe, et comme vous les regretterez tout à l'heure.

— En vérité, marquise, vous abusez de ma patience.
Me direz-vous enfin pourquoi je dois pardonner à ce grand
criminel?

— Par une considération bien simple, et je m'étonne
que vous ne l'ayez pas encore devinée.

— Je n'ai point de vocation pour expliquer les énigmes,
et vous devriez, marquise, laisser ces jeux d'esprit à madame du Maine et aux pédants qu'elle invite à ses fêtes
de Sceaux.

— Bon! vous êtes plus habile en ces matières que
vous ne voudriez le faire croire, et je suis sûre que vous
m'entendez bien. Voyons, Philippe, vous souvient-il que,
le mois passé, nous allâmes ensemble au Théâtre-Français
voir jouer une tragédie de Corneille, une tragédie où il

y a un certain Romain qui conspire contre un grand prince, son bienfaiteur...

— Cinna?

— Justement. Et comment se nomme le grand prince, le généreux empereur?

— Auguste, parbleu!

— C'est bien cela. Et Auguste, n'est-il pas vrai, fait asseoir ce Cinna, lui rappelle qu'il l'a comblé de faveurs, lui reproche doucement d'avoir conspiré contre son autorité et contre sa personne, et finalement lui tend la main en lui disant ce fameux vers... Aidez-moi donc un peu...

— Soyons amis, Cinna, c'est moi qui t'en convie,

récita le duc d'Orléans.

— Vous l'avez dit, Philippe, et je sais que, comme moi, vous admirez ce trait sublime de clémence.

— Très-bien, j'y suis maintenant. Mais, chère marquise, je vous conseille d'étudier un peu l'histoire romaine avant de faire des citations. D'abord, je me flatte de ne pas ressembler tout à fait à Auguste, qui fut un ambitieux et un hypocrite, et puis, où prenez-vous que le cas de M. de Horn rappelle celui de Cinna? Ce Cinna conspirait, mais il n'a jamais, que je sache, tué un pauvre diable de juif pour le dépouiller de son argent.

— Monseigneur, dit gravement madame de Parabère, c'est par les beaux côtés que vous ressemblez à Auguste. Comme lui, vous pardonnez à ceux qui vous ont offensé.

— Bon, si le comte n'avait offensé que moi.

— Qu'importe ce qu'il a fait dans un accès de folie? Il suffit qu'il vous ait insulté publiquement, provoqué en duel devant vingt témoins, pour que vous soyez tenu de lui faire grâce.

— Moi, obligé de faire grâce à ce misérable insensé ! marquise, en vérité, vous aussi, vous perdez l'esprit.

— Non, monseigneur, et, si je vous parle ainsi, c'est que je suis soigneuse de votre honneur et de votre gloire ; c'est que je ne veux pas qu'on dise que M. le duc d'Orléans s'est vengé du comte de Horn en le laissant périr sur un échafaud.

— Et qui donc dirait cela ?

— Tout Paris, monseigneur, tout Paris, qui sait l'histoire de cette querelle au bal de l'Opéra, qui prétend que M. de Horn était mon amant et que sa mort vous débarrassera d'un rival. Vos ennemis, et vous en avez beaucoup, vos ennemis vont répétant à la cour et par la ville qu'ayant refusé satisfaction à un gentilhomme qui était votre parent, vous cherchez à le déshonorer par un supplice infamant.

— Mais c'est odieux ! c'est épouvantable ! s'écria le duc d'Orléans ; et si je pouvais croire qu'on me prête des sentiments si bas, qu'on m'accuse sérieusement d'une pareille lâcheté...

— Si vous le croyiez, si je vous le prouvais, que feriez-vous, monseigneur ?

— Eh ! morbleu ! je renverrais ce jeune fou à sa famille, que Dieu confonde pour l'avoir laissé vaguer par ce royaume.

— Ah ! monseigneur, je vous reconnais enfin, je retrouve mon Philippe, mon grand, mon noble, mon généreux Philippe, s'écria madame de Parabère.

Et, courant aussitôt à la porte du cabinet, elle l'ouvrit et dit à haute voix :

— Venez, messieurs, notre cause est gagnée.

L'adroite marquise se trompait. La grâce du condamné

si habilement enlevée lui échappait pour avoir voulu la publier trop vite. En s'adressant au cœur de Philippe d'Orléans, elle avait touché juste. En cherchant à forcer la main au Régent, elle frappait à faux.

Avertie du danger que courait la malheureux gentilhomme qu'elle avait, sans le savoir, poussé à sa perte en lui promettant une entrevue dans une petite maison à Asnières, madame de Parabère avait résolu de tout faire pour le sauver, et elle venait d'accomplir un tour de force de diplomatie féminine, car il ne lui était certes point aisé d'attendrir le prince par le souvenir d'une scène fort compromettante pour elle, et d'émouvoir sa pitié sans réveiller sa jalousie.

Le petit complot qu'elle avait arrangé avec les parents du comte de Horn gâta tout.

Coche, le valet de chambre, en était, et, en introduisant tout doucement la marquise, il avait fait cacher derrière la porte une députation choisie parmi les signataires de la supplique.

A l'appel de madame de Parabère, le duc d'Havré, le marquis de Créquy et le prince de Courtenay entrèrent.

La vue de ces seigneurs fit du duc d'Orléans un tout autre homme. Il se rappela qu'ils venaient pour lui arracher un acte contraire à son devoir de chef de l'État, et, à l'instant même, le débonnaire, l'amoureux, le chevaleresque Philippe fit place au Régent de France.

Il alla d'abord à la marquise, lui prit la main et la reconduisit jusqu'au seuil du cabinet avec des façons respectueuses auxquelles madame de Parabère ne se méprit point.

Elle sentit que M. de Horn était perdu, puisque le duc la renvoyait.

Alors le Régent revint aux nobles solliciteurs, et, se redressant fièrement :

— Je sais ce qui vous amène, messieurs, dit-il d'un air que n'aurait pas désavoué son oncle, le roi Louis XIV ; vous venez me demander la grâce de M. le comte de Horn.

— Oui, monseigneur, répondit M. de Créquy, et nous espérons en la justice autant qu'en la bonté de Votre Altesse Royale.

— Il m'en coûte, messieurs, de vous refuser, reprit le duc d'Orléans, mais j'ai prêté le serment de faire respecter les lois du royaume ; la justice que vous invoquez doit être égale pour tous, et mon devoir me défend de gracier ce grand coupable.

— Monseigneur, veuillez considérer que le déshonneur de cette exécution rejaillira sur les plus nobles familles de France et de l'Europe.

— Le déshonneur est dans le crime, et non dans le supplice du criminel.

— Monseigneur, la maison de Horn à laquelle nous sommes tous apparentés, la maison de Horn a l'honneur d'appartenir aussi à la vôtre.

— Fort bien, messieurs, dit le Régent avec une incomparable dignité, j'en partagerai la honte avec vous.

Et il les congédia d'un geste si souverain, que les seigneurs confondus baissèrent la tête et sortirent sans oser répliquer un seul mot.

Les parents du comte de Horn ne furent pas plus tôt sortis du cabinet, que Philippe se jeta dans un fauteuil et sonna pour appeler son valet de chambre, Coche, le complice du guet-apens tendu à sa clémence.

Ce fidèle serviteur parut sur le seuil, tout honteux de

l'insuccès de sa ruse et tout tremblant de peur, car il connaissait assez son maître pour comprendre que l'orage allait éclater.

— Approche, drôle, lui cria le duc d'Orléans, approche, et dis-moi pourquoi tu t'es permis d'enfreindre mes ordres formels.

— Monseigneur, balbutia le malheureux valet, c'est la faute de madame la marquise; elle m'avait assuré...

— Laisse là madame la marquise et retiens bien ceci : pour cette fois, je consens à te pardonner, à cause de tes anciens services; mais si jamais il t'arrive de livrer à qui que ce soit l'entrée de mon cabinet sans mon autorisation, je te chasse, entends-tu bien? Je te chasse sur l'heure, et sans rémission.

— Monseigneur, je vous jure...

— Assez! je te jugerai à l'œuvre. Pour le moment, contente-toi de répondre à mes questions, et garde-toi de mentir, car mal t'en prendrait. Où est allée, en sortant d'ici, madame de Parabère?

— Monseigneur, elle a descendu l'escalier en courant et elle s'est jetée dans son carrosse, qui l'attendait à l'entrée de la rue de Valois, dans son carrosse, où elle a fait monter un homme.

— Un homme?

— Oui, monseigneur, une manière de laquais en livrée brune qui l'accompagnait quand elle est venue au Palais-Royal, et qui, depuis deux jours, à ce qu'on m'a dit, ne la quitte point.

— Quelque agent de la maison de Horn, sans doute. Et que s'est-il passé ensuite?

— Son cocher a touché vers la rue Neuve-des-Petits-Champs, et les chevaux sont partis au grand trot.

— Bon voyage ! dit entre ses dents Philippe, de plus en plus irrité ; et toi, maraud, détale, et va me chercher Dubois.

— Monseigneur, je n'irai pas loin pour cela. M. le ministre s'est croisé dans votre antichambre avec M. le duc d'Havré et ses amis, et il est là, qui demande à vous voir.

— Il est seul ?

— Non, monseigneur. Il a amené M. Law.

— Fort bien ! Fais-les entrer tous les deux.

Coche, ravi d'en être quitte à si bon compte, s'empressa de disparaître, et, un instant après, la porte du cabinet se rouvrit pour laisser passer les personnages annoncés.

Law paraissait froid et hautain, à son ordinaire ; mais Dubois, contre sa coutume, montrait un visage souriant et s'avançait d'un air compassé qui lui allait fort mal, car l'agitation était son élément naturel.

— Eh bien ! leur cria le Régent, vous avez vu ceux qui sortent d'ici, et je pense qu'à leur mine vous avez deviné l'accueil que j'ai fait à leurs prétentions.

— Oui, oui, bredouilla Dubois, ce bon duc, cet excellent marquis et ce respectable prince semblaient fort déconfits. Au surplus, ces dignes seigneurs s'y sont pris un peu tard pour empêcher le procès de leur noble parent de suivre son cours.

— Est-ce que l'arrêt est déjà rendu ?

— Depuis une demi-heure, monseigneur.

— Et il porte ?

— Il porte que le nommé Antoine-Joseph de Horn, comte du Saint-Empire, et son acolyte Laurent de Mille, se disant capitaine réformé au régiment allemand de Bré-

henne, seront appliqués à la question ordinaire et extraordinaire, pour ensuite être conduits à la place de Grève, où
ils seront rompus vifs et attachés sur la roue jusqu'à ce
que mort s'ensuive. Oh! messieurs de la Tournelle ont
bien fait les choses, ajouta Dubois en se frottant les mains;
l'arrêt ne contient même pas de *retentum*.

— Qu'est-ce que cela ?

— Un dispositif secret par lequel la Chambre mitige
quelquefois la rigueur d'une sentence en autorisant l'exécuteur à étrangler le patient avant de lui rompre les
membres.

— Peste ! ils n*y vont pas de main morte, ces doux conseillers ; mais ce zèle me paraît excessif, et c'est à moi
qu'il appartient de le modérer. Ça, mets-toi là et écris sous
ma dictée.

— Quoi, monseigneur ?

— Une commutation de peine. Je fais remise aux condamnés de la torture et de la roue, et j'entends qu'ils
soient décapités demain matin dans la grande cour de
la Conciergerie. Allons ! écris pour que je signe sur-le-
champ.

— Monseigneur, je n'écrirai point cela.

— Qu'est-ce à dire ?

— C'est-à-dire, monseigneur, qu'il faut absolument
que ces gens-là soient gehennés dans la prison et roués
en Grève.

— Et moi, je ne veux pas qu'ils le soient. J'ai refusé tout
à l'heure à trois gentilshommes de la plus haute qualité
la vie de M. de Horn, parce que je crois que son crime
mérite la mort, mais j'entends qu'on supprime des cruau-
tés inutiles.

— Inutiles, monseigneur ! vous croyez qu'il est inutile

de faire un exemple public sur ceux qui se sont permis d'assassiner et de voler un porteur d'actions de la Banque royale ?

— Peu m'importe qu'il s'agisse d'actions ou de louis d'or. Le comte, en vertu de sa naissance, doit avoir la tête tranchée, il l'aura ; et, comme il ne serait pas juste de traiter plus mal que lui son complice, la commutation s'appliquera aussi à ce Mille.

— Alors, monseigneur, cherchez un autre que moi pour libeller ce rescrit, dit froidement Dubois ; je ne me soucie pas de prendre part à la rédaction d'un acte dont la conséquence sera d'enlever toute sécurité et toute confiance aux créanciers de la Banque, et, par suite, de perturber les finances du royaume.

— Ainsi, tu refuses de m'obéir ? s'écria le Régent furieux.

— Je refuse, et vous me remercierez plus tard d'avoir refusé.

Le ministre dit cela avec tant d'assurance et de calme, que le duc, au lieu d'écrire lui-même la commutation de peine, se mit à se promener avec agitation à travers le cabinet.

— Et vous, Law, est-ce aussi votre avis ? demanda-t-il en s'arrêtant tout à coup devant l'inventeur du *système*.

— Oui, monseigneur, dit l'Écossais d'un ton ferme ; j'estime qu'une répression énergique est nécessaire pour prévenir d'autres crimes du même genre. Déjà on fait courir des bruits défavorables sur la grande entreprise à laquelle est étroitement liée la prospérité de l'État. Si un attentat commis sur le courtier le plus connu de la rue Quincampoix n'était pas puni avec la dernière rigueur, ce serait pour ébranler le crédit public, et, moi qui en suis responsable, je n'aurais plus, monseigneur, qu'à résigner entre vos mains mes fonctions de directeur de la Compagnie du Mississipi et de contrôleur général des finances.

— Sans compter, reprit Dubois en s'apercevant que l'argument de Law avait déjà entamé la résolution du Régent, sans compter que, si vous dispensiez les condamnés de la torture et de la roue, vous perdriez une superbe occasion d'obtenir des éclaircissements sur certain complot dirigé par le colonel La Jonquière.

— Quoi! ils seraient affiliés à la conspiration?

— Pas le comte, du moins rien ne le fait supposer; mais l'autre, le Piémontais, tout semble indiquer qu'il fréquentait cet insaisissable colonel et qu'il pourrait en dire long sur son compte. Or, rien ne délie la langue comme l'application du *brodequin* par monsieur de Paris et comme la crainte des coups de barre.

— Si encore tu étais sûr de la complicité de ce misérable avec La Jonquière, je consentirais peut-être, dans l'intérêt de la sûreté du roi...

— Il n'y a au monde qu'un seul homme qui pourrait nous renseigner exactement sur les faits et gestes de l'Italien.

— Eh! bien, il faut commencer par interroger cet homme.

— Il est mort. C'est l'exempt qui s'était chargé d'arrêter le faux commandeur Baroni et qui n'a plus reparu depuis son expédition dans la carrière de Vanves. Mais cela n'empêche qu'il est bon d'essayer de faire parler le sieur Laurent de Mille.

— Lui, encore passe, mais les mêmes motifs n'existent pas pour M. de Horn, et, pourvu qu'il subisse la peine capitale, la justice sera satisfaite.

— Oh! oh! monseigneur, ricana Dubois; voilà que vous vous éloignez un peu des principes d'équité que vous souteniez si éloquemment tout à l'heure. Est-il donc juste de changer le supplice de l'auteur principal d'un crime abominable et de réserver toutes les sévérités pour un complice, un subalterne? Qui a frappé le premier? C'est, de son propre aveu, le comte de Horn?

— Du moins, il n'a pas volé, se hâta de dire le Régent, qui en était à chercher des faux-fuyants.

— En êtes-vous bien sûr, monseigneur? et ne croyez-vous pas que, si le Piémontais s'est chargé tout seul d'achever et de dépouiller le juif, c'est que ces deux gentilshommes s'étaient d'avance partagé les rôles, comme ils étaient convenus de partager le butin?

— C'est assez, interrompit Philippe à bout d'arguments; il en sera selon ce que j'ai décidé, et qu'on ne m'en parle plus. Mon secrétaire écrira, puisque tu fais le récalcitrant. Au surplus, ajouta-t-il brusquement, je m'en suis entretenu ce matin avec M. de Saint-Simon, et je lui ai promis de ne point permettre qu'on fît ce sanglant affront à quantité de maisons illustres alliées à celle du comte.

— Ah! s'écria Dubois, voilà donc le grand mot lâché, et c'est pour complaire à ce petit duc, infatué de ses visions de noblesse, que vous allez offenser le Parlement et mécontenter le peuple! A votre aise, monseigneur. Sans nul doute l'approbation de M. de Saint-Simon et la reconnaissance de quelques hobereaux flamands compenseront amplement les justes rancunes que vous encourez de gaieté de cœur. Pour ma part, je n'y prétends point et je baise les mains à ces beaux messieurs-là, mais je ne veux point tremper dans la sottise qu'ils vous font commettre.

— Voyons, mon cher Law, demanda le duc, très-ému

et très-perplexe, vous qui êtes gentilhomme, oubliez pour un instant le Mississipi, et donnez-moi loyalement votre avis. J'ai le devoir de faire mettre à mort M. de Horn ; ai-je le droit d'avilir son nom en souffrant qu'on lui applique un supplice infamant ?

— Monseigneur, répondit gravement Law, mon père possède les terres seigneuriales de Lauriston et de Randleston, en Écosse ; ma mère, Jeanne Campbell, est parente du duc d'Argyl ; je suis donc gentilhomme, en effet, et je vais vous parler en gentilhomme. Lorsque le comte de Horn, l'illustre ancêtre d'Antoine-Joseph, fut exécuté avec son cousin d'Egmont, devant l'hôtel de ville de Bruxelles, le 15 juin 1568, il eut simplement la tête tranchée, et le duc d'Albe, qui l'envoyait à la mort, ne lui refusa point cette faveur, car ce héros n'avait commis d'autre crime que de défendre l'indépendance de son pays. Pensez-vous, monseigneur, que son descendant mérite le même traitement, lui qui s'est souillé d'un vol et d'un assassinat ?

— Vous avez raison, monsieur, dit le duc d'Orléans ; un noble n'a droit aux priviléges de l'échafaud que s'il y monte pour une noble cause.

M. de Horn mourra sur la roue.

V

Il était écrit que l'*As de Cœur* serait toujours fatal au
comte de Horn, car ce fut sans aucun doute l'avis habilement motivé de l'Écossais Law qui emporta la décision du
Régent.

Une comparaison historique tirée des annales de l'illustre maison du condamné frappa l'esprit de ce prince, plus
que tous les arguments mis en avant par Dubois, et vint
à bout des tendances clémentes de son cœur.

Quelle que fût la sévérité de l'arrêt du Parlement, on ne
se sent pas le courage de blâmer Philippe d'Orléans, le
plus humain des hommes, pour avoir permis qu'on l'exé-
cutât dans toute sa rigueur. Le duc de Saint-Simon, dans
ses *Mémoires*, parle en termes amers de ce qu'il appelle la
faiblesse du Régent, mais le duc voyait toujours les choses
en grand seigneur, et d'ailleurs il était de son temps, un
temps où l'idée de l'égalité des citoyens devant les peines
était encore une nouveauté. Antoine-Joseph de Horn qui,
de nos jours, aurait peut-être obtenu d'un jury les cir-

constances atténuantes, devait donc subir l'application de l'impitoyable, de la féroce législation de 1720, et le Régent ne fut que juste en s'abstenant d'intervenir.

Pendant que le sort du malheureux comte se décidait au Palais-Royal, ses amis ne désespéraient pas encore.

Il y en avait deux surtout dont le zèle dépassait de beaucoup celui des nobles parents du condamné.

En effet, les signataires de la supplique, en la présentant au duc d'Orléans, avaient moins en vue le salut d'Antoine-Joseph que leur propre intérêt. Au fond, quoiqu'ils sollicitassent la grâce pleine et entière, ils se seraient fort bien accommodés de la décapitation, qui les débarrassait d'un cousin incommode et ne nuisait en rien aux prérogatives de leurs descendants. Si le supplice de la roue n'eût point entraîné une restriction des droits de noblesse, ils n'auraient peut-être pas réclamé.

La marquise, au contraire, et le bon Liévin, aimaient M. de Horn pour lui-même ; Liévin surtout, qui avait pour son jeune maître une affection de chien fidèle.

Quant à madame de Parabère, bien hardi serait celui qui analyserait aujourd'hui les sentiments que lui inspirait le jeune comte.

Le cœur féminin change d'un siècle à l'autre, et l'amour a pris bien des formes depuis l'an de grâce 1720. Au temps de la Régence, il se composait, par parties à peu près égales, de sensualité, de vanité et d'ambition, et on n'y trouvait pas un grain de tendresse nuageuse ou de passion profonde.

Les cervelles du dix-huitième siècle, qu'un grand écrivain du dix-neuvième a appelées des cervelles d'oiseau, avaient horreur du vague et ne comprenaient rien aux attachements éternels.

Madame de Parabère s'était éprise de M. de Horn, comme on s'éprenait alors, parce qu'elle le trouvait beau, bien tourné, brave et fier, parce qu'il ne ressemblait point aux plats courtisans du Palais-Royal; parce que leur liaison, commencée brusquement dans une nuit de bal masqué, menaçait de ne pas suivre le tiède courant des galanteries vulgaires, et promettait à la grande dame blasée des émotions nouvelles.

La conquête de ce jeune indompté flattait l'orgueil de la marquise et satisfaisait en même temps ses goûts d'indépendance, de contradiction, de révolte contre les chaînes dorées que lui imposait son titre de favorite du Régent. Mais son amour, très-capable d'imprudence et même de dévouement, n'était point de ceux qui vont jusqu'au sacrifice.

Pour tout dire, madame de Parabère aurait, sans scrupule, trompé son royal amant pour le comte, elle ne l'aurait pas quitté.

En prenant la défense d'Antoine-Joseph, en mettant tout en œuvre pour le sauver, elle ne songeait pas le moins du monde à renoncer aux plaisirs de la cour et à fuir avec un proscrit; elle obéissait tout simplement à sa nature aventureuse et compatissante qui la portait à aimer la lutte, à rechercher l'extraordinaire et l'imprévu, à prendre le parti des faibles contre les puissants.

L'échec qu'elle venait d'éprouver dans sa tentative auprès du duc d'Orléans n'avait fait que la piquer au jeu, et, en courant à son carrosse, qui l'attendait dans la rue de Valois, elle était absolument décidée à recourir aux moyens les plus extrêmes pour soustraire le condamné au supplice.

Liévin l'attendait le cœur plein d'angoisses; car, en

désespoir de cause, il avait eu l'idée de s'adresser à la femme qui avait indirectement causé la perte du jeune comte, et qui, seule peut-être, avait assez d'influence sur le Régent pour obtenir sa grâce.

Le brave Flamand, depuis trois jours, ne s'était pas reposé une heure. Il ne cessait de courir de l'hôtel d'Havré chez la marquise, du greffe de la Conciergerie où un geôlier complaisant lui donnait, pour de l'argent, des nouvelles du prisonnier, à une certaine auberge du faubourg Saint-Denis, tenue par un compatriote qui se chargeait, toujours pour de l'argent, de fournir au comte, grâcié ou évadé, des vêtements, des chevaux, et de l'aider à passer la frontière.

Mais on était au lundi et Liévin n'avait encore obtenu que des promesses.

Il savait que ce jour-là son jeune maître allait être jugé par le Parlement; il savait aussi qu'une démarche solennelle serait faite au Palais-Royal par une députation des seigneurs précédés de la marquise. Il espérait encore, il espérait toujours. Aussi, quand il vit paraître madame de Parabère, courut-il à elle avec empressement pour avoir des nouvelles. Il ne sut que trop tôt celles qu'apportait la grande dame déçue.

— Rien, lui cria-t-elle du plus loin qu'elle l'aperçut, je n'ai rien obtenu. Philippe, qui s'était laissé toucher d'abord par moi, par moi seule, s'est cabré contre les parents; il m'a éconduite, presque chassée, et dans le salon d'attente j'ai rencontré Dubois et Law accourant comme des corbeaux qui volent vers un blessé pour l'achever. Ils vont assiéger le Régent jusqu'à ce qu'ils lui aient arraché l'ordre d'exécution.

— D'exécution ? s'écria Liévin terrifié. L'arrêt est-il donc déjà rendu ?

— Il vient de l'être. J'ai entendu Dubois qui le criait tout haut en se frottant les mains. Ces misérables robins de la Tournelle l'ont condamné à la roue.

— A la roue, seigneur Dieu ! mais c'est épouvantable ! à la roue, un pauvre enfant de vingt-deux ans ! mais il n'y a donc pas de justice en France !

— Oui, s'écria la marquise, voilà ce qu'ils ont fait, et c'était folie que d'espérer de les apitoyer ; ils n'ont point de cœur sous leur robe rouge ; mais je me moque du Parlement, moi, et, puisque Philippe en a peur, puisqu'il n'ose pas casser ce jugement inique, j'empêcherai du moins qu'on l'exécute.

— Oh ! madame, que Dieu vous bénisse, vous qui n'abandonnez pas mon jeune maître ! Que comptez-vous faire ? quel est votre projet ?

— Je n'en ai point d'arrêté, mais je suis femme, et ce que je veux, je le fais. Je sèmerai l'or, j'achèterai les geôliers, je soudoierai les exempts ; si je ne puis obtenir qu'ils lui ouvrent les portes de la prison, je les payerai pour l'enlever quand on le mènera à l'échafaud. Dans ce dessein, tu peux me servir. Viens avec moi, nous n'avons pas une minute à perdre ; monte dans mon carrosse.

— Hélas ! où voulez-vous aller, madame ?

— A mon hôtel, dans la place Vendôme. Là, j'assemblerai mes gens, et, dussé-je me mettre à leur tête, nous formerons une troupe déterminée, et nous attaquerons l'escorte entre la Conciergerie et la Grève, s'écria la marquise qui s'exaltait de plus en plus.

Liévin, aussi ému, mais moins enthousiaste qu'elle, ne paraissait point partager sa confiance dans les moyens violents. Il baissait tristement la tête et réfléchissait, sans se forger d'illusions, aux faibles chances qui lui restaient de sauver le comte.

— Madame, dit-il tout à coup, êtes-vous bien déterminée à tout tenter pour délivrer M. de Horn ?

— Puisque je te dis que je donnerais ce que je possède, que je risquerais ma vie.

— Eh bien, je connais un homme qui, à lui seul, peut faire plus pour le salut de mon maître que toute une armée.

— Tu le connais, et tu n'es pas encore allé le trouver ?

— J'espérais ne pas avoir besoin de m'adresser à lui, mais l'heure est arrivée.

— Qu'attends-tu alors?

— Que vous consentiez à venir avec moi lui demander de vous servir.

— N'est-ce que cela ? s'écria madame de Parabère en se jetant dans son carrosse dont Liévin avait ouvert la portière et abaissé le marchepied. Dis à mon cocher de nous mener chez cet homme.

Le Flamand ne se le fit pas répéter deux fois. Il donna l'ordre et vint prendre place discrètement en face de la marquise. Les chevaux partirent au grand trot et prirent la direction du boulevard.

— J'ai cinq cents louis sur moi, dit madame de Parabère, et au besoin, je donnerai un bon du double sur la caisse de Paris du Vernet. Si ton homme veut de l'argent, je le satisferai, quelles que soient ses prétentions.

— Madame, l'argent ne sera point inutile, ni l'influence de votre rang, de votre pouvoir sur M. le Régent, et c'est pourquoi je vous supplie d'appuyer par votre présence la démarche que je vais essayer ; mais j'userai aussi d'un autre moyen.

— Lequel ? Est-ce que tu comptes employer la force ?

— Non, ce serait inutile. Je veux seulement invoquer le souvenir d'un service rendu.

— A cet homme ? Par qui ?

— Par mon maître. M. le comte, il y a un mois à peine, lui a sauvé la vie.

— Nous sommes donc sûrs de réussir, ou il faudrait que nous eussions affaire à un monstre d'ingratitude. Et tu dis qu'il peut...

— Tout, madame.

— Ah ! j'ai hâte d'arriver. Que ces chevaux sont lents ! où sommes-nous ici ?

La marquise calomniait son attelage, présent de M. le duc d'Orléans, car les nobles bêtes allaient comme le vent et le carrosse venait de traverser le boulevard.

— Nous approchons, madame.

— Enfin, où allons-nous ?

— Au bout de la rue des Poissonniers, où nous entrons en ce moment.

— Et chez qui ?

— Chez le maître des hautes-œuvres.

— Quoi ! c'est chez le bourreau que tu me conduis ! s'écria madame de Parabère qui ne put s'empêcher de tressaillir.

— Hélas ! madame, répondit Liévin, il n'y a plus que lui maintenant pour nous fournir le moyen de sauver M. le comte, et j'ai des raisons de croire qu'il ne refusera pas du moins de nous y aider.

— Ton maître, m'as-tu dit, lui a sauvé la vie ? comment cela se peut-il ?

— Madame, ce serait une longue histoire et voilà que nous arrivons à la maison de maître Sanson : une nuit

que nous tenions la campagne avec M. le comte, nous
avons délivré M. de Paris, comme on l'appelle, de deux
brigands qui l'avaient pris, garrotté et qui allaient l'é-
gorger.

— Alors, il te reconnaîtra ?

— Oh ! certes, et si je m'en rapporte à la parole qu'il
nous donna dans cette occasion de nous témoigner un
jour sa reconnaissance, j'ai bon espoir.

— Et moi je suis sûre qu'il fera ma volonté, quand il
saura qui je suis. Le bourreau ! ajouta la marquise en se
parlant à elle-même ; j'en suis venue à solliciter le bourreau ! Et pourquoi pas ? Mieux vaut encore m'adresser à
lui que d'implorer ce cuistre de Dubois ou cet Écossais
gourmé.

— Madame, le carrosse s'arrête.

— Devant l'hôtel de maître Sanson ! Je suis attendue
à souper au Palais-Royal et je viens heurter à la porte de
l'exécuteur des hautes œuvres ! Qu'importe ? Entrons.
Aussi bien, ai-je toujours eu le désir de voir cet homme.

Liévin sauta en bas du carrosse, dont le valet de pied
venait d'ouvrir la portière, et il offrit la main, pour
descendre, à madame de Parabère, qui fit signe à son
cocher d'aller l'attendre un peu plus loin avec son équipage.

La maison de M. de Paris avait alors l'aspect d'une habitation seigneuriale.

Elle existe encore aujourd'hui à l'angle de la rue Papillon et de la rue Bleue, mais elle a subi des transforma-
tions qui la rendent méconnaissable. Achetée en 1707 par
Charles Sanson, elle resta la propriété de la famille Sanson
jusqu'en 1778. En cette année-là, elle fut vendue par
Charles-Henri, celui qui plus tard exécuta le roi et la

reine de France, aux sieurs Papillon et Riboutté, qui spéculaient sur les terrains, et firent percer et bâtir, sur l'emplacement occupé par le jardin des exécuteurs, deux rues qui portent encore leur nom.

Du temps de Charles Sanson, la résidence du maître des hautes-œuvres se composait d'un corps de logis à deux étages, précédé d'une vaste cour. Au delà, s'étendait un immense jardin, presque un parc, régulièrement planté d'arbres et de charmilles, selon le goût du temps, et terminé par un véritable bois dont les épais ombrages donnaient, au cœur même de l'été, une fraîcheur délicieuse.

Le seigneur du lieu, qui était d'un naturel mélancolique et sauvage, passait, en toute saison, de longues heures dans ce coin écarté de son domaine, et il s'y trouvait précisément ce soir-là. C'est ce qu'apprit à Liévin, qui demandait à voir M. Sanson, un valet très-proprement vêtu.

— Il faut que nous parlions à ton maître sur-le-champ, dit l'impatiente marquise. Mène-nous près de lui.

Le valet, intimidé par les hautes façons et les paroles impérieuses de madame de Parabère, n'osa point répliquer, et introduisit les visiteurs. Il leur fit traverser la grande cour et un large vestibule qui communiquait avec le jardin par un double escalier formant perron. Puis, il les conduisit jusqu'à l'entrée du bosquet par une allée sablée, soigneusement ratissée et bordée de charmilles, dont Le Nôtre, l'illustre jardinier du roi Louis XIV, n'aurait pas désavoué l'ordonnance.

Tout cela avait un air de grandeur qui surprenait au dernier point la marquise. Jamais elle ne s'était imaginé que le bourreau de Paris pût habiter ailleurs que dans une logette de pierre, suspendue au flanc de quelque construction patibulaire. Elle n'était pas au bout de ses étonnements. Bientôt elle aperçut, assis sur un banc de gazon, au pied d'un orme séculaire, un homme de haute taille et de bonne mine, qui se leva aussitôt et vint à sa rencontre le bonnet à la main. Le valet se retira discrètement, laissant madame de Parabère et Liévin, qui la suivait pas à pas, s'expliquer avec son maître.

— Madame, dit Charles Sanson, cette maison est rarement honorée de la visite de personnes de votre qualité. J'attends respectueusement qu'il vous plaise de m'apprendre le motif qui vous amène chez moi.

Cela fut dit d'un ton tout à la fois poli et aisé qui acheva de confondre la noble visiteuse. Elle s'attendait à rencontrer un rustre à la voix rude et aux manières brusques, et elle se trouvait en face d'une figure qui sentait son gentilhomme, et elle entendait un langage qui n'eût pas été déplacé à la cour de Versailles. Elle était venue dans l'intention de jeter de l'or à ce bourreau en lui parlant du haut de sa grandeur, et voilà qu'elle se demandait déjà si elle oserait lui dire : tu, comme à un laquais.

— Vous me connaissez donc? dit-elle avec hésitation.

— Qui, dans Paris, ne connaît pas madame la marquise de Parabère? répondit Sanson en s'inclinant profondément.

— Eh bien! puisque vous savez mon nom, vous n'ignorez pas que j'ai du pouvoir au Palais-Royal et que ma protection n'est pas à dédaigner. Je vous la promets, si vous consentez à sauver un condamné.

— Hélas! madame, je suis hors d'état de sauver personne. Je ne suis ni un prince, ni un ministre, ni un juge, je ne suis pas même un homme : je suis un bras, qu'une autre volonté que la mienne fait mouvoir. Quand on me dit de frapper, il faut que je frappe, quand on me dit de tuer, il faut que je tue. M. le Régent a le droit de grâce au nom du roi ; moi, je n'ai que le droit de mort.

— Mais vous pouvez du moins favoriser une évasion. L'escorte sera attaquée par des hommes à moi pendant le trajet de la Conciergerie du Palais à la place de Grève ; ne vous opposez pas à la fuite du condamné ; aidez-y même en coupant ses liens et vous serez royalement récompensé.

Elle cherchait sa bourse pour la donner à Sanson, mais l'exécuteur fit un geste de refus qu'elle comprit.

— Vous ne savez peut-être pas de qui je veux parler, reprit-elle vivement. Il s'agit du comte de Horn, un pauvre jeune homme de vingt-deux ans ; ils disent qu'il a tué un juif dans la rue Quincampoix pour lui voler des papiers ; cela n'est pas vrai ; c'est l'autre, c'est le Piémontais qui a fait le coup.

— Madame, interrompit Charles Sanson, je me doutais bien que c'était pour M. le comte de Horn que vous me faisiez l'honneur de venir chez moi. J'ai appris avec une grande peine la condamnation de ce seigneur. Mais, je vous le répète, je ne puis rien, pas plus pour M. de Horn que pour le plus obscur des criminels.

— Vous ne comprenez donc pas qu'il est issu d'une des premières maisons de l'Europe, que son frère est un prince, un grand officier héréditaire de l'Empire, qu'il a parmi la plus haute noblesse de France de nombreuses alliances. Tout le monde veut le sauver. Soixante seigneurs, et de grands noms, je vous le jure, se sont présentés au palais pour attendrir ses juges ; ils n'ont rien pu obtenir, et le Régent, qui est son parent par sa mère, a refusé aussi sa grâce. Il a cédé aux obsessions de son ministre, mais je suis sûre que, si on délivre ce pauvre enfant, il fermera les yeux et ne sévira point contre ceux qui auront prêté les mains à sa fuite. Vous voyez bien que vous pouvez nous servir sans vous compromettre.

— Madame, dit tristement l'exécuteur, j'ai déjà eu l'honneur de vous le dire, je ne suis qu'un instrument, l'instrument de la loi. Mon devoir est de l'exécuter. Pour rien au monde, je ne consentirai à manquer à mon devoir.

— Voulez-vous de l'or? s'écria madame de Parabère. Tout ce que je possède est à vous. Dites-moi le prix que vous mettez à ce service, et, quel qu'il soit, je vous promets que...

— Madame, interrompit Sanson, je suis payé par le roi pour remplir mon office, et je ne puis rien accepter que de lui.

M. de Paris prononça ces mots d'un ton si ferme, que la marquise sentit qu'elle insisterait en vain. Elle pâlit sous son rouge et chancela.

Liévin s'avança pour la soutenir, Liévin qui, pendant tout ce colloque, s'était tenu modestement en arrière.

Sanson l'avait à peine regardé, le prenant sans aucun doute pour le valet de confiance de la marquise.

Madame de Parabère, en s'appuyant sur le bras que le Flamand lui offrait, se souvint tout à coup qu'il lui avait promis de toucher le bourreau par des considérations personnelles, et, se raccrochant furieusement à cette dernière espérance :

— Que fais-tu là, s'écria-t-elle, que fais-tu là à te cacher, toi qui prétends avoir des droits à faire valoir, qui te vantes de l'attendrir? Avance! parle! le moment est venu, puisque mes prières et mes offres sont inutiles. Parle ! mais parle donc !

Liévin fit deux pas et se montra timidement.

Sanson, étonné, le regarda pour la première fois avec attention. Évidemment il cherchait à retrouver dans sa mémoire où, et dans quelle circonstance, il avait déjà vu cette honnête figure de valet.

— Est-il possible, maître, que vous ne me reconnaissiez point? demanda le brave Flamand.

— Non, murmura l'exécuteur, non, je ne me souviens pas, et pourtant, il me semble...

— Je suis sûr que vous n'avez pas oublié une certaine nuit de février où, si vous ne nous aviez rencontrés...

— Dans la carrière des Gloriettes, s'écria Sanson en levant les bras au ciel.

— Oui, maître, dit Liévin, dans la carrière des Gloriettes, et sans moi, sans nous...

— Sans vous, j'aurais été égorgé par les scélérats qui me tenaient, s'écria chaleureusement Sanson. Ah! je n'ai pas oublié que je vous dois la vie, et je vous remercie du fond du cœur d'être venu. Enfin, je vais donc pouvoir m'acquitter envers vous, car j'espère que si vous avez consenti à entrer dans la maison du bourreau, c'est que vous avez un service à lui demander.

— J'ai à vous demander la vie de mon maître, dit doucement Liévin.

— De votre maître? de ce seigneur qui m'a, comme vous, si vaillamment, si généreusement défendu et qui, malgré mes prières, n'a jamais voulu me dire son nom?

— Son nom! hélas! l'heure est venue de vous l'apprendre. Mon maître, mon maître qui vous a sauvé, s'appelle le comte de Horn.

— Le comte de Horn! non, ce n'est pas possible, vous voulez m'éprouver.

— Hélas ! ce n'est que trop vrai ; arrêté pour un crime qu'il n'a pas commis volontairement, j'en jurerais sur ma tête, le pauvre enfant gémit depuis trois jours dans un cachot où il est traité comme le dernier des criminels ; aujourd'hui, ils l'ont condamné à cet abominable supplice, et demain, c'est vous qui...

— Oh ! murmura Sanson qui frissonnait d'horreur, ce ne sera pas moi. Je n'aurais jamais l'affreux courage de tuer de mes mains celui qui a empêché des misérables de m'assassiner.

— Et qu'importe que ce soit votre bras ou celui de votre valet qui frappe, s'il doit mourir. Et de quelle mort, grand Dieu ! Ah ! maître, ce n'est pas là ce que vous lui promettiez, à notre rentrée dans Paris, quand vous le conjuriez de se nommer afin de vous mettre à même un jour de lui prouver votre reconnaissance.

— Mais je ne puis rien, dit l'exécuteur en se tordant les bras de désespoir.

— Si jamais vous aviez besoin de Charles Sanson, disiez-vous cette nuit-là, quoi que vous lui demandiez, il le fera.

— Et vous venez me rappeler mon serment, n'est-ce pas ? Ah ! je n'avais pas encore senti si lourdement le poids de l'horrible héritage que j'ai reçu de mon père. Tenez ! s'il ne fallait, pour sauver le comte, que perdre ma charge en favorisant son évasion, Dieu m'est témoin que je n'hésiterais pas une seconde. Mais vous ne connaissez pas l'impitoyable jeu des rouages de la justice criminelle. Un homme pris dans ce terrible engrenage n'en sort que broyé, et, pas plus qu'un autre, je n'ai le pouvoir d'arrêter cette force invisible qui pousse le condamné vers l'échafaud. A l'heure qu'il est, M. de Horn est enfermé à la

Conciergerie, gardé à vue par des archers; ce soir, on m'apportera un ordre et il faudra que j'obéisse; il faudra que demain je me présente dans sa prison avec mes aides, que là, devant dix témoins peut-être, des geôliers, des soldats, des conseillers, un greffier, je procède à la question.

Madame de Parabère poussa un cri de douleur et cacha sa figure dans ses mains.

— Oui, madame, l'arrêt porte que la torture sera appliquée, et, en supposant que le comte puisse, après cette épouvantable épreuve, conserver encore un reste de forces, que pourrai-je faire pour lui, étendu sur la fatale charrette, les membres brisés, traîné à travers une foule hostile, entouré par une garde nombreuse? La Grève n'est pas loin du Palais et, quand nous y serons arrivés, quand il me faudra le porter sur l'échafaud, j'en serai réduit à prier Dieu pour que la terre s'entr'ouvre et engloutisse l'appareil du supplice et le bourreau.

Liévin, terrifié, baissait la tête, et la marquise pleurait.

— Comprenez-vous maintenant pourquoi je désespère? dit amèrement Charles Sanson.

— Eh bien, s'écria le brave Flamand, nous le sauverons donc sans vous. M. le duc d'Havré n'abandonnera pas son parent; je vais courir à son hôtel, rassembler ses gens et tous ceux que je pourrai embaucher pour de l'or.

— Dispose de tout mon bien, interrompit madame de Parabère.

— Je me mettrai à leur tête, reprit Liévin, j'ameuterai le peuple. Law est étranger, les Parisiens le détestent. Dubois n'est point aimé, ni M. le Régent; je crierai à l'injustice, à la tyrannie, et on m'écoutera, et nous chargerons l'escorte, et nous arracherons mon maître aux exempts qui auront fort à faire pour empêcher qu'on aille piller la Banque du Mississipi et mettre le feu au Palais-Royal.

— Je t'aiderai de tout mon pouvoir, dit la marquise, quoiqu'elle eût bien des raisons pour n'approuver point la dernière partie de ce programme insurrectionnel.

L'exécuteur écoutait en silence, mais sa contenance exprimait assez qu'il ne partageait pas les illusions de Liévin.

— Madame, dit-il d'une voix émue, je ne sais quelles chances de succès peut avoir ce projet, mais c'est le seul espoir qui nous reste et je veux contribuer autant qu'il est en moi à le faire réussir. Mon devoir consiste à exécuter l'arrêt du Parlement. Je ne dois rien de plus à la loi. Si vous tentez de délivrer M. le comte de Horn par la force, pendant le trajet, ou au pied de l'échafaud, ou sur l'échafaud même, je ne suis point tenu de m'y opposer. C'est aux hommes du guet, à la maréchaussée de garder le condamné; et s'ils se le laissent enlever, je bénirai Dieu qui m'épargnera l'atroce nécessité de lui porter le coup mortel. Mais ce n'est pas assez pour acquitter la dette de reconnaissance que j'ai contractée dans la plaine de Vanves. Je vous promets donc d'avertir le comte que ses amis ne l'abandonnent pas et espèrent l'enlever en route, afin qu'il puisse se préparer à seconder leurs efforts. Je vous promets de retarder la marche du cortége en défendant à mon valet de presser les chevaux, et en lui commandant même de s'arrêter dès que j'apercevrai dans la foule le moindre mouvement sympathique au condamné. Je vous promets enfin, quand l'attaque se prononcera, de couper les cordes qui le lieront. Dieu veuille qu'il lui reste assez d'énergie pour tendre les bras à ses sauveurs; mais, quoi qu'il arrive, j'aurai fait tout ce qui dépendait de moi pour l'y aider.

— C'est bien, dit madame de Parabère avec un accent de résolution qui frappa de surprise Charles Sanson ; je crois à vos promesses et je comprends maintenant que vous ne pouvez aller au delà. A moi d'agir maintenant, et je n'y faillirai point. Mais j'ai d'autres demandes à vous adresser.

— Parlez, madame, s'écria l'exécuteur.

— Si mes espérances allaient être déçues, si, parmi tous les seigneurs intéressés à sauver cet enfant qui est de leur sang, il ne s'en trouvait aucun assez habile pour corrompre les archers à prix d'or ou assez brave pour le délivrer les armes à la main, si l'infâme police de Dubois déjouait toutes les mesures que je vais prendre, si Antoine-Joseph de Horn devait finir sur un échafaud...

— Eh ! bien ?

— Jurez-moi de murmurer mon nom à son oreille avant qu'il paraisse devant Dieu, jurez-moi de lui dire que je suis venue ici, que j'ai tout tenté pour le sauver, que j'ai prié pour lui jusqu'au dernier moment, et que, s'il meurt, son souvenir restera gravé dans mon cœur. Jurez-moi...

Les sanglots étouffèrent la voix de madame de Parabère, et Charles Sanson, presque aussi ému qu'elle, mit un genou en terre pour lui dire :

— Je vous le jure, madame, et je vous jure aussi que si M. le comte de Horn est destiné à mourir de la main que voici, cette main lui épargnera les horreurs du supplice. Les juges n'ont pas eu de pitié, l'exécuteur en aura.

— Merci, dit la marquise; j'ai foi en vous. Relevez-vous, et comptez que je n'oublierai pas; vous avez refusé mon or, vous ne refuserez pas ma reconnaissance.

— Hélas! madame, vous ne m'en devez point, murmura Sanson, et, si je puis vous servir en cette fatale occasion, je suis déjà payé par l'honneur que vous me faites en ce moment.

— Une dernière prière, interrompit madame de Parabère. S'il meurt, je voudrais...

— Achevez, madame.

— Un objet qui lui ait appartenu, qu'il ait touché.

— Je puis couper une boucle de ses cheveux.

— Merci encore! Vous avez deviné mon désir. Et maintenant à quelle heure la sentence doit-elle être exécutée?

— Madame, l'ordre que je recevrai sans doute ce soir portera, selon toute apparence, que je dois me rendre demain matin à six heures à la Conciergerie pour y prendre possession des condamnés. Les formalités à remplir sont longues. Il y aura vraisemblablement un ou plusieurs interrogatoires des conseillers, puis... la question.

Liévin montra le poing au ciel et la marquise laissa échapper un gémissement.

— Il faudra ensuite dresser le procès-verbal des réponses arrachées par la torture, attendre la rédaction du greffier et le bon plaisir des conseillers délégués. Cela conduira bien au delà de midi; le temps de préparer la charrette, d'y transporter les patients, de gagner la Grève aussi lentement que possible, il sera au moins deux heures quand nous arriverons au pied de l'échafaud. Si, ce qu'à Dieu ne plaise, M. le comte de Horn y monte, j'estime qu'à trois heures tout sera fini.

— C'est plus de temps qu'il n'en faut pour l'arracher à ses bourreaux, dit vivement madame de Parabère. Adieu! Adieu et souvenez-vous!

Et elle s'enfuit éperdue par les allées sombres du jardin.

Liévin la suivit sans avoir le courage d'adresser encore une fois la parole au bourreau, et Charles Sanson, resté seul, se mit à rêver tristement à la lugubre journée du lendemain.

VI

Le 26 mars, en 1720, tombait le mardi de la semaine sainte, qui était le dernier jour du carême où les us judiciaires de l'époque permettaient d'exécuter un arrêt criminel.

Dubois, qui se méfiait de la mobilité d'esprit du Régent et craignait un retour au parti de l'indulgence, n'eut garde de remettre le supplice après les fêtes de Pâques. Le duc d'Orléans, au surplus, avait hâte d'en finir pour échapper à de nouvelles obsessions. Rien n'empêcha donc que, dès le lendemain de la visite de madame de Parabère au maître des hautes-œuvres, la justice du Parlement suivit son terrible cours.

Charles Sanson, comme il l'avait prévu, reçut l'ordre dans la soirée et passa une fort triste nuit. Convaincu de son impuissance à sauver le condamné, et navré de l'affreuse obligation que lui imposait sa charge, l'exécuteur n'avait plus d'espoir qu'en Liévin qui, grâce à l'or et à l'influence de la marquise, pourrait peut-être susciter une émeute sur le passage du cortége.

Sanson était bien décidé à tenir toutes ses promesses et à faire de son mieux pour favoriser l'évasion. Il était beaucoup moins résolu à affronter la vue du comte de Horn et les reproches que le malheureux gentilhomme serait sans doute tenté de lui adresser. C'est pourquoi il voulut reculer, autant qu'il était en lui, ce douloureux moment.

S'il n'eût écouté que son désir, il se serait dit malade, afin de se faire remplacer par son premier aide, mais il sentait que sa présence à l'exécution pouvait seule donner quelque chance de succès aux projets des amis du patient. Il lui fallait donc y assister en personne, seulement il ne lui parut point nécessaire de procéder lui-même à l'application de la torture. Il délégua cette affreuse besogne à ses valets et ne se transporta à la Conciergerie qu'à une heure très-avancée de la matinée.

Quand il y arriva avec son funèbre équipage, la foule assiégeait déjà les portes de la prison ; une foule bruyante, tumultueuse, mais point du tout sympathique aux condamnés.

Sanson, qui était à l'affût des moindres manifestations, recueillit au passage des plaisanteries grossières sur le *système* et sur les agioteurs, des sarcasmes à l'adresse de l'*As de Cœur* et des imprécations contre le Régent et son ministre ; mais il entendit surtout des cris de mort contre le comte assassin et le capitaine voleur.

Ces deux qualifications accolées aux deux titres des coupables indiquaient assez l'esprit qui animait ce peuple.

Il raillait les riches, bafouait les puissants, maudissait les gouvernants et se réjouissait, par la même occasion, de voir rouer un noble et un officier. Il approuvait très-fort qu'on leur appliquât la loi commune, mais il ne savait aucun gré au Régent d'avoir sacrifié le privilége de la naissance et même les liens du sang aux idées d'égalité et de justice.

Telle était déjà en ce temps-là l'impartialité des Parisiens.

Il n'est pas besoin de dire que l'exécuteur n'envisageait ces symptômes hostiles qu'au point de vue du sort final dont ils menaçaient le comte de Horn. Il lui semblait bien difficile que des gens soudoyés vinssent à bout de le sauver, puisqu'ils avaient contre eux non-seulement le guet à pied et à cheval, mais des masses grouillantes de spectateurs fort mal disposés pour les patients.

Charles Sanson fit entrer sa charrette sous la voûte de la Conciergerie, celle qui s'ouvre encore aujourd'hui sur le quai, et fut conduit par le greffier dans une salle basse où Antoine-Joseph de Horn et Laurent de Mille gisaient étendus sur des matelas.

La torture avait fait son œuvre, et les malheureux étaient horriblement mutilés, car ils avaient eu jusqu'au huitième coin, *le dernier de l'extraordinaire*, comme on disait dans l'abominable langage de la procédure criminelle d'alors.

Ce fut pour le maître des hautes-œuvres le moment le plus pénible. Comment le comte allait-il accueillir l'homme qui lui devait la vie et qui venait la lui ôter? Il lui semblait déjà l'entendre l'apostropher en termes amers et violents, et il n'avançait qu'en tremblant dans ce sombre caveau où il avait pourtant accoutumé d'exercer son lugubre ministère.

Au surplus, le tableau qu'il avait sous les yeux était bien fait pour effrayer même un homme familiarisé avec ces tristes scènes.

Dans le fond, le bizarre et repoussant appareil de la question : des chevalets, des cordes, des coins, des maillets. Debout, accotés à la muraille, les tortionnaires, avec leurs faces bestiales et indifférentes, leurs bras nus, leurs mains ensanglantées. Plus près, un greffier en courte perruque rousse, assis devant une petite table en bois blanc, et noircissant du parchemin.

Deux conseillers en robe, magistralement campés dans de vastes fauteuils et s'entretenant à demi-voix de choses mondaines, peut-être de la fête que madame de Parabère comptait offrir prochainement en sa petite maison d'Asnières à M. le duc d'Orléans.

A droite, sur deux lits de douleur, placés à côté l'un de l'autre, les patients, couchés entre un docteur de Sorbonne, chargé de les exhorter, et un chirurgien dont les soins cruels n'avaient d'autre but que de les empêcher de frustrer, en mourant trop vite, la féroce justice de la Tournelle.

Une lumière douteuse, qui filtrait par une fenêtre grillée, éclairait à peine cet antre, et cependant il était près de midi.

Sanson n'était point pressé de se montrer à M. de Horn et il alla se placer à côté de ses aides, en attendant que le doyen des conseillers donnât l'ordre de partir pour la Grève. De là, il pouvait regarder et écouter sans attirer l'attention des condamnés.

A son grand étonnement, il vit que Laurent de Mille paraissait beaucoup plus résigné que le comte. Il prêtait une oreille attentive aux consolations du prêtre et ne laissait pas échapper une plainte. L'exécuteur remarqua cependant que ses yeux brillaient d'une animation singulière et se tournaient souvent vers la porte, comme s'il eût attendu son salut du dehors.

S.

M. de Horn, lui, était très-pâle, mais les souffrances abominables qu'il venait d'endurer n'avaient fait que le surexciter au lieu de l'abattre. Il gesticulait avec une vivacité fébrile et tenait des propos incohérents qui auraient pu justifier l'allégation de folie que ses défenseurs avaient mise en avant pour obtenir sa grâce. Il repoussait violemment le docteur de Sorbonne et réclamait à haute voix l'assistance de monseigneur François de Lorraine, évêque de Bayeux, qui lui avait donné la communion l'avant-veille. Le prêtre lui répondait doucement que ce prélat, ayant été obligé de retourner dans son diocèse, ne pourrait pas venir, mais le malheureux gentilhomme ne se calmait point et continuait à divaguer, à récriminer et à appeler l'évêque qui était son parent éloigné.

— Le pauvre enfant a perdu la raison, murmurait Sanson consterné ; il est hors d'état de seconder ceux qui veulent le délivrer.

Il n'était que trop probable, en effet, qu'Antoine-Joseph de Horn n'avait plus ni assez de sang-froid ni assez de forces pour s'aider lui-même si on venait à attaquer l'escorte. Cependant il pouvait peut-être encore survivre aux mutilations de la torture, et il n'était pas impossible que ses amis réussissent à l'emporter, après avoir mis les archers en déroute. Sanson, quoiqu'il conservât bien peu d'espoir, se promit de faire de son mieux pour favoriser leurs efforts.

Le temps s'écoulait et les conseillers, jugeant que le prêtre avait suffisamment consolé les condamnés, pressés peut-être aussi d'aller dîner, se levèrent, et, après leur avoir adressé deux ou trois questions qui n'obtinrent point de réponse, firent signe au bourreau de s'emparer d'eux.

Sanson laissa exécuter l'ordre par ses aides, qui enlevèrent et portèrent sur la charrette d'abord le comte de Horn, puis Laurent do Mille.

Les juges et le chirurgien s'en allèrent à leurs affaires avec un visible plaisir. Leur mission était remplie et le reste ne les intéressait guère.

Celle du prêtre ne faisait que commencer et il prit place à côté du Piémontais qui semblait toujours disposé à écouter ses exhortations. Les valets s'installèrent, qui sur les brancards, qui à la tête des chevaux. On n'attendait plus que l'exécuteur qui ne se pressait pas de monter. Il redoutait le moment où M. de Horn allait le reconnaître, lui parler, le supplier peut-être. Enfin, rassemblant son courage, il grimpa sur la charrette.

Les deux patients y étaient assis, adossés contre la planche du fond, leurs jambes brisées étendues sur la paille. Sanson alla se mettre auprès du comte de Horn et attendit, pour lui adresser la parole, que le triste équipage débouchât sur le quai.

Il faisait très-sombre sous la voûte où il stationnait, de sorte que le comte ne vit point tout d'abord la figure du maître des hautes-œuvres; mais, quand la lumière d'une belle journée de printemps vint l'éclairer, Antoine-Joseph de Horn tourna vers Sanson ses grands yeux égarés, et ses traits prirent une indicible expression de colère et de mépris. Cependant, il ne lui adressa pas un reproche.

L'exécuteur, pour prévenir l'explosion qu'il redoutait, se pencha vivement à son oreille et lui dit tout bas :

— Monseigneur, espérez. On s'intéresse à vous, et moi-même...

— Tu mens, s'écria le comte furieux. Personne ne s'intéresse à moi; mes proches m'ont abandonné. L'évêque devait revenir. Où est l'évêque?

— En ce moment une femme prie pour vous, une grande dame. Elle peut tout et elle ne restera point inactive.

— Son nom? dis-moi son nom !

— C'est madame la marquise de Parabère, murmura Charles Sanson en baissant encore la voix.

A ce nom, que le bourreau venait de prononcer, Antoine-Joseph de Horn parut se calmer un peu. En même temps, une vive émotion se peignit sur son visage.

— Qui sait? reprit Charles Sanson ; un ordre de sursis peut arriver tout à coup.

Les lèvres du comte se contractèrent dédaigneusement.

— S'ils avaient voulu me faire grâce, ils ne m'auraient pas estropié, dit-il avec amertume.

— Un coup de main peut vous délivrer. J'ai promis à la marquise de ne rien faire pour m'y opposer, car je n'ai point oublié que vous m'avez sauvé la vie.

— Oui, tu te souviens, toi. Eux, mes nobles parents, ils ne se souviennent pas. Pourquoi l'évêque n'est-il pas là ?

Le malheureux recommençait à divaguer, et le maître des hautes-œuvres comprit qu'il ne servirait de rien d'insister, et qu'il valait mieux observer la foule pour tâcher d'y découvrir quelques visages amis ou d'y surprendre quelques signes d'intelligence adressés au condamné. Il se redressa donc et se mit à regarder autour de lui, mais ses yeux rencontrèrent tout d'abord ceux de Laurent de Mille.

Le prêtre agenouillé, lisait des prières avec une ferveur qui absorbait toute son attention, et il ne vit pas que le Piémontais, si résigné en apparence, relevait maintenant la tête et semblait chercher quelqu'un parmi les spectateurs amassés sur le quai.

— Il espère donc, lui aussi, pensa Charles Sanson, très
étonné de cette attitude du second patient.

La marquise ne s'intéressait évidemment qu'à M. de
Horn, et dans l'entretien qu'elle avait eu la veille avec
l'exécuteur, le nom de Mille n'avait pas même été prononcé ; mais Liévin, qui pensait à tout et qui redoutait
pour son maître les aveux du capitaine, l'ingénieux Liévin
avait acheté un geôlier de la Conciergerie qui s'était chargé
d'entretenir jusqu'au dernier moment les illusions du
complice de La Jonquière.

Brisé par les tourments qu'il avait supportés sans rien
révéler, Laurent de Mille croyait encore fermement que le
colonel, à la tête de sa bande, allait charger l'escorte pendant le trajet et délivrer son meilleur lieutenant. C'est
pourquoi il était résolu à se taire jusqu'au bout, et c'est
ainsi que Dubois se trompa dans ses calculs, lui qui comptait pour saisir enfin les conspirateurs sur les indications
arrachées par la torture.

Liévin avait, comme on l'a vu, confié le secret de sa
ruse au chevalier du Terne, mais il n'en avait rien dit à
Sanson. Celui-ci ne pouvait donc pas s'expliquer ce que
l'Italien voulait voir en regardant par-dessus la charrette,
ni de qui il attendait du secours.

Au surplus, aucun signe n'annonçait encore que personne dans tout ce peuple songeât à venir en aide aux
condamnés. Le guet à cheval caracolait autour du funèbre convoi ; les exempts de robe courte couraient devant,
derrière, sur les flancs. L'exécuteur n'apercevait que les
mines suspectes des mouches du lieutenant de police et
des figures sur lesquelles on ne démêlait d'autre sentiment
qu'une curiosité malveillante. Des cris de mort partaient
même de loin en loin de certains groupes.

Tout cela ne promettait rien de bon et, quand le cortége eut passé le pont au Change, sans qu'aucun mouvement se fût dessiné dans les masses, Sanson désespéra tout à fait. A ce moment, le comte sortit de la torpeur où il était retombé et lui dit brusquement :

— Tu vois bien que tu cherchais à me tromper. Ils ne viennent pas et voici la Grève.

— Monseigneur, balbutia l'exécuteur, je vous jure que madame de Parabère m'avait promis...

— Dis à la marquise que je lui pardonne, interrompit M. de Horn, et, si tu la vois, raconte-lui que je suis mort en gentilhomme.

Ce calme succédant à une agitation fébrile et cet accent de mâle résolution surprirent Charles Sanson et l'émurent profondément.

En ce moment, le maître des hautes-œuvres aurait donné de bon cœur son hôtel et les revenus de sa charge pour voir se prononcer une attaque. Rien ne bougea et la charrette arriva sans obstacle au pied de l'échafaud, dressé au milieu de la place, sous le balcon de l'Hôtel-de-Ville où se tenait en robe rouge le conseiller délégué pour assister à l'exécution.

L'heure suprême était venue et Sanson voyait avec horreur qu'il allait être contraint de faire son office.

— Demandez à faire des révélations, dit-il à demi-voix; vous gagnerez ainsi un répit qui laissera à vos amis le temps d'agir.

Malheureusement, le comte semblait avoir de nouveau perdu la raison.

— Je savais bien que l'évêque ne viendrait pas, criait-il; ils l'auront arrêté parce qu'il avait aussi des actions du Mississipi; mais nous allons voir! Je vendrai chèrement ma vie. Qu'on me donne seulement des armes ! on ne peut me refuser des armes.

Sanson le prit dans ses bras, sauta en bas de la charrette, et gravit les marches de l'échafaud en élevant audessus de sa tête ce corps pantelant. Il croyait, en le montrant ainsi, adresser un dernier appel aux amis de la maison de Horn, et donner le signal d'agir aux gens de la marquise répandus sur la place.

Il se trompait.

Il y eut dans la foule quelques ondulatio···, puis un immense murmure, suivi presque aussitôt d'un silence profond, mais ce fut tout.

Antoine-Joseph de Horn était perdu.

Déjà les aides s'étaient emparés des condamnés et les liaient sur les roues placées horizontalement à côté l'une de l'autre.

Le docteur de Sorbonne s'agenouilla près des patients et se mit à lire les prières des agonisants.

Sanson, tremblant, éperdu, hésitait encore à commencer son épouvantable besogne que déjà l'un de ses valets levait sur Laurent de Mille la terrible barre à rompre.

— A moi ! cria le Piémontais d'une voix éteinte ; à moi, La Jonquière ! Au secours, mes amis, au secours ! au nom de...

La barre de fer s'abattit et l'appel du patient se changea en hurlements sauvages. Le malheureux avait espéré jusqu'au dernier instant, et comprenant enfin qu'on l'abandonnait il se répandit contre le colonel en imprécations entrecoupées de cris affreux.

Cependant, le comte, résigné, attendait la mort. Ses lèvres murmuraient quelques mots que le prêtre seul pouvait entendre et ses yeux se tournaient vers le ciel.

Alors, Charles Sanson, qui ne pouvait plus rien pour lui sauver la vie, pensa à tenir la promesse qu'il avait faite à madame de Parabère d'épargner du moins au condamné d'atroces souffrances. Il remit la barre à Nicolas Gros, le plus ancien et le plus dévoué de ses aides, prit la corde très-fine qui servait aux exécutions secrètes autorisées quelquefois par un *retentum*, et la passa habilement autour du cou de M. de Horn. Quand Nicolas Gros frappa, Antoine-Joseph n'était plus qu'un cadavre.

— Va donner le coup de grâce à l'autre, dit brusquement Charles Sanson.

Dix secondes après, Laurent de Mille aussi avait expié son crime.

Le conseiller qui surveillait l'exécution du haut du balcon de l'Hôtel-de-Ville ne s'aperçut de rien.

Quand le docteur de Sorbonne revint vers le comte pour l'assister au moment suprême, il vit que la mort l'avait devancé. Sanson mit un doigt sur sa bouche pour lui demander le silence et le bon prêtre répondit par un triste signe de tête.

Tout était fini, et cependant la foule ne se dispersait pas encore. Il était d'usage que les corps restassent exposés plusieurs heures sur l'échafaud, et les curieux ne voulaient rien perdre des abominables spectacles de la Grève. Ils en eurent un ce jour-là auquel ils n'étaient point accoutumés.

A peine le supplice était-il achevé que cinq carrosses armoriés, attelés à six chevaux et tendus de deuil, arrivèrent à grand fracas sur la place. Les premiers étaient ceux du duc d'Havré, du prince de Ligne et du duc de Rohan. De l'avant-dernier on vit descendre le marquis de Créquy, en uniforme de colonel-général, avec le collier de la Toison-d'or au cou et le grand cordon de Saint-Louis sur la poitrine.

Il traversa la place d'un pas ferme et sans rencontrer d'obstacles, car on s'écartait avec respect devant ce grand personnage affligé d'une grande douleur. Arrivé au pied de l'échafaud, il fit un geste, et, sur l'ordre de Sanson, les valets détachèrent le cadavre mutilé d'Antoine-Joseph de Horn et se mirent en devoir de le transporter dans le dernier carrosse.

M. de Créquy, sans doute pour protester contre la cruauté de la sentence, voulut tenir lui-même une des jambes, qui n'adhérait plus au corps que par des lambeaux de chair sanglante.

Quand ce triste devoir fut rempli, les carrosses s'ébranlèrent et défilèrent en cortége jusqu'à l'hôtel de la comtesse de Montmorency, qui était née de Horn.

Là, les restes du comte furent mis dans le cercueil et déposés dans une chapelle ardente où ils demeurèrent quarante-huit heures, après quoi ils furent transportés au château de Baussignies dans les Pays-Bas. Antoine-Joseph reposa du moins dans le tombeau de ses ancêtres.

Cependant, Charles Sanson avait eu le temps de couper une boucle de cheveux sur le front glacé du malheureux gentilhomme qu'il n'avait pas pu sauver.

Il l'enveloppa dans un sachet et l'envoya à la marquise de Parabère avec ces seuls mots : — SOUVENIR PROMIS.

De toutes les paroles données à l'occasion de l'horrible fin du comte de Horn, une seule avait été tenue, celle du bourreau.

VII

Marquée dans l'histoire par deux exécutions célèbres,
celle du comte de Horn, à Paris, et, à Nantes, celle de
quatre gentilshommes bretons condamnés pour avoir pris
part à la conspiration de Cellamare, cette journée du
mardi 26 mars 1720 devait compter aussi dans la vie du
chevalier Louis du Terne de Grandpré.

Depuis son entrevue avec Gudule, le samedi soir, il
avait vécu dans l'attente de l'heure ardemment souhaitée
qui devait lui rendre Violette, c'est-à-dire qu'il errait au
hasard par les faubourgs de Paris, couchant à la belle
étoile, mangeant le pain noir des vagabonds, buvant l'eau
des fontaines, sans souci de la fatigue, ni des privations,
ni des dangers, le cœur rempli d'un seul amour et l'esprit
tendu vers un seul but.

La dispersion des conjurés, le départ du colonel La
Jonquière, l'horrible aventure du comte de Horn, il avait
oublié tout cela pour ne plus penser qu'à la prisonnière
de l'hôpital général.

A peine avait-il songé quelquefois à ce brave Liévin, à ce fidèle serviteur du malheureux Antoine-Joseph, qui se dévouait si généreusement pour sauver son maître, et encore ne se souvenait-il guère que de ses offres de service et de ses renseignements forts incomplets sur la naissance de Violette.

Il rapprochait dans sa tête les indications beaucoup trop sommaires qu'il avait obtenues du Flamand et les confidences de dame Margot, si tristement interrompues par l'entrée soudaine de Laurent de Mille et du juif Abraham dans le cabinet du premier étage au cabaret de l'*Épée-de-Bois*. Puis, il supputait les chances favorables que devaient lui assurer les promesses de Liévin qui s'était fait fort de lui procurer des chevaux pour gagner la frontière.

C'était un grand point que de pouvoir compter sur ce moyen de fuir et sur le bras solide d'un homme déterminé, mais, d'un autre côté, du Terne ne se souciait guère d'associer la fortune de sa chère évadée à celle du comte de Horn, échappé de la Conciergerie. Aussi se proposait-il de n'accepter cette association que faute de pouvoir mieux faire et méditait-il un plan plus simple qui était de sortir de Paris à pied, de marcher toute la nuit, ou du moins tant que les forces de la jeune fille le lui permettraient, et, au jour, d'acheter des chevaux au premier paysan venu.

Gudule avait affirmé qu'ils auraient au moins dix-huit heures d'avance, et ce répit devait largement suffire, en supposant même, ce qui n'était pas certain, que le lieutenant de police jugeât à propos de mettre les exempts et la maréchaussée en campagne dans le seul but de rattraper une enfant dont la capture importait assez peu aux intérêts de l'État. Il croyait donc n'avoir besoin de personne pour sortir de France, et cependant il lui en coûtait de renoncer à l'espoir d'apprendre de la bouche de Liévin l'histoire de Violette.

Lui seul peut-être était en état de lui dire si elle était véritablement la fille de cet affreux Blanche-Barbe, car, s'il y avait un secret, dame Margot pouvait être intéressée à le cacher. C'est pourquoi le chevalier résolut, sauf événement imprévu, de gagner de préférence la Flandre, où il pourrait tout aussi bien se marier qu'en Espagne, et où il devait retrouver Liévin.

Ces projets l'occupèrent les deux premiers jours, qui se passèrent du reste sans le moindre incident.

Le troisième, qui était le jour fixé pour l'évasion, du Terne, rôdant dès l'aurore aux environs du Jardin du Roi, crut remarquer, par les rues de ce quartier solitaire, un mouvement inaccoutumé.

Des bandes de gens du peuple, principalement des enfants et des femmes, descendaient vers la Seine et suivaient les quais dans la direction de la Cité.

S'il s'était mêlé aux groupes, il aurait promptement su le motif qui mettait cette foule en branle, mais il avait d'excellentes raisons pour éviter tout colloque avec des inconnus, et il eut soin de se tenir à l'écart des passants qu'il rencontrait. L'idée ne lui vint point que ce pouvait être une exécution qui attirait ce courant vers la place de Grève, et, peu curieux de savoir à quoi s'en tenir, il alla se réfugier sur la berge de la rivière, à la place même où il avait rencontré le Flamand. Là, il pouvait attendre en toute sûreté le moment de se rendre au poste que Gudule lui avait assigné dans le marché aux chevaux.

Il s'étendit au pied d'un vieux saule, en ce temps-là,

il y en avait encore sur les rives de la Seine, et il se mit à rêver. Peu à peu sa pensée revint à Gudule qui, depuis trois jours, il faut l'avouer, ne l'occupait guère.

De toutes les passions, l'amour est assurément la plus égoïste, et du Terne, affolé de Violette, oubliait un peu trop que, s'il avait jamais le bonheur de la revoir, il devrait ce bonheur à la fille de l'exempt. Cependant, plus le moment décisif approchait, plus il se sentait pénétré d'admiration pour cette noble enfant qui se sacrifiait volontairement à une rivale.

Il se savait aimé de Gudule quoiqu'elle cachât ce secret au plus profond de son cœur. Il savait aussi qu'il lui était impossible de l'aimer, et il ne se demandait pas sans inquiétude comment se dénouerait la situation que les événements leur avaient faite.

Si, comme il l'espérait, il réussissait à gagner un pays étranger, il lui faudrait tenir sa promesse et mander à la chère libératrice de venir le rejoindre. C'eût été une monstrueuse ingratitude de la laisser en France où elle n'avait plus ni un parent, ni un ami. Et, d'un autre côté, la vie commune serait-elle possible, et Gudule ne s'abusait-elle point sur l'étendue de sa résignation quand elle se déclarait prête à suivre les nouveaux époux et à se contenter d'une place à leur foyer? Mais surtout que dirait Violette de cette existence à trois, Violette qu'il n'avait pas consultée? Et si elle ne l'acceptait qu'à contre-cœur, si sa passion pour son mari ne s'accommodait point de ce compromis entre l'amour qu'il lui gardait et la reconnaissance qu'il vouait à Gudule, n'était-ce pas se préparer dans l'avenir de terribles soucis que de donner suite à ces projets de réunion?

Il réfléchit longtemps à ce grave embarras et il ne

trouva point le moyen d'en sortir, mais ses méditations firent du moins que les heures s'envolèrent rapidement.

Dès qu'il vit le soleil couchant dorer de ses derniers rayons les tours de Notre-Dame, il se leva et s'achemina vers le lieu du rendez-vous.

Ce quartier lui était familier, et il sut choisir les rues les moins fréquentées pour gagner le marché aux chevaux, qu'il trouva absolument désert. Il alla tout droit se cacher derrière le bouquet d'arbres indiqué par la fille de Larfaille. De là, il pouvait, comme elle le lui avait annoncé, voir, sans être vu, ce qui se passait aux abords de l'hôpital général.

Du premier coup d'œil, il reconnut qu'il se préparait là quelque chose d'extraordinaire.

La grille principale, celle qui donnait accès dans la grande cour, était ouverte, et, devant cette grille, stationnaient des curieux attroupés. Les passants, qui suivaient les boulevards, ne manquaient pas de s'arrêter et de se mêler aux groupes.

Tout ce monde s'agitait bruyamment et ne quittait point la place. Selon toute apparence, on attendait un spectacle; mais lequel? c'est ce que le chevalier ne devinait point.

Il remarqua aussi que l'entrée de la cour était barrée par un cordon de soldats aux gardes, et il crut distinguer, au delà des grilles, des casaques d'exempts et des chapeaux galonnés.

Cette affluence et cet appareil militaire étaient bien de nature à le préoccuper sérieusement.

> Quand le peuple s'assemble ainsi,
> C'est toujours sur quelque ruine.

a dit un poëte de notre temps, et cette appréciation des instincts populaires était tout aussi juste jadis.

Du Terne eut le vague pressentiment d'un malheur.

Et puis, cet encombrement à la sortie de l'hôpital général, en admettant même qu'il ne présageât rien de fâcheux, compliquait singulièrement la situation. Comment allait faire Violette, sous les habits de Gudule, pour traverser la foule, sans attirer l'attention? Comment pourrait-elle passer sans être reconnue au milieu de tous ces soldats de police qui surveillaient les allées et venues des gens de la maison?

Six heures venaient de sonner, et c'était le moment fixé pour l'évasion. Le chevalier se sentait défaillir.

Pendant qu'il adressait à Dieu une fervente prière et qu'il le suppliait de protéger l'innocente victime des machinations de Dubois et de l'*As de Cœur*, une porte s'ouvrit à côté de la grille, une petite porte qu'il n'avait pas remarquée, et il en vit sortir une femme habillée de laine grise, avec de grandes coiffes rabattues et un long voile noir tombant sur son visage.

— C'est elle, murmura-t-il en tressaillant de joie.

Et, se rappelant aussitôt les instructions de l'orpheline, il eut la présence d'esprit de ne pas bouger et de rester tapi derrière le tronc qui l'abritait.

Son cœur battait à l'étouffer, sa vue se troublait, à ce point qu'il ne vit pas les soldats se grouper et la foule s'écarter.

La fugitive s'avançait, lentement, comme il convenait pour dérouter les soupçons.

Gudule l'avait prévenu qu'elle passerait à côté de lui sans lui parler, et, selon ses instructions, il s'apprêtait à la suivre pour l'aborder à l'autre bout du marché; mais, à peine la femme aux coiffes eut-elle dépassé les arbres qu'elle s'arrêta. En même temps, elle levait son voile.

— Gudule! s'écria du Terne, qui recula de surprise en reconnaissant la fille de l'exempt. Vous! c'est vous qui venez! que s'est-il donc passé?

L'orpheline, au lieu de répondre à ses demandes et à ses exclamations, lui fit signe de ne pas quitter sa place au pied des arbres et marcha droit à lui. Sans doute elle voulait éviter un colloque à découvert, et à cinquante pas tout au plus de la foule amassée devant la grille. Il pouvait être dangereux, en effet, surtout pour le chevalier, d'attirer l'attention des surveillants de l'hôpital général et la précaution était bonne.

Quelle que fût donc son impatience, du Terne attendit pour renouveler ses questions que Gudule se trouvât à l'abri des regards curieux. Alors seulement, il remarqua l'altération de son visage et il s'aperçut qu'elle tremblait comme une feuille au souffle du vent d'automne.

Ses traits bouleversés et son attitude défaillante en disaient assez. Un malheur était arrivé, du Terne ne le devinait que trop, et pourtant il cherchait encore à se faire illusion.

— Qu'avez-vous, mon enfant? demanda-t-il en s'efforçant de cacher son émotion. Cette foule vous aura inquiétée, n'est-il pas vrai? et vous ne jugez pas qu'il soit prudent de tenter l'aventure aujourd'hui?

Gudule baissa la tête et se mit à fondre en larmes.

— Pourquoi vous désoler, dit le chevalier en lui prenant les mains; ce que nous n'avons pu faire ce soir, nous le ferons demain. Ce retard ne me découragera pas, je vous le jure, et, fallût-il attendre encore bien des jours, je serai toujours prêt.

Gudule pleurait silencieusement.

— Vous m'effrayez, reprit du Terne, vous m'effrayez cent fois plus en persistant à vous taire. Je vous en supplie, parlez! ne me laissez pas dans cette angoisse! Je saurai tout entendre. Est-ce donc qu'on a découvert vos projets, qu'on vous a expulsée de la maison?

— Non, murmura l'orpheline.

— Alors, rien n'est perdu et tant que vous pourrez pénétrer librement dans cet enfer, voir la pauvre captive, lui dire que nous pensons à elle, je ne perdrai point l'espoir.

— L'espoir! il n'y en a plus.

— Que dites-vous? Violette aurait-elle été prise de quelque mal? Sa vie serait-elle en danger?

— Non, pas en ce moment du moins.

— Alors, au nom du ciel, expliquez-vous, Gudule; vous me faites mourir.

Mais Gudule ne semblait plus l'entendre. Appuyée sur un des ormeaux qui les protégeaient tous deux, le cou tendu, les yeux fixes, elle était absorbée par un spectacle que du Terne, placé un peu plus en arrière, ne pouvait pas voir. Il entendait vaguement des cris, des piétinements de chevaux, des bruits de roues, mais il ne s'en occupait point, car il ne pensait qu'à Violette.

Gudule lui saisit le bras et lui dit:

— Regardez!

Le chevalier avança d'un pas et regarda.

Le peuple amassé devant la grille se répandait sur le boulevard, refoulé qu'il était par trois cavaliers de la maréchaussée marchant de front et faisant caracoler leurs montures pour s'ouvrir un passage. Cette petite avant-garde précédait une charrette attelée de six chevaux et

escortée d'une demi-douzaine d'exempts à pied. Le cortége
remontait lentement la chaussée et allait passer devant
l'entrée du marché.

Du Terne ne comprit pas tout d'abord. Il voyait bien
sur la charrette des créatures humaines entassées comme
des moutons qu'on mène à la boucherie, mais il était si
troublé, qu'il ne distinguait même pas très-bien à quel
sexe elles appartenaient.

Bientôt pourtant il reconnut que ce triste troupeau
n'était composé que de femmes. Il en compta quinze
ou seize, serrées les unes contre les autres, à ce point
qu'elles étaient obligées de se tenir debout.

Qu'étaient ces malheureuses, et d'où venait qu'on leur
infligeait l'humiliation de les traîner ainsi par les rues et
de les donner en spectacle ? Les huées de la populace ex-
pliquaient assez de quoi il s'agissait.

Évidemment, ces voyageuses par force appartenaient à
une des honteuses catégories où se recrutait la population
flottante de l'hôpital général, voleuses, mendiantes ou
filles perdues.

Il y en avait de vieilles, vêtues de haillons, d'autres
flétries avant l'âge et se drapant dans des oripeaux fanés,
quelques-unes enfin jeunes et modestement habillées.
Celles-là pleuraient et cherchaient à se cacher le visage,
tandis que leurs doyennes, ayant toute honte bue, faisaient
la nique aux exempts, et répondaient aux injures de la
foule par des quolibets orduriers.

Tout à coup, le chevalier poussa un cri de douleur et de
colère. Au milieu de cette troupe immonde, sur le devant
de l'ignoble charrette, il venait de reconnaître Violette ;
Violette, pâle, défaite, le front baissé et le visage inondé
de larmes.

— Ah ! dit-il d'une voix sourde, voilà donc le malheur que vous n'aviez pas le courage de m'annoncer ! Ils l'emmènent, je ne la reverrai plus. Mieux vaut mourir à l'instant, mourir sous ses yeux. Adieu, Gudule, adieu !

Et du Terne, désespéré, repoussa violemment la fille de l'exempt et voulut s'élancer vers le fatal convoi ; mais elle s'accrocha à lui avec une énergie incroyable et lui barra le passage.

— Où allez-vous ! dit-elle en l'entourant de ses bras.

— Étrangler de mes mains un de ces coquins d'archers, et, si les autres ne me tuent pas, me jeter sous les roues pour qu'elles m'écrasent.

— Vous ne ferez pas cela.

— Je vous dis qu'il faut que je meure.

— Et moi, je lui ai promis que vous vivriez pour la sauver.

— La sauver ! raillez-vous, Gudule, ou prétendez-vous que je conserve encore une espérance quand cet infernal cortége aura disparu ?

— Peut-être, répondit l'orpheline d'un ton ferme.

— Non ! c'est impossible ! et vous voyez bien que si je la laisse partir, je ne la retrouverai jamais. Sais-je seulement où ils la conduisent ?

— Je le sais, moi.

— Vous le savez ?

— Oui, et je vous jure que, si vous usez de violence contre les exempts, vous nous enlèverez la seule chance qui nous reste de la délivrer.

— Mais que faire, bon Dieu ! que faire ?

— En ce moment, rien.

— Mais ils s'éloignent ! ils l'entraînent !

— Laissez-les passer, et quand cette horrible foule se

sera écoulée, quand nous n'aurons plus à craindre d'être surpris, nous quitterons ce lieu maudit. Alors je vous dirai ce que j'ai appris et ce que je projette.

Du Terne regarda Gudule et lut dans [ses yeux tant de sincérité, tant de décision, qu'il y puisa la force de se contenir. Le péril de la situation n'était que trop évident et l'insuccès d'une attaque trop certain. Par bonheur, personne de cette cohue ne s'était détourné pour venir de leur côté, et les mouches de police qui devaient foisonner aux alentours n'avaient point eu vent de leur présence ; mais il eût été souverainement imprudent de trop tenter la fortune et le conseil de l'orpheline était sage.

Le chevalier, suffoquant de douleur et de rage, vit le convoi gagner le haut de la montée et tourner à droite par le boulevard d'Italie.

Cependant, la grille de l'hôpital général se refermait, et les curieux se dispersaient rapidement.

— Venez, dit Gudule.

Du Terne la suivit, sans trop savoir ce qu'il faisait. Il avait la mort dans l'âme, et il ne cherchait plus à raisonner. La jeune fille le conduisit dans une ruelle déserte de ce quartier perdu, et là, sous l'auvent d'une tannerie abandonnée, elle entama avec lui un entretien décisif.

— C'est ce matin que j'ai appris ce malheur, commença-t-elle d'un ton saccadé et nerveux qui ne lui était point habituel ; l'économe m'avait avertie qu'on formait un convoi ; je doutais encore, j'espérais qu'ils n'auraient pas l'infamie de la confondre avec ces malheureuses ; mais je l'ai vue, j'ai pu lui parler un instant dans le préau ; elle m'a dit qu'on lui avait commandé de se préparer.

— Oh ! mon Dieu ! murmura le chevalier ; et vous avez été témoin de sa désolation, de son désespoir.

— Oui, mais aussi de sa résignation et de son courage ; elle pleurait sans se plaindre, elle prononçait votre nom; sa douleur silencieuse touchait jusqu'aux misérables créatures qu'on lui a imposées pour compagnes. Elle aura la force de supporter son martyre, parce qu'elle compte que nous ne l'abandonnerons pas.

— Que vont-ils donc faire d'elle ?

— Quoi ! vous ne l'avez pas deviné ! vous ne savez donc pas que cet étranger, qui a inventé la Banque des Indes, a imaginé de peupler de force son Mississipi et que, par ses ordres, il se fait chaque jour des enlèvements dans Paris.

— Ah! c'est le dernier coup ! s'écria du Terne.

— Quand ils ont vu, reprit Gudule, que ni les persécutions, ni les menaces ne tireraient rien de leur victime, quand ils ont dû renoncer à l'espoir d'arriver par ses aveux à découvrir la conspiration, alors ils ont résolu de se défaire d'elle. L'ordre est venu hier de la comprendre dans le prochain départ, et...

— Où la conduisent-ils ? interrompit le chevalier.

— A Brest, où un vaisseau l'attend pour la transporter en Amérique.

— En Amérique! s'écria du Terne ; ils l'envoient mourir de misère et de douleur dans les déserts du Mississipi, pour satisfaire la soif de vengeance de ce misérable Dubois, et c'est moi qui suis cause de sa perte ! C'est moi qu'ils veulent atteindre en lui infligeant cet abominable traitement ! Ah! je serais le plus vil des hommes si je permettais que cette infamie s'accomplisse.

— Elle ne s'accomplira pas, car Dieu nous protégera, dit doucement Gudule.

— Non, dussé-je me faire corsaire, pirate, enlever le vaisseau à l'abordage, je leur arracherai Violette.

— Hélas! la violence ne servirait de rien.

— Qu'en savez-vous? Ne puis-je pas aussi assaillir l'escorte, disperser à coups d'épée ces misérables exempts?

— Ils sont six et vous êtes seul. Ils ont avec eux les détachements de la maréchaussée qui se relayeront pour leur prêter main-forte jusqu'à Brest.

— Et que m'importe! tous ces gens-là sont lâches et j'ai fait à l'avance le sacrifice de ma vie.

— Vous oubliez que votre mort ne sauverait pas celle que vous aimez.

— Ah! c'en est trop! et j'ai le droit de m'étonner de ce langage. Est-ce bien vous, Gudule, qui me conseillez d'abandonner une femme, vous qui, hier encore, souteniez mon courage, vous qui me juriez de m'aider de toutes vos forces?

— Et qui vous dit que je renonce à l'espoir de la délivrer? qui vous dit que je n'ai pas au contraire conçu un plan plus sensé et plus praticable que le vôtre?

— Est-ce possible? et surtout ne vous abusez-vous point sur la valeur de ce projet?

— La réussite est à la volonté du bon Dieu, mais il dépend de nous de mettre les chances de notre côté, et ces chances, la ruse seule peut nous les donner.

— La ruse!

— Oui, voici ce qu'il nous faut faire : le convoi marche lentement et les exempts qui le mènent mettront de quinze à vingt jours pour arriver à Brest. Je me suis informée auprès des gardiens de l'hôpital général, et je me suis fait indiquer la route que suivra la charrette. Je sais maintenant par cœur le nom de toutes les étapes où elle doit s'arrêter.

— Vous avez songé à cela! s'écria du Terne avec émotion.

— Oui, et à telles enseignes que je puis vous apprendre où l'escorte couchera ce soir. C'est dans une auberge au delà de Sèvres, et demain elle n'ira pas plus loin que le village de Trappes, entre Versailles et Rambouillet.

— Nous pouvons y être avant elle, et...

— Peut-être, mais je ne crois pas qu'il soit prudent de la rejoindre si vite. Mieux vaut la laisser prendre quelque avance et la rattraper à trente ou quarante lieues de Paris. Pourvu que nous puissions faire route avec elle pendant un certain nombre de jours, peu importe que ce soit tôt ou tard, et même plus le voyage se rapprochera de son terme, plus notre tâche deviendra facile.

— Faire route avec ces misérables exempts! y pensez-vous, Gudule?

— J'y pense si bien que je n'imagine pas d'autre moyen d'atteindre le but. Nous nous ferons passer, vous pour un marchand regagnant la Bretagne après une tournée d'affaires; moi pour votre sœur, si vous voulez, et nous annoncerons que nous suivons la même route que le convoi.

— Et vous croyez que les exempts souffriront que nous leur fassions compagnie? Vous ne craignez donc pas d'exciter leurs soupçons?

— Non, car nous avons une bonne raison à leur donner pour marcher avec eux. Les chemins ne sont pas sûrs, et ils trouveront tout naturel qu'un marchand bien fourni d'argent recherche leur protection contre les voleurs. Et puis, ces gens-là se laissent aisément gagner par des présents, et en les régalant chaque soir à la couchée, vous serez bientôt dans leurs bonnes grâces.

— Oui, je commence à croire que peut-être...

— Moi, j'ai la certitude qu'ils ne nous repousseront pas.

Aucun d'eux ne me connaît, j'ai pu m'en assurer dans la cour de l'hôpital général. Ils sont d'ailleurs d'un détachement qui n'est jamais employé dans Paris et qui ne fait que le service des escortes à travers la France. Vous n'avez donc point à redouter qu'ils aient déjà vu votre visage.

— C'est vrai.

— Eh bien, ne pensez-vous pas que pendant ce voyage en commun, pour peu qu'il se prolonge, il se présentera une occasion, qu'une nuit nous pourrons tromper leur surveillance...

— Et leur enlever Violette, et fuir avec elle, gagner la frontière, la mer, que sais-je! et sortir du royaume après avoir échappé à leurs poursuites. Oui, je le comprends maintenant, tout cela est possible. Et je désespérais, moi, un homme, alors que vous, Gudule, vous aviez déjà trouvé la voie de salut! Ah! je ne pourrai jamais m'acquitter envers vous.

— Mais si, puisque vous m'emmènerez, dit simplement l'orpheline; pourvu que vous me permettiez de ne jamais vous quitter, je serai assez récompensée.

Le chevalier tressaillit. Le vœu qu'exprimait avec tant de naïveté la fille de Larfaille lui rappelait tout à coup les incertitudes et les dangers de l'avenir qu'elle rêvait. Ses scrupules lui revinrent, et il se demanda s'il avait bien le droit de disposer ainsi de la future existence des deux êtres qu'il aimait le plus au monde.

— Gudule, dit-il avec quelque embarras, je ferai votre volonté en toutes choses, mais il m'est bien permis de vous supplier une dernière fois de ne pas vous exposer inutilement. Pourquoi ne pas me laisser agir seul, supporter seul les fatigues de l'entreprise, en courir seul les risques? Votre place n'est point à la suite de ces soudards grossiers, et je m'entendrai plus aisément avec eux, si je ne suis point distrait par la préoccupation de votre sûreté.

— Je suis résolue à vous suivre et rien ne changera ma résolution, je vous l'ai déjà dit ; et puis, j'ai promis.

— A qui ?

— A elle, murmura Gudule. Là-bas, dans le préau où j'ai pu l'entretenir un instant, je lui ai confié mon projet ; je lui ai juré que je partagerais votre fortune et la sienne. Elle compte sur moi comme elle compte sur vous.

Une fois encore, dans cette lutte de générosité, le chevalier était vaincu. Il se tut. La voix lui manquait et les raisons aussi.

— Au surplus, reprit l'orpheline, ne nous réjouissons point trop vite. Bien des événements peuvent survenir qui dérangeraient l'exécution de mon projet. Et d'abord, il faut que vous me promettiez de maîtriser votre émotion quand vous la reverrez, de ne laisser échapper ni un mot, ni un geste qui puisse éveiller la défiance des archers.

— Oh ! je sens trop ce que nous coûterait une imprudence, et j'aurai le courage de me contenir.

— Aurez-vous celui de ne pas la regarder ? demanda Gudule, non sans quelque malice.

— Je l'aurai, je vous le jure, dit gravement du Terne.

— C'est bien. Il ne nous reste plus qu'à nous assurer les moyens de partir, et ce n'est point chose aisée.

— J'ai assez d'or pour suffire aux préparatifs et aux frais du voyage.

— Et moi, j'ai pris à la maison le peu que je possède, mais ce n'est point de cela qu'il s'agit. Il nous faut des habits appropriés au rôle que nous voulons jouer, il nous faut aussi des chevaux que vous seul êtes en état de choisir et d'acheter, vous qui devez redouter par-dessus tout de vous montrer.

— Je sais quelqu'un qui pourvoira à toutes ces nécessités.

— Qui donc ?

— Un homme sûr.

— Et vous pourriez le trouver sur-le-champ ?

— A cette heure même, il m'attend, dit du Terne qui se souvint fort à propos que Liévin lui avait donné rendez-vous sur la berge de la Seine, le mardi, 26 mars, un peu après le soleil couché.

La nuit tombait. L'instant était venu.

— Allons, reprit Gudule d'un ton décidé.

La confiance qu'elle montrait avait promptement gagné le chevalier et il ne fit plus d'objections. Aussi bien, l'espoir lui revenait au cœur, et il commençait à entrevoir la possibilité de délivrer Violette.

Le trajet n'était pas long pour gagner la rivière et il fut parcouru rapidement. Cependant, lorsque du Terne et Gudule arrivèrent au bord de l'eau, le crépuscule avait déjà fait place à l'obscurité.

Du Terne prit l'orpheline par la main et la guida sur le terrain de la rive, qui lui était très-familier. Il s'attendait à y rencontrer Liévin et même à le voir venir au-devant de lui, car il arrivait un peu en retard sur l'heure convenue ; mais personne ne parut.

C'était cependant bien la place où l'honnête Flamand l'avait quitté le samedi pour s'en aller courir au secours de son maître. Le chevalier reconnaissait les inégalités du sol, fort raviné en cet endroit, et, à dix pas devant lui, il distinguait même le vieux saule au pied duquel il avait dormi plus d'une fois. Il commençait à se demander si Liévin ne s'était pas moqué de lui, ou s'il n'avait pas oublié sa promesse, et ces deux alternatives ne le rassuraient guère, lorsqu'en regardant avec plus d'attention, il crut apercevoir vaguement une forme humaine qui s'agitait autour de l'arbre. Ne sachant trop à qui il avait affaire, du Terne se courba, et, dans cette position, il put voir plus nettement les lignes de la silhouette qui se détachait sur l'horizon.

L'homme s'agitait tout à l'heure. Maintenant il se balançait dans les airs. Il venait de se pendre.

Le chevalier ne s'attarda point à raisonner sur cette pendaison très-inattendue. Sans même prendre le temps de faire part de ses impressions à Gudule, il courut au pendu.

Fort heureusement pour lui, ce désespéré s'était accroché à une basse branche du vieux saule et ne se balançait guère à plus de deux pieds du sol. Du Terne put le saisir d'une main par le collet de son justaucorps, empoigner de l'autre la corde et, grâce à ce double mouvement, relâcher un peu le nœud fatal. Comme il était très-vigoureux, il parvint même à courber la branche jusqu'à ce que les semelles de l'homme touchassent la terre.

Le plus fort était fait, car le chanvre ne serrait déjà plus le gosier du personnage. Il put donc le lâcher sans crainte d'étranglement, et, en s'aidant de ses deux mains dénouer la corde. Cette opération faite, il reprit l'inconnu au collet et le regarda de près, dans le but assez naturel de savoir à qui il venait de sauver la vie.

L'homme poussa un soupir effroyable, et chercha incontinent à se débarrasser de son sauveur.

— Laissez-moi ! grommela-t-il d'une voix rauque ; laissez moi ! je veux mourir.

— Liévin ! s'écria du Terne qui reconnut aussitôt la voix du brave laquais de M. de Horn.

— Vous savez mon nom! hurla le Flamand.

— Comme vous savez le mien. Je suis le chevalier du Terne de Grandpré.

— Ah! monsieur, je ne m'attendais pas à cela de votre part.

— Que vouliez-vous dire, mon ami?

— Que je n'aurais jamais cru que vous viendriez m'arracher la seule consolation qui me reste, m'empêcher de me tuer.

— Et pourquoi voulez-vous donc vous tuer?

— Vous me le demandez, après ce qui s'est passé aujourd'hui? Ah! tenez, monsieur le chevalier, vous m'avez rendu un bien mauvais office, car enfin, on a beau être affolé de chagrin, on ne se lance point dans l'autre monde sans barguigner un peu. Oui, je le confesse, c'est un mauvais moment, et moi qui étais pourtant bien décidé à en finir, je m'y suis repris à trois fois pour repousser du pied le pavé qui m'avait servi d'escabeau. Et voilà que, juste au moment où je venais de sauter le pas difficile, vous arrivez pour me décrocher! et, à présent, tout est à recommencer.

— Mais, j'espère bien que vous ne recommencerez pas, s'écria du-Terne.

— Il le faut, monsieur le chevalier, il le faut. Je ne veux pas survivre à mon maître.

— Votre maître! le comte de Horn! est-ce que...

— Ils l'ont fait périr sur la roue comme le dernier des scélérats, et je n'ai pas pu le sauver, et je n'ai pu qu'embrasser son cadavre brisé.

— Oh! c'est affreux! mais ce Philippe d'Orléans est donc impitoyable! Et ces parents du comte, ces seigneurs qui devaient vous aider à le délivrer?

— Ils ont demandé sa grâce, le Régent l'a refusée, et ils ont cru qu'ils en avaient fait assez. Quand je suis venu hier leur dire que je me chargeais d'attaquer l'escorte sur la place de Grève, s'ils voulaient me faire soutenir par leurs gens, ils m'ont répondu que j'étais fou et qu'au surplus ils ne voulaient pas se commettre dans une sédition. Alors, j'ai couru chez madame de Parabère...

— C'est elle qui a perdu M. de Horn, elle lui devait bien sa protection.

— Et elle me l'avait accordée ; elle était tout feu, elle parlait de sacrifier tout ce qu'elle possédait ; elle me jurait l'après-dînée de faire marcher toute sa maison avec moi, et le soir, quand, ayant échoué auprès de M. le duc d'Havré, j'ai couru à son hôtel de la place Vendôme, le Suisse m'a dit qu'elle était partie pour sa petite maison d'Asnières et m'a fermé la porte au nez.

— Aimez donc une marquise ! murmura du Terne qui pensait à Violette.

— Alors, j'ai passé toute la nuit à me désespérer devant la porte de cette affreuse prison où ils l'avaient enfermé. Je voulais me tuer, mais je comptais encore sur un homme, sur le bourreau. Mon maître, une nuit, l'avait défendu contre des assassins et il m'avait promis. Mais, n'étant pas secondé, il ne pouvait rien pour nous.

— Et c'est aujourd'hui que...

— Oui, c'est à trois heures que le pauvre enfant a expiré après d'épouvantables tortures. Dieu a permis que je ne fusse point présent à son supplice ; la foule était si épaisse, que je n'ai pu la percer ; j'ai vu passer de loin l'infâme charrette, et quand, après des efforts inouïs, je suis parvenu à pénétrer sur la place de Grève, tout était fini. Les carrosses de la famille arrivaient pour emporter le corps.

Je les ai suivis, et M. de Créquy m'a permis de baiser la
main mutilée de mon maître...

Du Terne entendit derrière lui comme une plainte étouffée, et il se rappela que Gudule était là, Gudule qu'il
avait oubliée un instant pour dépendre Liévin. C'était elle
qui pleurait en écoutant ce lamentable récit. Le chevalier
la prit par la main et l'attira doucement à lui.

— M. de Créquy voulait même m'emmener en Flandre
où ils vont conduire le corps, reprit Liévin, qui était trop
emporté par ses tristes souvenirs pour remarquer dans
l'obscurité la présence de la jeune fille ; mais qu'y serais-je
allé faire ? le prince Maximilien-Emmanuel, le chef de la
maison de Horn, n'a jamais aimé son frère, et il m'aurait
sans doute chassé ; sa mère, la bonne princesse Antoinette, m'aurait peut-être reproché de ne pas l'avoir averlie
des débordements qui ont conduit son fils à cette horrible
fin. Je me suis dis que je n'avais plus qu'à mourir, mais
j'ai pensé à vous, monsieur le chevalier, et j'ai voulu vous
voir avant de me défaire, vous supplier de venger mon
maître qui fut votre ami.

— Hélas ! je ne puis plus rien, dit du Terne.

— Je savais que vous viendriez ici, continua le Flamand,
j'y ai couru. J'ai attendu longtemps, puis ne vous voyant
point paraître, et la nuit tombant, j'ai cru que vous m'a-
viez oublié. Alors, l'envie de mourir m'a repris ; j'ai
fait ma prière et je me suis mis en route pour l'autre
monde. Ah ! monsieur, pourquoi m'avez-vous arrêté en
chemin ? Vous êtes arrivé trop tard ou trop tôt. J'ai
senti les affres de la mort et je suis vivant, et je veux
me rependre.

— Vous ne le ferez point, s'écria du Terne, vous ne le
ferez point, car vous avez le cœur d'un gentilhomme et

vous voudrez vivre pour me seconder dans l'accomplissement d'une noble tâche.

— Non, je n'ai plus rien à faire sur la terre puisque
M. le comte est mort.

— Écoutez-moi. Vous parliez tout à l'heure de le venger
de ce Régent qui l'a laissé périr, de ces féroces ministres
qui ont poussé Philippe d'Orléans à refuser la grâce. Eh
bien, il faut m'y aider.

— Ah! si je croyais...

— Maintenant, je suis désarmé, mes amis se sont dispersés, mais je puis les rejoindre et la conspiration peut
renaître, si je réussis à sortir de France après avoir délivré
une malheureuse enfant...

— Une enfant! celle que Blanche-Barbe...

— Elle-même, et, puisque vous vous souvenez que je
vous ai déjà parlé de ses malheurs, vous n'avez pas dû
oublier qu'il y a trois jours, à cette place où nous sommes,
vous m'avez promis de marcher avec moi pour la défendre contre ses persécuteurs. Quand j'aurai sauvé mon
maître, disiez-vous, je vous appartiendrai tout entier.
M. de Horn est mort, et vous ne pouvez plus rien que
punir ses bourreaux, mais cette jeune fille vit et vous
devez avoir à cœur de la leur arracher, car ceux qui la
torturent sont les mêmes qui ont envoyé le comte au supplice.

Liévin laissa échapper une exclamation dont il était
difficile de deviner le sens. Du Terne s'imagina qu'il refusait et, au lieu d'arguments, il lui vint une inspiration.

— Parlez, Gudule, s'écria-t-il, en poussant devant lui la
fille de l'exempt.

— Monsieur, dit doucement l'orpheline, M. le chevalier

de Grandpré m'a assuré que vous pouviez nous fournir les moyens de protéger une personne que nous aimons et qui s'en va périr misérablement en Amérique, si nous ne réussissons à l'enlever sur la route de Paris à Brest. Vous ne voudrez pas tromper son espérance et la mienne.

— A Dieu ne plaise! dit Liévin, qui ne parut point s'étonner de cette apparition, à Dieu ne plaise que j'abandonne la fille de... surtout maintenant que mon pauvre maître n'est plus là, lui qui, s'il avait su... Vous avez raison, monsieur le chevalier, j'ai encore un devoir à remplir en cette vie. Dites-moi ce que je puis faire pour vous servir.

Du Terne aurait bien voulu demander des explications et connaître la signification de ces discours coupés de réticences que tenait, pour la seconde fois, Liévin à propos de Violette, mais les instants étaient précieux et il se hâta de répondre :

— Vous pouvez, m'avez-vous dit, nous procurer des chevaux et des vêtements. Faites cela cette nuit et partez avec nous demain matin.

— Pour la Bretagne?

— Pour rejoindre les misérables suppôts de d'Argenson qui mènent au port de Brest l'innocente victime de la politique de Dubois et de Law. Ils ont sur nous un jour d'avance, mais leur voyage sera long, et d'ici à la mer les occasions ne nous manqueront pas, si vous prenez part à l'exécution du dessein que nous avons formé.

— Je suis des vôtres! s'écria chaleureusement le brave Flamand; aussi bien, il m'en coûtait de quitter la partie avant d'avoir fait payer à ces monstres le sang qu'ils ont versé aujourd'hui. Venez avec moi. Il y a dans le faubourg Saint-Denis un aubergiste Brabançon qui est de mes amis et qui nous fournira tout ce qu'il nous faut. Depuis trois jours, il tient prêts les chevaux et les habits qui devaient servir à M. le comte pour gagner la frontière; ils nous serviront à le venger.

Et, jetant loin de lui la corde avec laquelle il avait essayé de se pendre, Liévin s'achemina vers la demeure de son compatriote. Du Terne et Gudule se hâtèrent de le suivre, et se reprirent à espérer.

VIII

Le lundi de Pâques qui suivit de quelques jours le supplice du comte de Horn, Dubois travaillait dans son cabinet, à son ordinaire, et avait défendu sa porte.

Le Régent s'en était allé passer les fêtes à la Muette, chez madame la duchesse de Berry, sa fille, et l'infatigable ministre profitait de l'absence de son maître pour bâcler les affaires d'État.

Il était fort brouillon de son naturel, encore plus insouciant et nullement appliqué, mais laborieux à ses heures et abattant alors plus de besogne que tous ses commis ensemble. Les médisants prétendaient, il est vrai, qu'il lui arrivait parfois de jeter au feu quantité de lettres toutes fermées et de s'écrier alors triomphalement qu'il avait mis l'arriéré au courant.

Le fait est qu'à sa mort, en août 1723, il s'en trouva chez lui par milliers qui n'avaient jamais été décachetées.

Quoi qu'il en fût de la vérité de cette accusation, Dubois, en ce jour férié, s'amusait à classer des papiers et écrivait de furie dépêches sur dépêches, quand le sieur Venier, son secrétaire, ouvrit la porte du cabinet et y poussa un homme de basse mine, étrangement accoutré,

Au bruit de l'huis qui se refermait, le ministre tressauta sur son fauteuil, si fort qu'il écrasa sa plume au beau milieu d'une lettre confidentielle à M. de Maulevrier, envoyé du roi de France à Madrid. Ce fut bien autre chose quand il aperçut l'intrus.

Le quidam qui se permettait de le déranger montrait une figure blème, ridée, tannée, et portait une souquenille en lambeaux, des chausses déchirées, des bas troués et des souliers éculés. Point de chapeau, ni de perruque, ni de manteau : en un mot, la défroque d'un gueux et l'air d'un bandit. Son aspect était si peu rassurant que Dubois saisit incontinent son encrier pour le lui lancer à la tête.

— Monseigneur, je suis Larfaille, cria l'homme.

— Qui ça, Larfaille ? vociféra le secrétaire d'État sans envoyer le projectile, mais aussi sans le déposer.

— Est-il possible, monseigneur, que vous ayez oublié mon nom ? Je suis l'exempt que vous chargeâtes le mois passé d'arrêter le colonel La Jonquière dans la plaine de Vanves.

Cette fois, Dubois mit bas son arme et courut les poings fermés sur le visiteur :

— Ah ! coquin ! ah ! maraud ! tu oses reparaître ici, toi qui es cause que tous mes plans ont avorté ! tu viens sans doute réclamer le salaire qui t'est dû pour cette belle expédition ? Mort diable ! tu l'auras, car je vais te faire jeter dans un cul-de-basse-fosse et t'y laisser pourrir jusqu'à ce que tu y crèves.

Cette furieuse sortie n'émut point le ressuscité, qui répondit d'un ton respectueux, mais ferme :

— Monseigneur, croyez que si j'avais une faute grave à me reprocher, je ne me présenterais point devant vous, et veuillez m'écouter, car je vous apporte la seule indication qui puisse vous aider à mettre la main sur La Jonquière.

Dubois regarda les yeux de Larfaille et y lut la sincérité.

— Soit ! dit-il, je consens à t'entendre. Il sera toujours temps de t'envoyer à la Bastille, si tu mens. Parle. Pourquoi as-tu disparu? Qu'as-tu fait depuis ce temps? D'où viens-tu?

— De la forêt d'Orléans ; j'étais prisonnier d'une bande de voleurs qui m'avaient surpris dans la carrière des Gloriettes la nuit où j'y attendais le colonel.

— Ce n'est pas vrai. Les voleurs ne gardent pas les exempts quand ils les attrapent ; ils les tuent.

— Peu s'en est fallu en effet, monseigneur, qu'ils ne me pendissent, et peut-être la mort eût-elle mieux valu pour moi que les tortures qu'ils m'ont fait souffrir là-bas et les douleurs qui m'attendaient ici. Ils m'ont fait grâce par un raffinement de cruauté, et mal leur en prendra, je l'espère, car si jamais je les retrouve...

— Comment as-tu fait pour leur échapper?

— J'étais enchaîné au fond d'un souterrain qui leur sert de repaire, roué de coups du matin au soir, plus mal nourri que leurs chiens. Mais, une nuit qu'ils étaient tous en campagne pour piller une ferme, j'ai réussi à briser mes fers et j'ai pu fuir. Je suis venu à Paris à pied, en demandant l'aumône sur la route, et c'est un miracle qu'ils ne m'aient pas repris, car ils ont certainement dû me poursuivre.

— Abrége et arrive au colonel. Que sais-tu de lui?

— Monseigneur, reprit l'exempt d'une voix moins assurée, le malheur m'attendait chez moi. Pendant mon absence, une enfant, une orpheline que j'aimais comme si elle eût été ma fille et que j'avais pris la liberté de vous recommander, a disparu.

— Ah çà, drôle, es-tu venu pour me raconter tes affaires de famille, et penses-tu que j'ai le loisir d'écouter de pareilles sornettes? Le colonel, mort diable! parle-moi du colonel, si tu ne veux que je te fasse descendre les degrés à coups de pied.

— Les deux histoires se tiennent, monseigneur, dit Larfaille sans s'émouvoir, et, pour vous entretenir de la conspiration, il faut bien que je fasse mention de cette enfant; c'est un des amis de La Jonquière qui me l'a volée.

— Voyons, s'écria Dubois déjà plus calme, explique-toi clairement, car je m'y perds. J'ai mémoire d'une certaine fille dont tu m'as parlé autrefois, ravaudeuse, marchande de fleurs, ou quelque chose d'approchant, qui était aimée d'un de ces sacripants.

— Ce n'est point de celle-là qu'il s'agit, monseigneur, et je...

— Tant mieux, car je l'ai fait arrêter, comme tu me l'avais conseillé toi-même. On l'a tenue sous clef pendant un mois, dans l'espoir qu'elle dénoncerait son amoureux, et, comme on n'en pouvait rien tirer, on l'a envoyée peupler les rives du Mississipi.

— Je sais cela, monseigneur.

— Comment le sais-tu? Cette créature a été enlevée, si j'ai bonne mémoire, le lendemain du jour où tu as disparu.

— Mon second et mon ami, Pillavoine, l'exempt qui m'a remplacé, m'a instruit de toute cette affaire aujourd'hui même. Quand je suis rentré dans mon pauvre logis

10.

et que je n'y ai plus trouvé Gudule... elle s'appelle Gudule, l'enfant que j'adorais et que ce misérable m'a prise... j'ai couru chez mon confrère et j'ai appris de lui des détails qui ne me laissent aucun doute. A la suite de l'arrestation de ce Piémontais, complice du comte de Horn, et affilié à la conspiration, le colonel a quitté Paris. Il craignait que la torture n'arrachât des aveux à Laurent de Mille.

— Et moi je l'espérais, mais il n'a rien avoué, le malandrin endurci. C'est la faute de Law qui était trop pressé de faire un exemple à cause de sa banque. Mais poursuis. Tu disais donc que La Jonquière est parti.

— Oui, monseigneur, je suis certain qu'il n'est plus dans la ville, mais je suis sûr aussi qu'il n'a pas renoncé à ses projets contre M. le Régent. Qu'il se tienne caché dans quelque coin du royaume ou qu'il soit en route pour l'étranger, ce départ n'est qu'une feinte, un moyen d'attendre en sûreté une occasion favorable pour recommencer son entreprise, et il faut à tout prix l'en empêcher.

— Il est vrai que le drôle se tient tranquille depuis le coup manqué de la carrière de Vanves, et que sa bande semble être rentrée sous terre; mais du diable si je sais où les dénicher!

— Je m'en charge, monseigneur.

— Toi! sur ma foi, voilà qui est plaisant! Tu reviens après un mois du fond de la forêt d'Orléans, et tu as la prétention d'en savoir plus long que toute ma police, qui n'a pas cessé d'être aux trousses du colonel!

— Monseigneur, vous vous rappelez que je soupçonnais cette fille qui vendait des fleurs d'être la maîtresse du principal lieutenant de La Jonquière?

— Parbleu! c'est pour cela que nous l'avons enfermée.

Nous comptions que le galant viendrait se faire prendre en rôdant autour de la prison de sa belle, mais il n'a pas donné dans le piége.

— Parce que le piége a été mal tendu. Cet homme ne m'échappera pas, monseigneur, si vous voulez me donner mission de l'arrêter.

— Voyons d'abord comment tu t'y prendras.

— Avant tout, monseigneur, je dois vous apprendre que l'amant de cette marchande de bouquets est le même homme qui m'a enlevé ma fille d'adoption.

— Oh! oh! c'est donc un grand vainqueur que ce coquin-là!

— Oui, reprit Larfaille d'un air sombre, il est de ceux que le démon a doués d'une puissance infernale sur de pauvres créatures naïves et sans défiance, et il a la lâcheté d'abuser de leur innocence. Cette enfant qu'il a séduite, c'était ma joie, mon bonheur; je ne vivais que pour elle et elle m'aimait de toute son âme. Elle m'aimait tant que si j'avais été là, près d'elle, elle m'eût sacrifié sans hésiter cette folle passion qui troublait son cœur et sa raison; malheureusement elle m'a cru mort et alors les séductions de ce traître ont eu beau jeu. Il a profité de sa douleur et de son isolement pour lui persuader de le suivre; mais je le retrouverai, je la lui arracherai; car c'est mon bien, c'est ma fille chérie qu'il m'a volée.

Pendant que l'exempt lançait ses imprécations véhémentes, Dubois l'observait froidement et reconnaissait les signes et l'accent d'une passion profonde qu'il lui parut bon d'utiliser au profit du repos de l'État. Si quelqu'un pouvait encore débarrasser le Régent de La Jonquière et de ses complices, c'était assurément cet homme qu'un ressentiment personnel poussait à leur déclarer une guerre à mort. L'habile ministre n'eut garde de refuser un si précieux auxiliaire.

— Voilà qui est clair, dit-il d'un air satisfait, et je conçois fort bien maintenant que tu montres tant d'ardeur. Mais tu ne m'as pas encore dit un seul mot des moyens que tu comptes employer. Que me demandes-tu pour en finir avec ces gens-là ?

— Carte blanche, monseigneur, répondit nettement Larfaille.

— Comment ! carte blanche ! s'écria Dubois.

— Je veux dire pleins pouvoirs, monseigneur, répliqua l'exempt sans se déconcerter.

— Des pleins pouvoirs à un homme de ta sorte ! tu te moques, je pense.

— Monseigneur, je vous jure qu'en vous les demandant, je ne prétends point empiéter sur votre autorité et n'ai en vue que le bien de l'État. Mais le colonel est un rude adversaire, et, pour le combattre avec quelque chance de succès, j'ai besoin d'être largement soutenu.

— Soit ! voyons comment tu entends cette licence que tu sollicites.

— Monseigneur, il faut d'abord que vous sachiez qu'à cette heure je ne suis plus rien dans la police du royaume. On me tenait pour mort ; on m'a rayé de la liste des exempts et on a donné ma place à un autre. C'était justice, puisque je passais pour n'être plus de ce monde, et, si je vis encore par miracle, c'est moi qui suis dans mon tort. Je ne réclame donc point contre le retrait de mon emploi, et même je m'en réjouis ; car, ne comptant plus dans le personnel aux ordres de M. le lieutenant de police, je suis bien mieux en situation d'être choisi pour remplir telle mission qu'il plaira au premier ministre de me confier.

— Fort bien raisonné, mon garçon. J'aime autant, en effet, que d'Argenson ne se mêle pas de mes affaires. Mais viens au fait ; que désires-tu de moi ?

— D'abord, un ordre signé de votre main, portant que moi, Jean Larfaille, agent secret de la secrétairerie d'État, je suis autorisé à requérir l'aide de la force publique, en quelque lieu du royaume que ce soit, et l'assistance des intendants, des magistrats, et en général de tous les gens du roi.

— Tu l'auras. Ensuite ?

— Ensuite, l'autorisation écrite de choisir, parmi les troupes du guet à cheval, six cavaliers bien montés et bien armés, qui seront mis à ma disposition et tenus de me suivre partout et de m'obéir en toute occasion.

— Accordé encore. Est-ce tout ?

— C'est tout, monseigneur.

— Bon ! voilà qui est fait. Mais penses-tu donc, avec de telles ressources, six soldats et le concours de messieurs les baillis et autres robins, penses-tu venir à bout de ce diable incarné de La Jonquière, de son lieutenant et de tous les autres routiers qui lui font compagnie ?

— Oui, monseigneur ; je vous ramènerai tous ces scélérats pieds et poings liés ou je périrai de leur main.

— La belle assurance que tu me donnes là, et en quoi ta mort avancerait-elle nos affaires ?

— Je ne mourrai point.

— Hum ! Après tout, la chose te regarde, et, au prix de ce risque, je veux bien courir la chance de rattraper le colonel, si incertaine qu'elle soit ; car elle est incertaine, tu ne saurais le nier.

— Monseigneur, j'ai pour moi la ferme volonté de retrouver ma fille et la résolution bien arrêtée de sacrifier ma vie, s'il le faut, pour réussir dans mon entreprise.

— Tu es un déterminé compagnon, je le sais, et c'est ce qui me décide à te soutenir. Je crains seulement que tu ne t'exagères à toi-même la valeur de tes talents de limier et que tu n'aies plus de peine que tu ne penses à découvrir la piste. As-tu au moins quelque donnée sur la direction que le colonel a pu prendre en sortant de la ville ?

— Non, monseigneur, mais je ne suis sûr d'arriver à lui en suivant les traces de son lieutenant qui, assurément, est parti pour aller le rejoindre.

— Alors, tu sais par quel chemin ce lieutenant a passé?

— Pas encore, mais je le saurai bientôt, car je connais un homme qui possède tous les secrets de la bande, et cet homme, j'ai un moyen de le faire parler et je vais de ce pas l'interroger.

— Pour le faire arrêter ensuite, j'imagine.

— Sur ce point, monseigneur, je vous demande encore la permission d'agir selon les circonstances. Cet homme peut nous rendre de très-grands services, tant qu'il sera en liberté, et sa situation est telle qu'il ne saurait se dérober facilement. Nous serons donc toujours à même de le saisir quand le moment opportun sera venu.

— Son nom?

— C'est Blanche-Barbe, le cabaretier de l'*Épée-de-Bois*.

— Bon ! j'ai déjà entendu parler de ce drôle. Il passait pour avoir des accointances avec les gens du colonel, et je ne sais à quoi tient qu'il ne soit déjà sous les verrous.

— Monseigneur, il vaut mieux qu'il n'y soit point. Blanche-Barbe a pignon sur rue et des écus dans ses coffres. Il ne s'envolera donc pas comme un simple vagabond.

De plus c'est un lâche et un avaricieux. En l'effrayant et
en le payant, j'en tirerai ce que je voudrai.

— Tu as réponse à tout, à ce qu'il me paraît. Ça, maintenant, puisque tu parles de payer, il te faut de l'argent,
je suppose, et c'est un point que tu as omis dans l'é-
noncé de tes prétentions. Combien me demandes-tu pour
acheter le tavernier et pour subvenir aux frais de ton
expédition.

— Je n'ai besoin de rien.

— Comment! aurais-tu, par hasard, l'intention de faire
la guerre à tes dépens ?

— Oui, monseigneur, dit simplement Larfaille.

— Tu es donc bien riche! s'écria Dubois.

— Non, mais j'ai, depuis vingt ans que je sers le roi,
économisé une petite somme. Je l'avais déposée chez mon
notaire et laissée par testament à ma fille d'adoption :
elle n'y a point touché et s'est contentée des intérêts dont
maître Crozat lui remit, le mois passé, le premier quartier.
Je puis donc user, pour la retrouver, de cet argent que je
destinais à la doter.

Cette preuve de désintéressement acheva de décider le
ministre. Un homme qui proposait de servir l'État uniquement pour l'honneur méritait bien qu'on prît ses offres
en considération. La gratuité volontaire de son concours
était, au surplus, une sûre garantie de son zèle et de sa
fidélité. Dubois jugea superflu de pousser plus loin l'in-
terrogatoire.

Il rédigea, de sa main, un ordre pour le chevalier du
guet, libella, en gros caractères, une réquisition en forme
à toutes les autorités du royaume, scella ces deux pièces
du grand sceau de la secrétairerie d'État, et les remit à
Larfaille en lui disant brusquement :

— Va, et ne te représente devant moi que si tu ramènes le colonel mort ou vif.

L'exempt ne se fit pas répéter deux fois le congé que le ministre lui donnait. Il prit les papiers, salua humblement et sortit sans ajouter un mot. Il avait hâte de se mettre à l'œuvre.

Ainsi qu'il venait de le raconter sommairement à Dubois, Jean Larfaille était parvenu, au bout d'un mois de captivité, à se soustraire aux horribles traitements des *fanandels*, et, après des fatigues et des misères inouïes, il était entré dans Paris.

Ses voisins de la rue du Pont-aux-Choux l'avaient pris pour un fantôme, et, une fois revenus de leur étonnement, ils s'étaient empressés de lui dire que Gudule n'avait plus reparu au logis depuis le mardi saint, c'est-à-dire depuis quatre jours, puisque l'exempt arrivait justement le dimanche de Pâques.

Consterné de cette affreuse nouvelle, il avait couru aux renseignements chez son confrère Pillavoine, lequel l'accueillit avec des transports de joie, mélangés d'un peu d'inquiétude. Il avait succédé à Larfaille dans son emploi, et cet emploi, à peu près équivalent à celui plus moderne de *chef de la sûreté*, donnait alors à son titulaire assez d'importance et d'assez beaux bénéfices pour que Pillavoine souhaitât fort de le conserver.

Son prédécesseur et ami le rassura bien vite, en lui jurant qu'il était las de servir et n'avait plus d'autre désir que celui de vivre dans la retraite, après avoir retrouvé Gudule.

Pillavoine s'empressa alors d'apprendre à Larfaille tout ce qu'il savait sur l'orpheline, et, entre autres détails, son entrée en fonctions à la lingerie de l'hôpital général et sa disparition subite le soir même du départ de Violette pour Brest.

Là se bornèrent forcément ses indications, attendu qu'il n'avait pas le moindre soupçon des rapports entretenus par Gudule avec la prisonnière et avec le lieutenant de La Jonquière. Mais Larfaille, qui avait très-présentes à l'esprit les naïves confessions de sa fille au sujet du prétendu M. Lestang, Larfaille ne douta pas un seul instant qu'elle eût pris la fuite avec lui.

Vivre sans cette enfant lui était impossible. Il fit aussitôt le serment de se mettre à la poursuite du ravisseur et de ne s'arrêter que lorsqu'il aurait recouvré son bien le plus cher. Mais où courir pour rejoindre les fugitifs ? Quelle route avaient-ils prise ? L'exempt ne pouvait pas le devener, car il ne lui était point entré dans l'esprit que Gudule se dévouait pour sa rivale.

Certains renseignements que Pillavoine lui donna sur le cabaret de l'*Épée-de-Bois* lui inspirèrent l'idée de s'adresser au père de Violette, à Blanche-Barbe, qu'il n'était point malaisé d'intimider, car cet homme savait que la police avait l'œil sur lui. Alors, sans hésiter, Larfaille résolut d'aller d'abord trouver le ministre pour obtenir, en échange de la promesse d'arrêter le colonel, des chevaux, des soldats et un plein pouvoir.

Ce plan fut exécuté avec le succès que l'on sait, et, en sortant du Palais-Royal, l'exempt s'en alla tout droit au cul-de-sac de Venise.

Le costume délabré qui témoignait de ses aventures chez les brigands ne lui avait point nui dans l'esprit de Dubois ; il pouvait aussi lui servir à se faire passer pour ce qu'il n'était pas auprès des habitués de la taverne. Larfaille crut donc devoir le garder pour s'y présenter.

Depuis sa dernière visite, il y avait eu de grands changements à l'*Épée-de-Bois*.

Le meurtre du juif Abraham avait porté un coup funeste aux intérêts de maître Blanche-Barbe.

La prospérité du cabaret de l'*Épée-de-Bois* était intimement liée à celle de la Banque du Mississipi, puisque ses meilleures pratiques se composaient principalement des spéculateurs habitués de la rue Quincampoix. Or, il arriva que ce crime audacieux, commis sur un des plus riches courtiers de l'agio, causa tout d'abord, comme Law l'avait prévu, une forte baisse sur les actions.

On commença dans Paris à se dire que ces valeurs, un peu trop portatives, présentaient des inconvénients de plus d'une sorte, et, comme le *système* était déjà fort ébranlé, il n'en fallut pas davantage pour calmer l'ardeur des traitants. Peu d'entre eux se souciaient maintenant de fréquenter ce fameux cabinet du premier étage où on égorgeait si lestement les porteurs de papiers de la Compagnie des Indes.

Le supplice des coupables n'avait rassuré personne, et, par surcroît, on disait dans le public que l'agio allait être prochainement transporté dans la place Vendôme.

La décadence de l'illustre taverne devait naturellement s'en suivre, d'autant plus qu'il courait certains bruits peu favorables sur le tavernier.

Les gens bien informés prétendaient que Blanche-Barbe avait dû comparaître plusieurs fois devant les juges de la Tournelle criminelle, et que, si les conseillers l'avaient innocenté de toute complicité avec le comte de Horn, il n'en était pas moins surveillé, et même de très-près, par la police, qui le soupçonnait d'accointances avec de dangereux conspirateurs.

Il arriva de tout cela que les financiers en plein vent préférèrent aller s'humecter le gosier un peu plus loin, et que le vide se fit promptement dans le cabaret. La salle basse, trop petite naguère pour contenir les buveurs, restait déserte du matin au soir ; la grosse servante flamande dormait toute la journée, dame Margot se morfondait derrière son comptoir, et maître Pierre fumait d'innombrables pipes sur le seuil de sa porte, que personne ne franchissait plus.

Il s'y tenait précisément lorsque, dans la matinée du lundi de Pâques, Larfaille vint à déboucher dans la rue Quincampoix.

C'était jour de fête, et l'agio faisait relâche. Aussi ne voyait-on personne à *l'Épée-de-Bois*, absolument personne.

Levée depuis l'aurore, la fille aux cheveux couleur de filasse n'avait pas encore servi un seul pot de vin ou de bière, et rien n'annonçait que son inaction dût prendre fin.

Sous l'enseigne qui se balançait au vent avec des grincements mélancoliques, accoté à la muraille dans sa posture de prédilection, Blanche-Barbe s'enveloppait d'épais nuages de fumée, peut-être pour dérober à la vue des passants sa figure renfrognée par la mauvaise humeur. Mais l'œil de l'exempt était habitué à percer tous les voiles et toutes les vapeurs, et il reconnut le cabaretier du plus loin qu'il l'aperçut.

Celui-ci, qui avait aussi les visières fort nettes, flaira d'abord une pratique dans ce quidam qui venait à lui en rasant les maisons ; mais, reconnaissant bientôt le délabrement du costume de Larfaille, il lança un jet de salive en signe de mépris et tourna dédaigneusement la tête. Ce dédain se changea en courroux quand il vit ce déguenillé s'arrêter devant lui.

— Passez votre chemin, cria-t-il d'une voix de tonnerre ;
on ne fait point l'aumône ici.

— Je ne vous la demande pas, maître, dit froidement
Larfaille, et je vous conseille de faire moins de bruit, car
vous pourriez attirer du monde, et j'ai à vous parler en
secret.

— Vous ? à d'autres, l'ami ! Je ne connais point les gens
de votre sorte.

— Connaissez-vous ceci ?

Ce disant, Larfaille tira de sa poche la réquisition mi-
nistérielle et l'étala aux regards ébahis de Blanche-Barbe.
L'apparition du sceau de la secrétairerie d'État et de la
signature de Dubois produisit sur le tavernier un effet
magique. Il pâlit, ôta sa pipe de sa bouche et fit mine de
rentrer chez lui.

— Je vous somme de ne pas bouger, reprit Larfaille
avec autorité ; je suis exempt, comme vous pouvez le lire
sur cet écrit, investi de toute la confiance de monseigneur
et chargé par lui de vous interroger sur certains faits.
Veuillez donc me répondre ici, car j'ai des raisons pour
ne point vous suivre dans ce cabaret.

— Si vous êtes véritablement exempt de police, grommela Blanche-Barbe, pourquoi n'en portez-vous pas le
costume ?

— Parce que je ne savais pas que je vous rencontrerais
sur le seuil et que je ne voulais pas faire de scandale en
me montrant dans votre taverne avec ma casaque d'uniforme. C'est par égard pour vous que je me suis déguisé.
Au surplus, si vous tenez si fort à voir des exempts, je
vais siffler d'une certaine façon et vous aurez satisfaction.
Dix de mes confrères, cachés ici près, n'attendent que ce
signal pour me prêter main-forte.

Les dix exempts embusqués n'existaient que dans l'imagination de Larfaille, mais ils n'en firent pas moins merveille. Maître Pierre se troubla visiblement et dit d'un ton beaucoup moins arrogant :

— C'est inutile. Je ne songe point à résister aux ordres du ministre et je suis prêt à vous répondre. Que souhaitez-vous de moi ?

— Que vous me disiez où se trouvent présentement le colonel La Jonquière et son premier lieutenant, celui qui se faisait appeler M. Lestang, quand il logeait encore chez maître La Perrelle, le mercier de la rue Saint-Antoine.

— Je n'en sais rien; je ne les connais pas, balbutia le tavernier.

— Épargnez-vous des mensonges inutiles et dangereux. Nous savons parfaitement que votre maison a été longtemps le rendez-vous de la bande du colonel et que vous possédez tous les secrets des conspirateurs, mais nous savons aussi qu'ils se sont dispersés et que vous ne vous mêlez plus de leurs affaires. C'est ce qui fait que vous n'avez point encore été arrêté, quoiqu'on n'ait pas cessé un seul instant de vous surveiller. J'ai ordre de vous emmener à l'instant même au Châtelet, si vous refusez de me répondre. Là, on saura vous faire parler.

— Je parlerai tout aussi bien ici, dit Blanche-Barbe d'un air bourru. Au surplus, je n'ai rien à me reprocher. Ces gens-là ont fréquenté ma maison comme tant d'autres. Il n'était pas en mon pouvoir de les en empêcher, mais, dès que j'ai été instruit de leurs méfaits, je les ai chassés. Je défie quiconque d'affirmer qu'on en a vu un seul chez moi depuis l'affaire de ce misérable comte de Horn.

— Nous savons à quoi nous en tenir sur tout cela, maître Pierre, répondit évasivement Larfaille, et nous aurons de l'indulgence en proportion des services que vous nous rendrez. Je reviens à ma question : où sont-ils ?

— Puisque vous êtes si bien instruit, vous n'ignorez pas qu'ils ont quitté Paris.

— Non, sans doute. Mais il faut nous apprendre où ils sont allés.

— Pour le colonel, je n'en sais rien. Il y a apparence qu'il a dû chercher à gagner la frontière d'Espagne.

— Et l'autre ?

— L'autre, celui qui prenait le nom de Lestang, je pourrais peut-être vous dire quel chemin il a suivi, mais n'allez pas croire au moins qu'il m'a mis dans ses confidences, pas plus que le colonel. C'est le hasard qui m'a fait découvrir son secret. Je l'ai aperçu le soir du mardi saint à la sortie du marché aux chevaux, en compagnie d'une femme ; ils ne me voyaient point, car la nuit tombait, et j'ai eu la curiosité de les suivre...

— Comment était cette jeune fille, car c'était une jeune fille, n'est-ce pas ?

— Oui, toute jeune même, l'air d'une enfant malingre...

Larfaille eut besoin de faire appel à toute son énergie pour ne pas laisser paraître son émotion sur son visage.

— Continuez, dit-il avec effort.

— Eh bien, ils se sont arrêtés sous l'auvent d'une tannerie abandonnée. J'ai pu m'y glisser par derrière et les écouter à loisir. Alors, j'ai entendu cette créature dire à Lestang qu'elle le suivrait partout, mais que, pour le moment, ils allaient d'abord se mettre en campagne afin de délivrer une certaine fille que les exempts venaient de tirer de l'hôpital général pour la conduire à Brest, où on l'embarquera sur un vaisseau qui va transporter ses pareilles à la Louisiane.

— Quoi ! s'écria Larfaille, s'agirait-il de la marchande de fleurs de la rue Quincampoix ?

— Justement. Elle me touche de près, puisque j'ai toujours passé pour être son père, et je sais à quoi m'en tenir sur ses faits et gestes. Elle s'est affolée de ce Lestang, lequel, paraît-il, tourne la tête à toutes les femmes. C'est pour mettre la main sur lui qu'on l'a arrêtée, et on a bien fait. Voilà que maintenant il court après elle. Il est homme à l'enlever à vos confrères, si vous n'y mettez ordre. Traquez-les, saisissez-les. J'en serai ravi, car je les hais tous les deux.

— Vous haïssez votre fille ! répéta l'exempt révolté de la barbarie du tavernier.

— Oui, je la hais, comme je hais sa mère, répondit brusquement Blanche-Barbe, et, si vous ne me croyez pas, je vais vous faire une proposition qui lèvera tous vos doutes.

— Parlez.

— Eh bien, sachez-le, je suis las de la vie que je mène ici, et je n'aspire qu'à m'en aller finir mon existence loin d'une maison qui m'est odieuse et d'une femme que je déteste. Je suis riche, j'ai réalisé tout mon bien et je n'attends que l'occasion de passer à l'étranger, mais je crains d'être arrêté avant d'avoir franchi la frontière. Jurez-moi de m'en fournir les moyens et je m'offre à vous faire rattraper le lieutenant de La Jonquière ; bien plus, si c'est vous qui avez mission de le poursuivre sur la route de Bretagne, je m'offre à vous accompagner jusqu'à ce que vous ayez mis la main sur lui. Quand vous aurez repris ce Lestang et la fille qu'il traîne avec lui, quand je serai

sûr que son autre amoureuse vogue vers l'Amérique,
alors nous serons quittes et je vous demanderai congé de
m'embarquer pour l'Espagne ou pour l'Angleterre.

— Et vous affirmez que cet homme n'est pas parti seul,
qu'il a emmené l'enfant chétive que vous me signaliez tout
à l'heure?

— Je l'affirme, et vous le verrez de vos propres yeux si
nous parvenons à les rejoindre.

— C'est bien, dit froidement Larfaille, à partir de ce
moment vous m'appartenez, et il faut que ce soir nous
chevauchions ensemble vers Brest.

IX

La France, au commencement du xviiiᵉ siècle, ne brillait point par la facilité des communications.

Les grandes routes qui relièrent entre elles les principales villes du royaume ne furent achevées que sous Louis XVI, et, en 1720, on en était encore presque partout à des chemins dont le moindre chef-lieu de canton ne se contenterait pas aujourd'hui. Il n'y avait guère de milieu entre les larges chaussées pavées qu'on rencontrait aux abords de Versailles et les voies étroites, tortueuses, boueuses, qui sillonnaient la province.

Sur quelques lignes principales, un peu mieux entretenues que les autres, circulait deux ou trois fois par semaine le coche public, vénérable prédécesseur des diligences; mais peu de voyageurs usaient de ce moyen de transport très-lent, encore plus incommode et assez dispendieux.

Les grands seigneurs, les fermiers généraux, les intendants de province, tous les riches et tous les puissants, couraient en poste sur ces routes mal empierrées, au

11.

risque de briser les ressorts de leur chaise, de s'embourber dans une fondrière, ou, pour le moins, de se morfondre au relais en attendant des chevaux. Les pauvres hères cheminaient à pied, le bâton à la main et la besace au dos. Les gentillâtres campagnards, les bourgeois aisés et les marchands usaient du cheval et s'en allaient par monts et par vaux, solidement emboîtés dans des selles massives, avec les pistolets dans les fontes et le portemanteau en croupe. Leurs femmes ou leurs filles prenaient même quelquefois la place du porte-manteau, et il n'était pas rare de voir des couples provinciaux parcourir en chevauchant cent ou cent cinquante lieues pour s'en aller voir Paris.

Par ce mode un peu primitif de locomotion, ils voyageaient même presque aussi vite que par le coche, lequel s'arrêtait comme eux tous les soirs à la couchée, et de plus versait assez souvent dans un fossé.

Les cavaliers, au temps de la Régence, étaient donc en majorité sur les grands chemins, et la petite caravane des amis de Violette ne pouvait exciter en passant ni la curiosité, ni l'étonnement.

Liévin avait largement tenu les engagements contractés par lui sur la berge de la Seine, le soir du 26 mars. Son compatriote, l'aubergiste du faubourg Saint-Denis, était très-désireux de lui plaire, très-accessible aux séductions de l'argent, de plus, fort bien monté en chevaux et fort bien fourni de nippes, attendu qu'il joignait à sa profession celles de maquignon et de revendeur d'habits. Il lui fut donc très-facile d'équiper tout le monde de pied en cap et il y trouva son compte, car il fut généreusement payé.

Le chevalier du Terne choisit pour lui-même une jolie

bête de cette race limousine, aujourd'hui disparue, qui avait du fond et de la vitesse et constituait alors le cheval français par excellence. Il donna à Gudule une jument du Perche, douce d'allure, facile à manier et très-capable de résister à la fatigue. Liévin s'arrangea d'un bai-brun mecklembourgeois un peu lourd, mais solide et vigoureux, un de ces massifs animaux que préféraient alors les gens de guerre et qu'on ne voit plus que dans les tableaux où le peintre flamand Van Der Meulen a représentés les siéges entrepris par le roi Louis XIV.

Celui-là, qui formait, pour ainsi dire, la cavalerie de réserve de la petite troupe, fut naturellement destiné à porter les bagages.

La garde-robe de rechange des voyageurs tenait dans une grosse valise, que prit en trousse le fidèle serviteur du malheureux comte de Horn. Quant aux costumes, on en trouva chez l'aubergiste de parfaitement appropriés à l'usage qu'on en voulait faire.

Du Terne s'habilla d'un justaucorps de gros drap brun, avec la veste et les chausses pareilles. Avec un ample manteau sans galons, un feutre sans plume et de grandes bottes serrant le genou, il avait tout à fait l'air d'un marchand qui court les chemins pour les affaires de son commerce.

Liévin prit la tenue d'un subalterne du négoce, moitié commis, moitié valet, et n'eut pas de peine à jouer son rôle au naturel.

Pour Gudule, le choix du déguisement était plus difficile. Elle s'arrêta cependant à un habit d'amazone, tel qu'on les portait alors, avec le grand chapeau à bords retroussés, le corsage à parements et à basques, mais elle eut soin de corriger par l'addition d'une jupe de laine grise et d'une mante à capuchon, l'apparence un peu trop cavalière de cet équipage.

Quoiqu'elle fût charmante, ainsi accoutrée, et même plus élégante peut-être qu'il ne convenait, elle pouvait encore passer pour une petite bourgeoise, grâce à sa jupe, à sa mante et surtout grâce à son air modeste. Elle chevauchait du reste, à l'antique mode, assise de côté dans une large selle à dossier. Les deux hommes s'étaient au contraire équipés militairement, épée au côté et pistolets dans les arçons, ainsi que le faisaient alors pour voyager les gens les plus pacifiques du monde.

Tous ces préparatifs remplirent la journée du mercredi.

Gudule, par le fait, dirigeait l'expédition, puisqu'elle savait par cœur les étapes où devait s'arrêter l'ignoble charrette et qu'elle était seule en état de proposer une marche raisonnée. Elle fut d'avis que ce retard serait plus utile que nuisible, car il importait de ne pas rattraper le convoi trop près de Paris.

La petite troupe sortit donc de la ville à la brune, pour ne pas se faire remarquer, et chemina assez lentement une partie de la nuit, pour s'en aller prendre gîte au delà de Versailles dans une auberge isolée.

Le lendemain on ne marcha pas beaucoup plus vite, et, en faisant halte à midi dans le gros bourg de Trappes, on eut la satisfaction d'apprendre que les futures citoyennes de la Louisiane et leur escorte y avaient couché la veille, comme Gudule l'avait annoncé.

On pouvait conclure de cette première prévision vérifiée, que la route avait été indiquée exactement à l'orpheline par les gardiens de l'hôpital général auprès de qui elle s'était renseignée. Leurs indications qu'elle avait retenues par un véritable tour de force de mémoire n'auraient pas, à vrai dire, servi de grand'chose à la fille de l'exempt, si elle eût été réduite à ses propres ressources. Elle n'était jamais sortie de Paris depuis son retour de nourrice et ne possédait en géographie que des connaissances très-sommaires. Elle aurait donc été fort empêchée de suivre à elle seule la piste de Violette.

Heureusement, du Terne était là pour suppléer à son insuffisance et échafauder un plan sur les bases fournies par sa petite Providence. Il n'avait point pratiqué la Bretagne, mais il avait fait la guerre, il était instruit en stratégie et, qualité presque aussi rare en ce temps-là que de nos jours, il savait se servir d'une carte. Son premier soin fut donc d'écrire, sous la dictée de Gudule, la liste des étapes et d'étudier sur un vieux plan routier qui se trouva par hasard chez l'aubergiste, l'itinéraire assigné aux exempts.

Il reconnut tout d'abord que, d'après les prescriptions de M. le lieutenant de police, le convoi devait se diriger sur Brest par la ligne la plus courte et, en même temps, éviter de traverser les grandes villes. On craignait sans doute des manifestations sympathiques aux pauvres créatures traînées si inhumainement en exil.

Ainsi la route tracée à l'escorte passait entre Dreux et Chartres, laissait Alençon à droite et le Mans à gauche, entrait en Bretagne un peu au nord de Rennes et se dirigeait vers Brest par Saint-Méen, Loudéac, Rostrenen et Carhaix, c'est-à-dire par le centre de la presqu'île bretonne, contrée déserte et sauvage, s'il en fut jamais.

Le résultat des méditations du chevalier sur cet itinéraire fut que la fille de Larfaille avait trouvé du premier coup le meilleur mode d'opérations et qu'il fallait se ranger à son avis, qui était de ne rejoindre le convoi qu'à une assez grande distance de Paris. Du Terne pensa même qu'il convenait de n'entrer en relations avec les exempts qu'au cœur de la Bretagne bretonnante. Là on se trouverait dans un pays de landes et de bois où on aurait plus de facilités à se dérober. On serait aussi plus près de la mer, à portée par conséquent de gagner la côte et d'y fréter à prix d'or une barque pour passer en Angleterre ou en Espagne. Jusque-là, il suffisait de marcher exactement sur les traces du convoi, en ayant soin de se renseigner sur sa marche à chaque couchée, pour le cas assez improbable où il prendrait fantaisie aux exempts de dévier du chemin prescrit.

Ce projet n'avait qu'un inconvénient, c'était de retarder l'heure de la délivrance, et il en coûtait beaucoup à du Terne de modérer l'impatience qu'il avait de secourir Violette.

Le plan de Gudule, ainsi modifié, n'en fut pas moins adopté à l'unanimité et exécuté de point en point. On faisait à peu près huit lieues par jour, et tous les soirs dans le village où on s'arrêtait on avait des nouvelles du convoi. En général, les braves campagnards s'apitoyaient sur le sort des prisonnières, et c'était là un symptôme des plus favorables. La fable débitée par du Terne à ses hôtes pour expliquer son voyage trouvait créance partout, et il y avait encore là de quoi se réjouir.

On voyagea ainsi sans incident notable, pendant les deux premières semaines, à travers le Perche, la Normandie et le Maine, et on arriva le quatorzième jour à Saint-Méen, bourg de Bretagne. On était là en terre propice aux coups de main et le chevalier résolut d'accélérer la marche dès le lendemain, car le moment décisif approchait.

Les chevaux n'avaient jamais été en meilleur état. Choisis avec sagacité et parfaitement soignés pendant la route, ils étaient justement arrivés à ce point d'entraînement, comme on dirait aujourd'hui, où ils pouvaient donner la plus grande somme de vitesse et de résistance possible.

Destiné dès son enfance à la carrière des armes, ainsi que tous les gentilshommes de ce temps-là, du Terne possédait à fond l'équitation et l'hippiatrique. Liévin, élevé au service des princes de Horn, grands chevaucheurs devant le Seigneur, avait toujours vécu dans la familiarité de l'espèce chevaline. Il y avait donc de bonnes raisons pour que les bêtes qui portaient la caravane fussent en excellent état après un si long trajet.

Au point de vue des desseins que méditaient les amis de Violette, cette cavalerie présentait cependant une lacune regrettable. Il n'existait point de monture disponible pour la prisonnière, et la fille de Blanche-Barbe, si on parvenait à l'enlever aux archers, ne pouvait fuir que portée en croupe par le limousin du chevalier ou le mecklembourgeois du Flamand.

Certes, il eût été facile au départ de compléter l'escadron en choisissant dans les écuries de l'aubergiste, mais du Terne avait reculé devant l'incommodité de conduire un cheval en laisse, et surtout il s'était dit que cette précaution inexplicable pourrait bien exciter les soupçons des exempts. D'un commun accord, on avait préféré s'en rapporter à la Providence, qui ne manquerait pas de favoriser l'évasion d'une innocente.

Et puis, il ne semblait pas qu'on dût être poursuivi bien vigoureusement, puisque l'escorte se composait principalement de fantassins. Le chef des exempts seul était monté, et il ne paraissait pas probable qu'il abandonnât ses camarades pour courir après une brebis échappée du troupeau confié à sa garde. Quant à la maréchaussée, requise en tout lieu d'accompagner le convoi, les renseignements recueillis en route démontraient qu'elle s'acquittait très-irrégulièrement de ce service. Trois jours sur quatre, ou peu s'en fallait, l'infanterie policière se passait forcément du concours des gendarmes, et, réduite à ses propres ressources, elle n'était pas en état de donner la chasse à des cavaliers.

Le chevalier, ayant pesé toutes ces chances, considérant aussi qu'on approchait du terme du voyage, prit le parti d'entamer les opérations sans plus tarder. Il restait à parcourir six étapes avant d'arriver à Brest. Le jour était donc venu de rattraper enfin le convoi, qui n'avait que quelques heures d'avance, et d'entrer en relations avec l'odieuse troupe des suppôts de d'Argenson.

Il fallait bien se ménager le temps de conquérir les bonnes grâces du sergent qui la commandait et d'étudier ses habitudes, afin de se mettre à même de profiter de la première occasion favorable à une surprise.

On tint conseil en sortant de Saint-Méen, et, tout en trottant sur un chemin de traverse très-sablonneux et très-malaisé, on procéda à une espèce de répétition des rôles qu'on se proposait de jouer.

Ces rôles étaient depuis longtemps convenus d'avance, suivant les indications de Gudule, avec cette différence toutefois qu'au lieu de se faire passer pour un marchand breton revenant de Paris avec sa sœur et son domestique, du Terne devait se dire Parisien négociant les produits coloniaux, et se rendant à Brest pour y prendre livraison d'un chargement de sucre à lui adressé par son correspondant des Antilles.

Ce changement dans la fable à débiter aux exempts était sagement conçu, car, ne connaissant pas le pays, il lui eût été difficile de prétendre qu'il y était né. Gudule avait été la première à l'approuver, comme elle approuva le projet de rejoindre la charrette avant la fin de la journée.

Depuis le départ, pendant ces deux longues semaines du plus pénible voyage, l'orpheline avait montré un courage, une présence d'esprit et une tranquillité d'âme incroyables. Son corps si frêle avait supporté les fatigues à merveille, de même que son cœur s'était élevé à la hauteur de cette suprême épreuve. On aurait dit que le malheur et le danger grandissaient encore cette noble enfant, qui ne vivait plus que pour se dévouer.

Alerte, attentive, presque gaie, elle chevauchait sans se plaindre de l'aube au crépuscule entre du Terne et Liévin, réconfortant le maître par des paroles d'espoir quand elle le voyait triste, récompensant le serviteur avec des mots affectueux. Le soir, à la couchée, c'était elle qui savait le mieux tirer des hôtes les renseignements utiles sur le passage récent du convoi, sur la direction à suivre pour l'étape du lendemain. Au point du jour, elle était debout la première, et la première encore en selle. C'était la vie et la joie de la caravane.

Et pourtant, plus que jamais Gudule se renfermait en elle-même et cachait profondément les sentiments qui l'avaient conduite à suivre le futur époux de Violette. On aurait dit qu'elle prenait au sérieux son rôle de sœur et qu'elle s'efforçait de commencer l'apprentissage de l'existence résignée qui l'attendait.

Cette attitude ne laissait pas que de gêner un peu le chevalier, qui se sentait l'obligé de la fille de l'exempt et se reprochait souvent de l'avoir associée aux périls d'une si hasardeuse entreprise. Mais du Terne était surtout amoureux, autant vaut dire égoïste, et ses pensées finissaient toujours par se tourner vers Violette.

Il y avait d'ailleurs un point qui le préoccupait sans cesse depuis qu'on était en route, c'était d'obtenir de Liévin qu'il complétât certaines confidences à peine ébauchées sur la naissance de la chère captive.

Par malheur, le Flamand n'était pas bavard, et sa discrétion naturelle se renforçait évidemment d'un parti pris. A toutes les questions de son nouveau maître, il répondait par des propos vagues, protestant qu'il s'intéressait à la fille de Blanche-Barbe, uniquement parce qu'elle était née au pays de Liége, et qu'il n'en savait pas plus long sur sa jeune compatriote. Il mêlait parfois à ces fins de non-recevoir des imprécations contre le Régent et contre le tavernier de l'*Épée-de-Bois*, ou bien des lamentations sur la fatalité qui poursuivait la maison de Horn, et ses discours confus donnaient fort à réfléchir au chevalier. Mais, en définitive, il ne s'expliquait point nettement, et du Terne comprenant qu'il n'en tirerait rien, du moins tant qu'on serait en campagne, finit par renoncer à l'interroger.

Donc, le quinzième jour, en traversant la forêt de la Hardouinais, à trois lieues de Saint-Méen, toutes choses étant convenues entre les voyageurs en vue de la rencontre qui ne pouvait tarder, chacun se recueillit pour s'y préparer.

Tous les trois voyaient approcher avec joie l'instant si impatiemment attendu, et pourtant nul n'était exempt d'inquiétude. Ce n'est jamais une tâche facile que celle de tromper des gens de police et, dans ce cas particulièrement, la ruse n'était pas aisée à mettre en œuvre. Le chevalier se croyait assuré du succès, mais il avait un autre sujet de tourment. Il se demandait en tremblant comment Violette avait supporté cet affreux voyage. Elle devait depuis longtemps s'attendre chaque jour à voir paraître ses amis, car Gudule, en lui promettant du secours, n'avait pas dit que ce secours n'arriverait qu'au fond de la Bretagne. Qui prouvait que le désespoir venant s'ajouter à la fatigue, aux souffrances et aux humiliations du chemin, la prisonnière n'avait pas succombé à tant de douleurs accumulées? Il était vrai qu'on n'avait point appris dans les villages où le convoi avait passé, qu'aucune des malheureuses entassées dans la charrette fût morte, mais Violette pouvait bien être mourante, malade tout au moins, et hors d'état de seconder les efforts de ses libérateurs. Plus il avançait vers le but qu'il poursuivait, plus du Terne sentait croître ses angoisses, et, par surcroît de peine, plus il était obligé de les dissimuler pour ne pas décourager ses compagnons de route.

On cheminait silencieusement, et, en sortant de la forêt, on arriva au pied d'une chaîne de collines médiocrement élevées qu'on mit un certain temps à gravir.

Parvenu au sommet de ces hauteurs couvertes de bruyères et d'ajoncs, les amis de Violette virent au-dessous d'eux la route serpentant à travers des terrains plats entrecoupés de ravins, et Gudule, la première, aperçut à une assez grande distance un point noir qui semblait se déplacer. Liévin observa avec attention et déclara que ce point noir était le convoi.

On mit les chevaux au trot et, comme le chemin était fort accidenté, on courut près d'une demi-heure sans rien voir. Mais à un détour, au haut d'un escarpement, on se trouva brusquement et à très-courte distance en présence d'un spectacle inattendu, celui de la charrette embourbée dans un fond marécageux et des exempts s'agitant pour la tirer de là.

Du premier coup d'œil, le chevalier vit avec une satisfaction inexprimable que la maréchaussée n'était point de la partie. Il n'y avait là que la demi-douzaine d'archers qui composaient l'escorte au départ, les uns fouaillant les chevaux à tour de bras, les autres poussant à la roue. Un seul cavalier, leur chef évidemment, galopait autour du groupe, gourmandant à grands cris ses subalternes. Dès que cet important personnage aperçut les voyageurs, il piqua des deux pour venir à leur rencontre, et leur cria de toute la force de ses poumons :

— Holà ! vous autres, un coup de main, s'il vous plaît.

Le chevalier était trop ému pour répondre à cet homme, dont la vue lui faisait horreur. Gudule ne regardait que la charrette où elle cherchait Violette. Liévin, moins troublé et mieux avisé, s'empressa de crier au sergent :

— On y va, compère.

Et il pressa son cheval, non sans avoir dit à demi-voix à du Terne :

— Du sang-froid, monsieur le chevalier, la rencontre se présente bien.

En trois temps de galop, le brave Flamand se trouva face à face avec le suppôt de d'Argenson, et lui dit en riant :

— Oh ! oh ! il me paraît que nous arrivons à propos. Peste ! quel bourbier ! les roues en ont jusqu'à l'essieu; mais c'est qu'aussi elle est pleinement chargée votre charrette ! Douze femmes pour le moins ! Où diable ! menez-vous ce troupeau-là ?

— A Brest, l'ami, par ordre de Monseigneur le lieutenant de police, qui m'a commissionné à cet effet, dit l'exempt d'un air majestueux. Mais ce n'est point de cela qu'il s'agit. Voulez-vous pas nous aider, vous et votre camarade, qui reste là-bas planté sur son alezan comme le roi Henri sur le Pont-Neuf.

— Moi, cela va sans dire, j'ai de bons bras et suis tout à votre service, mais mon maître ne peut guère quitter sa jeune sœur.

— Ah! c'est votre maître, ce grand flandrin-là?

— Qu'appelez-vous flandrin? le fils du plus riche marchand du quartier des Lombards, un homme qui...

— Bon! bon! vous me conterez cela tantôt. Venez d'abord pousser à la roue pour le service du roi ; on se passera de votre maître, puisqu'il est trop grand seigneur pour nous donner un coup de main.

— Oh! de bon cœur. Ayez seulement la complaisance de tenir mon cheval pendant que je pousserai.

— Parbleu ! l'ami, m'est avis que maintenant c'est inutile. Mes hommes ont si bien travaillé que la carriole est désembourbée.

— C'est, ma foi, vrai! La voilà qui roule. Au fait, les femmes n'ont guère de poids.

— Possible, l'ami. N'empêche que j'aimerais mieux voiturer des pierres, car vous n'avez pas d'idée du mal qu'elles me donnent. Je vous rends grâces tout de même pour la bonne volonté.

— Dites donc, compère, excusez-moi, je veux dire sergent, vous accepterez bien de boire un coup de vieille eau-de-vie?

— Comment donc ! entre honnêtes gens, ces offres-là ne se refusent jamais, dit l'exempt en prenant la gourde que Liévin lui tendait. Ah! voilà qui remet le cœur, soupira-t-il après avoir lampé une ample rasade, et, sur ma parole, j'avais besoin d'une bonne goutte pour me remettre. Il faut que les nuages de ce pays-ci soient salés, car, depuis que j'y suis, j'ai toujours soif.

Du Terne, qui s'avançait au petit pas de son cheval, arriva tout juste à point pour entendre cette déclaration, qui lui parut de bon augure. Un exempt si altéré devait être de bonne composition avec ceux qui voudraient bien lui arroser le gosier. Le drôle porta la main à son chapeau et dit avec un aplomb superbe :

— Parbleu! monsieur, votre valet vient de me faire goûter une eau-de-vie qui me donne envie de faire la connaissance de son maître.

— Qu'à cela ne tienne, répondit le chevalier, qui aurait beaucoup mieux aimé lui casser la tête que de l'abreuver. Voilà tantôt quatre jours que nous courons les chemins de Bretagne sans y rencontrer personne à qui parler, et je me réjouis de l'occasion de faire route avec des gens de guerre, car...

— Oui, oui, je comprends, interrompit l'exempt, vous êtes marchand, et vous n'aimeriez point à vous trouver au coin d'un bois avec des voleurs qui ne manqueraient pas de visiter votre valise et de faire peur à cette jeune demoiselle, tandis qu'en ma compagnie vous ne risquez rien. Admirablement raisonné, mon jeune monsieur. La Rissole ne craint personne; La Rissole, c'est mon nom, et j'ai l'honneur d'être sergent; j'ai sous mes ordres six bons drilles bien armés et tout cela est fort à votre service, surtout si vous avez une provision de cet excellent armagnac, car c'est de l'armagnac que je viens de boire, ou je ne m'y connais pas.

— Je vous remercie, monsieur le sergent, dit du Terne en s'efforçant de prendre un air naïf et reconnaissant, à quoi il ne réussissait guère. J'accepterais de grand cœur si j'étais sûr que nous suivions la même route, mais je me rends à Brest pour y attendre des marchandises qui me sont expédiées des îles, et...

— Comme cela se trouve ! moi aussi, je vais à Brest, pas pour le même motif, par exemple, puisque j'y conduis une cargaison en jupons en destination pour l'Amérique, mais n'importe ! s'il vous plait de suivre nos étapes, vous verrez qu'on ne s'ennuie point trop en notre compagnie.

— Oh ! bien alors, monsieur le sergent, voilà qui est dit ! A dater de ce moment, nous faisons partie de votre convoi, ma sœur, moi et mon valet, et, si vous connaissez de bons gites en ce maudit pays, c'est moi qui me chargerai de la chère et je tâcherai qu'elle vous satisfasse.

— Monsieur, dit gravement La Rissole, vos nobles procédés me touchent et je n'ai rien à vous refuser. Nous ne nous quitterons plus jusqu'à Brest et, pour commencer, je vous promets que ce soir nous nous arrêterons à l'entrée de la ville de Loudéac dans une certaine auberge où l'hôtesse fait une cuisine digne des dieux de l'Olympe.

— C'est à merveille, et j'espère que vous voudrez bien prendre la peine de commander le souper.

— Soyez tranquille, mon jeune monsieur, je n'épargne pas mes soins quand il s'agit d'obliger un galant homme comme vous, et j'aurai l'œil à tout. Mais, pour le moment, si vous le trouvez bon, nous ferons un temps de galop afin de rattraper ma troupe qui gagne pays là-bas. Diable ! je réponds de ma marchandise, et je dois y veiller, car elle est fragile.

Ayant dit et ponctué ce beau discours d'un gros éclat

de rire, La Rissole piqua des deux et les amis de Violette en firent autant.

Du Terne était très-ému, mais Gudule l'était bien davantage. Elle n'avait pas pris part à l'entretien que le chevalier venait d'avoir avec l'exempt, et rien par conséquent n'avait pu la distraire des impressions que faisait naître en elle l'approche du moment décisif. Liévin, le plus désintéressé des trois dans cette hasardeuse entreprise, n'en ressentit pas moins un fort battement de cœur à la vue de l'horrible charrette qui roulait maintenant à dix pas tout au plus en avant des cavaliers.

Deux des exempts marchaient, fouet en main, à la tête des chevaux; quatre autres suivaient à l'arrière-garde, le fusil sur l'épaule et l'épée au côté, sifflant d'un air indifférent, ou jurant pour se consoler des tribulations du voyage.

Dans le misérable char qui les portait, les pauvres créatures ne se tenaient plus debout comme le jour où elles avaient franchi, au milieu des huées, la grille de l'hôpital général. Épuisées par les privations et les insomnies, brisées par les cahots de la route, elles restaient assises ou couchées pêle-mêle au fond de leur prison roulante. Plus de chants, plus de cris, rien que le morne silence du désespoir. La faim et la fatigue avaient eu raison des plus rebelles.

Qu'était-il advenu de Violette dans cet enfer? Ses protecteurs se le demandaient avec angoisse, d'autant plus qu'aucun d'eux n'avait encore aperçu la malheureuse enfant, étendue sans doute sur les planches à côté de ses ignominieuses compagnes. Le pis était que la prudence leur interdisait absolument de s'en enquérir et encore plus de s'approcher de la charrette. Il leur fallait, sous peine de tout compromettre, attendre la fin de la journée, à moins que le bavardage du chef des exempts ne leur apportât quelque renseignement fortuit sur la seule innocente du troupeau confié à sa garde.

— Hé! mes enfants, cria ce loquace personnage à ses soldats, voilà monsieur dont je viens de faire rencontre et qui nous payera un bon souper ce soir. Ainsi, marchez ferme afin que nous arrivions de bonne heure aux *Trois-Croix* et que l'hôtesse ait le temps de faire tourner ses broches.

— On y sera une heure avant l'*Angelus*, sergent, quoique l'étape soit diablement longue et que les lieues de ce chien de pays comptent double, dit un vieil exempt qui tenait évidemment dans l'escouade le rôle que prirent beaucoup plus tard à la grande armée les grognards du premier Empire, toujours prêts à marcher et toujours mécontents.

— C'est bon! l'odeur du rôti vous donnera des jambes.

Et se tournant vers du Terne, La Rissole s'écria joyeusement :

— Sur ma foi, mon jeune monsieur, votre invitation m'a fait venir l'eau à la bouche, et il me semble que je sens déjà comme un fumet de volaille cuite à point. Ah! ça, nous en avons donc beaucoup de ces pistoles qui n'abondent pas dans la poche de votre serviteur ?

— Mais je n'ai pas à me plaindre, dit le chevalier assez embarrassé, mon commerce prospère.

— On le voit bien, morbleu! vous avez là trois bêtes dont la plus mauvaise vaut bien quatre cents écus.

— Oh! pas tout à fait, mais excusez, sergent, la curiosité qui me pousse à vous demander quel crime ont commis ces femmes qu'on exile en Amérique.

— Pas d'autre que d'avoir eu maille à partir avec M. le lieutenant de police. On peut bien le dire devant mademoiselle, qui est sage comme une image; voilà ce que c'est que de venir au monde avec un joli minois et d'aimer trop les beaux affiquets quand on n'a pas le sou. Jolies, elles ne le sont plus guère, les pauvres diablesses. Pourtant il y en a une dans le tas qui est encore un morceau de roi. Voulez-vous la voir?

— La voir! répéta le chevalier qui ne put s'empêcher de pâlir.

— Sans doute. Elle en vaut la peine, je vous le jure, et je gagerais que, tout gros marchand que vous êtes, vous n'en avez pas rencontré souvent d'aussi belles, dit en riant le facétieux La Rissole.

— Et... elle est là? balbutia du Terne en montrant l'ignoble charrette.

— Mon Dieu, oui, comme les autres. Oh! laides ou belles, M. le lieutenant de police n'y fait pas de différence; et puis, il paraît qu'on n'est pas fâché d'en envoyer de gentilles là-bas, pour encourager les colons du Mississipi et augmenter le nombre des sujets du roi. Par la perruque du vieux d'Argenson, je ne plaindrai pas l'Américain qui épousera celle-là. Voyez plutôt!

Hé! Jeanneton, ma fille, montre-nous un peu ton galant museau? cria le drôle du haut de sa tête.

Du Terne étouffait d'émotion et de colère. Il ne doutait pas que ce signalement se rapportât à l'éclatante beauté de Violette; il se sentait renaître à la pensée qu'elle allait lui apparaître, et en même temps il éprouvait une furieuse envie de passer son épée au travers du corps de ce vil exempt qui se permettait de parler d'elle sur ce ton. Gudule, aussi profondément touchée, mais plus maîtresse d'elle-même, Gudule qui se tenait à son côté, lui serra silencieusement la main pour l'encourager à rester calme.

— Dors-tu, Jeanneton? reprit l'odieux La Rissole. En ce cas, réveille-toi. Voilà des bourgeois qui veulent se régaler de ta belle mine.

— Elle ne dort pas, elle pleure, grommela l'exempt grognard, en frappant du canon de son mousquet les ridelles de la charrette ; c'est une vraie fontaine que cette femme-là. Nous avons pourtant assez d'eau en Bretagne.

A cet appel brutal, un corps affaissé se souleva, une tête pâle se montra.

Les pressentiments du chevalier ne l'avaient pas trompé. C'était bien Violette : Violette brisée, amaigrie, échevelée, mais plus charmante encore sous le voile de souffrance étendu sur son visage, car l'épuisement qui creusait ses joues et la fièvre qui allumait ses yeux exaltaient, pour ainsi dire, sa beauté.

L'épreuve du premier regard qu'elle échangea avec ses amis fut courte et décisive. Elle rougit, sa bouche s'ouvrit pour les appeler, ses bras se levèrent pour se tendre vers eux, mais le cri ne fut point jeté, le geste ne fut point achevé. Ses lèvres se refermèrent, ses bras retombèrent, ses paupières s'abaissèrent, et l'apparition s'évanouit.

Du Terne, Gudule et Liévin avaient eu comme elle la force de se contenir. L'écueil de la rencontre était franchi.

— Qu'en dites-vous, espoir du négoce ? demanda le sergent d'un air goguenard. Vous avais-je surfait ce minois ? Ah! c'est que je m'y connais, sans qu'il y paraisse ! Savez-vous bien, mon jeune coq, savez-vous que, tel que vous me voyez, j'ai fait la guerre en Espagne, sous M. de Vendôme, en Espagne où on trouve à peu près trente fois plus de jolies femmes que de bons repas. Il est vrai qu'en Bretagne où nous sommes, c'est tout le contraire, mais je ne suis plus jeune comme du temps de M. de Vendôme, et je m'accommode assez de ce changement.

— Cette pauvre jeune fille paraît bien faible, dit avec effort le chevalier, qui n'avait pas écouté un seul mot du verbiage de La Rissole.

— Peuh! vous savez, le voyage les fatigue toujours un peu, mais l'air de la mer les remet; et puis, notre Jeanneton n'est pas si malade que vous le pensez. Ç'est une fille très-fière et qui n'aime point qu'on fasse montre de ses attraits. Oh! elle n'est pas comme les autres; toujours douce comme un mouton, et polie, et modeste ! Tenez, foi de sergent, il y a des jours où je croirais volontiers qu'elle n'est pas née pour ce métier-là.

— Je le crois comme vous, monsieur, dit vivement Gudule, et je suis si touchée de son sort que je veux ce soir vous demander la permission de lui porter des consolations et quelques douceurs.

— Mademoiselle, dit La Rissole évidemment flatté de recevoir une supplique féminine, ce sera trop d'honneur que vous lui ferez, mais je serais marri de vous désobliger et je vous promets que je ne m'y opposerai point. Vous aurez donc la clef de la grange où j'enfermerai le troupeau à la couchée, et vous y pourrez entrer tant qu'il vous plaira.

Gudule remercia d'un signe de tête et elle échangea avec le chevalier un coup d'œil rapide. Leur cœur à tous les deux débordait de joie, car ils comprenaient que Dieu les protégeait, Dieu qui gouverne les rois et aussi les exempts.

Cet homme évidemment n'avait aucun soupçon, et la confiance qu'il accordait libéralement aux amis de Violette doublait leurs chances de succès.

Liévin n'avait pas entendu ces propos de bon augure, car il s'était un peu écarté du groupe des cavaliers, ayant poussé en avant son bai-brun, jusqu'à ce qu'il fût arrivé à la hauteur de la charrette. Là, tout en lançant au grognard de la troupe quelques mots plaisants que celui-ci lui rendait avec usure, il pouvait voir à son aise Violette assise au fond de la charrette, et il ne se gênait pas pour la regarder avec une attention persistante.

Cependant, les exempts, aiguillonnés par l'espoir d'un plantureux souper, menaient rondement l'attelage et le convoi faisait du chemin. Ce progrès fut bientôt célébré par La Rissole qui ne maîtrisait pas plus sa langue que sa soif.

— J'aperçois là-bas le clocher de l'abbaye de Lantenac, s'écria-t-il joyeusement; si nous continuons à marcher de ce train-là et que nous ne rencontrions pas d'autres fondrières, nous serons aux *Trois-Croix* à six heures, et, à sept, nous dirons deux mots au petit vin de l'hôtesse. Ça, monsieur le négociant, puisque cette jeune demoiselle porte intérêt à mes pensionnaires, j'espère bien que vous viendrez tous les deux voir l'embarquement dans le port de Brest. C'est chose curieuse, sur ma parole, que les mines de ces créatures qui n'ont jamais levé le pied qu'au bal des Porcherons, quand il leur faut grimper sur le vaisseau par une échelle de corde.

— Mon Dieu, monsieur le sergent, dit doucement du Terne qui mourait d'envie d'étrangler son obligeant compagnon, je ne devrais pas dire cela à vous qui êtes au service du roi, mais le traitement qu'on inflige en

12.

son nom à ces pauvres femmes me semble bien cruel.

— Sa Majesté n'en sait rien, jeune homme, répondit La Rissole d'un air grave; c'est d'Argenson, Dubois et l'Écossais qui ont arrangé entre eux ces belles expéditions de chair humaine, et, quant à ces trois coquins-là, je vous les abandonne. Vous n'en direz jamais autant de mal que j'en pense.

— Quoi! s'écria le chevalier, qui n'en pouvait croire ses oreilles, vous n'êtes pas de leur parti!

— Moi! que je soutienne les fléaux du royaume! à d'autres, mon cher monsieur! On a beau être exempt, on a son opinion tout comme un autre, et, pour ma part, je sers le ministre, le lieutenant de police et même le contrôleur général, mais je les déteste. Tenez! il y a surtout ce pouilleux de Law qui est arrivé de son pays sans le sou et qui pompe tout notre argent, ce beau muguet qu'on appelle l'*As de Cœur* et qui n'en a guère de cœur; je voudrais qu'il fût au fin fond de la rade de Brest pour lui apprendre à me faire courir les chemins à la suite des drôlesses qu'il envoie peupler son Mississipi.

Du Terne voyant l'exempt si bien lancé, se garda d'insister et se félicita de plus en plus d'être tombé sur un drôle de cette espèce.

Ivrogne, bavard et frondeur, dur aux victimes, servile avec les bourreaux, méprisant les chefs dont il exécutait impitoyablement les ordres iniques, le coquin était complet dans son genre et représentait assez bien une certaine catégorie de la basse populace parisienne, dont les instincts se sont perpétués jusqu'à nos jours. Mieux valait cent fois avoir affaire à lui qui devait être accessible à toutes les séductions qu'à un honnête soldat, fidèle à son devoir et rigoureux sur la consigne.

Gudule, sur ce point, pensait certainement comme le
chevalier, mais il lui était impossible de surmonter sa
répugnance et d'entretenir la conversation avec l'ignoble
La Rissole. Ce fut son ami qui se chargea de ce soin et
s'en acquitta fort adroitement. Il donna la réplique au
verbeux sergent, l'écouta, le questionna tant et si bien
que le drôle ne cessa point de parler jusqu'à la fin de
l'étape. Il raconta ses campagnes, préconisa ses bonnes
fortunes en Catalogne et ailleurs, il se plaignit de l'hu-
manité tout entière, depuis les grands de la terre qui
abusaient de lui, chétif, jusqu'aux aubergistes bretons
qui ne le nourrissaient pas selon ses mérites. Du Terne
approuva, loua, admira. Quand le convoi arriva à l'entrée du faubourg de Loudéac, le prétendu marchand et
l'aimable sergent étaient les meilleurs amis du monde.

Liévin, en valet bien appris, s'était tenu à distance et
n'avait point fait sa partie dans ce concert où l'harmonie
n'existait qu'à la surface. Il semblait n'avoir pas pour cela
perdu son temps, à en juger du moins par sa mine satisfaite. L'ayant employé à causer avec les subalternes de
La Rissole et à dévisager les voyageuses de la charrette,
il faut croire qu'il avait fait des découvertes utiles ou re-
cueilli des renseignements précieux, car, en mettant pied
à terre devant la porte de l'auberge des *Trois-Croix*, il était
rayonnant. Il vint tenir l'étrier à Gudule et lui dit tout
bas :

— Tout ira bien, mademoiselle, j'en réponds, et je suis
à vous plus que jamais.

L'auberge des *Trois-Croix* tirait son nom d'un calvaire
en pierre sculptée à la mode de Bretagne, qui s'élevait à
cinq cents toises environ de la bourgade de Loudéac.

Fidèle à ses instructions, qui lui prescrivaient d'éviter

les villes, La Rissole avait coutume de s'arrêter dans ce hameau isolé où il trouvait plus de facilités pour la garde de son troupeau. L'hôtesse, veuve d'un marin du pays de Vannes, et, par conséquent, plus délurée que les Bretonnes de l'intérieur des terres, était faite aux façons du sergent et savait se prêter aux exigences du service des convois, c'est-à-dire qu'elle donnait sa grange pour y enfermer les prisonnières, ses plus belles volailles et son meilleur vin à l'escorte, et qu'elle se montrait coulante sur les prix. Dans ce pays perdu, le passage assez fréquent des exempts lui assurait des bénéfices réguliers, et elle avait tout intérêt à bien traiter ces respectables pratiques. Aussi dès que le cortége parut, la vit-on se précipiter au-devant du sergent et l'accueillir avec de grandes démonstrations de joie.

— Yvonne, lui dit gravement La Rissole en mettant pied à terre, c'est aujourd'hui surtout qu'il faut te distinguer. J'amène de la compagnie, comme tu le vois, et monsieur que voilà est fort amateur de bonne chère ; ainsi, n'épargne rien pour le contenter et nous aussi. On payera double, ma fille. Double donc les rôtis et triple les bouteilles.

Cette allocution produisit sur l'hôtesse un effet magique. En un instant, tout le personnel de l'auberge fut sur pied. Pendant que les gars aux longs cheveux et aux larges culottes se précipitaient pour aider les exempts à dételer les chevaux, trois alertes Basses-Brettes, en court jupon de droguet et en cornette de toile blanche, mettaient la basse-cour à sac, préparaient les broches et couraient à la cave. Cependant, La Rissole, en chef prudent, s'occupait, avant toutes choses, de mettre ses pensionnaires en lieu sûr. Ses soldats avaient eu soin de conduire la charrette

devant la grange, long bâtiment séparé de l'auberge par
une aire à battre le blé noir, de sorte que les malheureuses
n'eurent que deux pas à faire pour entrer dans l'enceinte
où on allait les parquer.

Du Terne et Gudule assistèrent de loin avec une émotion
indicible à ce triste spectacle, et ils eurent du moins la
consolation de reconnaître que la santé de Violette avait
résisté aux fatigues et aux privations du voyage. Elle sauta
légèrement à terre et marcha vers sa prison de ce pas dégagé qui n'appartient qu'à la jeunesse. La joie de retrouver des défenseurs après un si long et si cruel isolement
n'avait pas peu contribué sans doute à lui rendre ses
forces, car, depuis l'heureux moment de la rencontre sur
la route de Saint-Méen, son charmant visage, tout à
l'heure encore si pâle et si défait, avait déjà repris ses
fraîches couleurs.

Ses amis ne pouvaient pas songer à lui parler en présence des exempts ; ils durent forcément se contenter d'é-
changer avec elle un coup d'œil rapide. A peine eurent-ils
le temps de voir qu'on plaçait à la porte de la grange une
seule sentinelle. La Rissole les appelait à tue-tête pour
les inviter à déguster un joli vin blanc d'Anjou que
l'hôtesse venait de mettre sur table en attendant le souper.

Malgré la répugnance que cet homme lui inspirait, le
chevalier ne fit point difficulté de boire avec lui. Il avait
trop d'intérêt à se concilier ses bonnes grâces pour s'exposer à le mécontenter. Liévin s'en alla, de son côté, trin-
quer avec les exempts, attablés à l'autre bout de la salle,
et Gudule prit place devant l'âtre où la broche tournait
déjà.

— Parbleu ! s'écria le sergent après la première rasade,
il faut convenir que messieurs de la maréchaussée de

Rennes sont de grands sots d'avoir refusé de nous escorter jusqu'ici, sous prétexte qu'ils craignaient de surmener leurs chevaux dans les chemins diaboliques de ce vilain pays. Ils manqueront des repas comme ils n'en ont jamais fait et comme ils n'en feront jamais de leur chienne de vie, sans compter qu'ils seront privés de l'honneur de votre compagnie.

— La vôtre me suffit, monsieur le sergent, dit courtoisement du Terne, qui bénissait l'absence des gendarmes, et puis, ce qui est différé n'est pas perdu. La maréchaussée de Brest viendra sans doute à votre rencontre?

— Point! point! les soldats de ce corps-là ne se dérangent pas volontiers; et, au surplus, nous pouvons nous passer d'eux, pour le peu de chemin qu'il nous reste à faire. Demain soir nous coucherons dans une ferme près du bourg de Gouarec; après-demain sous la petite ville de Carhaix, la plus mauvaise étape de tout le voyage; une auberge délabrée, où on ne sert que du petit cidre, et où nous trouverons tout au plus un lit pour la demoiselle, une salle basse pour vous et votre valet, l'écurie pour moi et mes hommes.

— Et pour vos prisonnières?

— Oh! les princesses du Mississipi dormiront fort bien dans la charrette, à la belle étoile. Vous comprenez que nous ne nous dérangerons pas pour leur faire de la place. Mais, après ce maudit bivouac, tout ira bien; une première couchée passable entre Huelgoat et Sizun, une autre à Landerneau, où l'on voit, comme vous savez, la plus belle lune du monde, et enfin la dernière à Brest, où finiront nos peines.

Après cette énumération de gîtes, agrémentée de commentaires facétieux, La Rissolé se lança dans une interminable description des divers plaisirs que leur offrirait la grande ville où le voyage devait prendre fin.

Le chevalier se garda bien de l'interrompre. Il était trop occupé à méditer sur les renseignements qu'il venait d'entendre.

Dès le départ de Paris, du Terne, en pointant sur la carte l'itinéraire retenu par Gudule, avait reconnu que Carhaix était le point le mieux placé pour tenter l'enlèvement de Violette. Avant cette étape, on serait encore trop loin de la mer; après, on se rapprocherait trop de Brest. De Carhaix, on pouvait facilement gagner la côte, qui n'en était guère éloignée de plus de douze lieues en ligne droite. Une nuit ou une journée devait suffire pour y arriver à franc étrier, même en tenant compte des détours et des difficultés des chemins creux de Bretagne.

Autre avantage très-appréciable, la route de Brest suivie par le convoi remontait vers le nord-ouest en sortant de Carhaix, tandis que celle qui conduisait à la baie de Douarnenez s'en allait presque directement à la mer. Chaque pas que feraient dans cette direction les fugitifs les éloignerait donc des exempts, forcés de suivre la voie que leur traçaient les instructions du lieutenant de police.

On peut juger de la joie qu'éprouva du Terne en apprenant de la bouche même du sergent qu'à la couchée de Carhaix précisément, les prisonnières, au lieu d'être enfermées comme de coutume, passeraient la nuit dehors. Evidemment, c'était cette nuit-là qu'il fallait choisir pour risquer le grand coup.

En un instant, le plan du chevalier fut arrêté, plan fort simple qui consistait à se lier de plus en plus avec La Rissole, pendant les deux jours suivants, afin de capter com-

plétement sa confiance. De son côté, Liévin se familiari-
serait progressivement avec les soldats, observerait leurs
habitudes, ét aurait soin surtout de leur payer souvent à
boire, afin de les maintenir dans un état permanent d'é-
briété. Quant au rôle de Gudule, il était tout tracé. Elle seule
devait avoir accès auprès des prisonnières, c'était à elle
qu'incombait le soin d'informer Violette des mesures prises
pour la délivrer et de se concerter avec elle à l'effet de
profiter de cette bienheureuse étape de Carhaix. C'était
même par là qu'il fallait commencer, car il importait
avant tout de mettre la chère captive en état de seconder
ses défenseurs.

Au surplus, il était bien temps de lui apporter un peu
d'espérance, de panser ce pauvre cœur navré en lui annonçant que l'heure de la délivrance approchait.

Le chevalier commençait même à s'étonner que la fille
de Larfaille, sa petite Providence, comme il se plaisait à
l'appeler, n'eût pas déjà rappelé au sergent qu'il lui avait
promis de la laisser pénétrer dans la grange, et, pendant
que La Rissole continuait à discourir, il lançait à Gudule
des regards suppliants. La fin de la bouteille vint apporter à ses impatiences une heureuse diversion.

L'illustre chef du convoi déclara qu'il allait faire un tour
à l'écurie, pour se mettre en appétit, et il engagea du
Terne à l'y accompagner. Il avait la prétention d'être fin
connaisseur en chevaux, et il mourait d'envie d'examiner
avec lui ceux de la caravane marchande. Le chevalier
s'empressa d'accepter, pensant bien que Gudule allait profiter de l'occasion.

Il ne se trompait pas. Elle quitta la cheminée à la grande
satisfaction de l'hôtesse qu'elle empêchait de soigner ses
rôtis, vint à La Rissole et présenta de nouveau sa requête.

Le galant sergent était tout disposé à y faire droit, car le clairet l'avait mis en belle humeur, et il accorda même fort gracieusement la permission d'améliorer ce soir-là l'ordinaire des exilées qui se composait, hélas! de pain noir et d'eau claire.

Gudule ne se le fit pas dire deux fois, et pendant que son ami se dirigeait vers l'écurie avec Liévin et La Rissole, elle courut à la grange. C'était le vieil exempt grognard qui en gardait la porte, et, sur un signe de son sergent, il s'empressa de l'ouvrir. La généreuse enfant rassembla tout son courage et entra, non sans trembler un peu, dans la prison de Violette.

Au moment où elle franchit le seuil de la grange, toutes ses répugnances lui revinrent, en même temps que le souvenir de ses visites dans les cours de l'hôpital général. Quoi qu'elle fit pour s'en défendre, Gudule se rappelait les cris, les vociférations, les chants obscènes qu'il lui avait fallu entendre chaque fois qu'elle y avait mis le pied, et sa nature délicate se révoltait contre la nécessité de s'exposer encore à de dégradants contacts. Mais elle était résignée d'avance à tous les sacrifices, et son hésitation ne dura qu'un instant.

Au surplus, elle reconnut bien vite qu'elle n'avait à redouter ni propos grossiers, ni turbulences malséantes.

Comme le préau de l'hôpital, la grange des *Trois-Croix* était un enfer, mais un enfer silencieux. Le voyage avait eu raison de ces pauvres créatures.

La captivité qui réduit les bêtes les plus sauvages, avait fini par dompter les corps et discipliner les cœurs des prisonnières de La Rissole. Assises ou couchées sur la paille tirée du grenier de l'hôtesse bretonne, les unes dormaient à poings fermés, de ce lourd sommeil de la brute

vaincue par la fatigue, les autres dévoraient à belles dents
le pain de munition, triste pitance des étapes du chemin
de l'exil. Elles ne se parlaient point, elles ne se regardaient même pas.

Il y en avait là qui avaient connu les joies frelatées de
la petite maison d'un grand seigneur ou d'un fermier général ; il y en avait aussi qui n'étaient jamais sorties des
bas-fonds parisiens. Nulle différence dans leurs attitudes,
ni dans l'expression de leurs visages ; nulle trace des gra-
des conquis dans l'armée du vice. Le châtiment avait
nivelé toute cette hiérarchie des impures et, dans ce bagne
féminin, Canillac lui-même, le plus roué de tous les
roués du Régent, n'aurait pas pu distinguer de la fille de
guinguette, victime de ses amours avec un soldat aux
gardes, la danseuse, encataloguée naguère sur les listes de
l'Opéra, et tombée du faîte de sa grandeur passagère pour
avoir trop aimé un chanteur ou un violon de son théâtre.

Pour résister à la terrible épreuve de la misère humi-
liante, il leur manquait cette force d'âme que peut seule
donner l'innocence, et qui n'avait point abandonné Violette.

Gudule, en s'aventurant au milieu de ces désespérées,
ne les tira point de leur abrutissement, et sa présence ne
leur arracha pas même un murmure. Elles la regardèrent
un instant avec des yeux hébétés, et se remirent à achever
leur maigre ration. On aurait dit des brebis, broutant
l'herbe rare d'un coteau desséché, qui lèvent la tête au
bruit des pas du berger et reprennent aussitôt leur pâture
mélancolique.

L'orpheline était venue avec la pensée de leur apporter
des consolations et de leur distribuer des secours, de leur
parler de Dieu miséricordieux et de leur faire de larges

aumônes; mais elle comprit bien vite qu'il serait inutile et peut-être imprudent d'essayer de les tirer de leur morne stupeur. Mieux valait cent fois se priver du plaisir de les réconforter que de s'exposer à provoquer leur curiosité et peut-être leurs questions.

Et puis, Violette était là qui attendait, anxieuse.

Elle avait cherché un refuge dans le fond de la grange, et, de ce coin solitaire, debout, loin de ses indignes compagnes d'infortune, elle voyait avec une émotion indicible Gudule s'avancer lentement.

A ce moment, bien fait pour les troubler, une même pensée leur vint, un souvenir du passé, le souvenir de leur première entrevue dans le cul-de-sac de Venise, et cette évocation des bonheurs évanouis de ce temps de liberté leur mit à toutes deux des larmes dans les yeux.

Bientôt leurs mains s'unirent, mais elles restèrent longtemps sans oser se parler. Le poids de leur situation réciproque les oppressait; il leur semblait que le chevalier devait les entendre, et une sorte de pudeur arrêtait sur leurs lèvres l'aveu de leur rivalité.

Gudule fut la première à rompre ce pénible silence. Aussi bien fallait-il trouver au plus vite un début assez naturel pour couvrir leur entretien d'un prétexte plausible et donner le change aux oreilles qui pouvaient les écouter.

— Le chef de l'escorte m'a promis d'adoucir, autant qu'il était en lui, votre sort et celui de vos compagnes, dit très-haut la fille de Larfaille; ce triste voyage tire à sa fin, puisque dans quelques jours vous arriverez à Brest; mon frère et moi nous ferons maintenant route avec vous, et je veillerai à ce que vous soyez bien traitées. Ainsi, ce soir, vous aurez un bon souper.

En proclamant cette heureuse nouvelle, Gudule regardait autour d'elle pour observer l'effet qu'elle produirait sur les prisonnières. Elle vit avec surprise, mais non sans satisfaction, qu'on l'accueillait avec indifférence. Pas une voix ne s'éleva pour remercier, pas un visage ne se tourna vers cette protectrice inattendue qui venait ainsi répandre ses bienfaits sur les affligées.

C'était la preuve manifeste que les malheureuses qui les entouraient avaient perdu jusqu'à la faculté d'attention. Elles entendaient peut-être; elles écoutaient à peine et elles ne comprenaient point. Ces pauvres créatures, qui ne vivaient plus que de la vie animale, n'étaient pas des témoins fort à craindre.

— Dieu soit loué! ajouta tout bas l'orpheline; enfin, nous avons pu vous rejoindre.

— Je ne vous attendais plus, murmura Violette.

— Pourquoi? ne vous avais-je pas promis de venir vous délivrer ?

— Me délivrer ! à quoi bon, puisque je veux mourir ?

— Vous !

— Je veux mourir, parce que j'ai été souillée par l'odieux contact de ces femmes abjectes, parce que maintenant je ne suis plus digne du sort que j'avais rêvé.

— Avez-vous donc oublié qu'il vous aime ? dit Gudule d'une voix étouffée.

— Je n'ai pas oublié. Mais je vous l'ai dit, c'était un rêve, et l'affreuse réalité est là.

— La réalité, c'est que dans trois jours vous serez libre. Tout est préparé pour vous sauver, et Dieu qui veille sur nous va faire naître l'occasion que nous cherchions. La nuit de demain ne sera pas encore propice, mais celle qui suivra terminera votre supplice, le nôtre, le sien. Tout à l'heure, j'ai entendu cet homme qui commande les exempts dire qu'après-demain, au gîte de Carhaix, ses prisonnières coucheraient dans la charrette, faute de logement propre à les enfermer. Nous enivrerons ceux qui vous gardent et vous pourrez fuir avec nous.

— Non. Vous fuirez sans moi.. Les exempts nous poursuivraient si vous réussissiez à me tirer de leurs mains. Ils sont en force et la maréchaussée se joindrait à eux pour nous traquer. Réduits à errer au hasard dans un pays à nous inconnu, nous serions infailliblement repris, et alors, lui...

— Eh bien ?

— Lui, qu'on recherche pour avoir conspiré contre le Régent, lui, proscrit, signalé dans tout le royaume, il serait jeté dans une prison d'État, jugé par ses ennemis, condamné à mort. Sa tête tomberait sur un échafaud. Vous voyez que ce projet de fuite est insensé et qu'il faut m'abandonner à ma destinée.

— Ce projet, c'est le sien.

— Dites-lui que je le supplie d'y renoncer, de gagner la côte sans moi et de s'embarquer pour l'Espagne. Dites-lui que je suis résignée à mon sort et qu'en quittant la France j'emporterai du bonheur pour le peu de jours qui me restent, puisque je l'ai revu.

— Croyez-vous donc qu'il se résignera à vous perdre, et est-ce bien vous qui parlez ainsi, vous qui l'aimez ?

— Vous aussi, vous l'aimez, soupira Violette.

Gudule pâlit. Elle avait compris. Elle lisait enfin dans ce cœur qui venait de laisser échapper le secret de ces refus inexplicables.

Violette était jalouse ; jalouse de ce voyage que le chevalier avait entrepris avec la fille de l'exempt, jalouse des longues heures qu'ils venaient de passer côte à côte, jalouse du bonheur de Gudule, que le honteux séjour de l'hôpital général n'avait point flétrie, jalouse surtout de l'avenir et effrayée de cette existence à trois, qu'elle ne se sentait pas le courage de supporter. L'orpheline eut celui de se sacrifier encore une fois :

— Non, je ne l'aime pas comme vous, murmura-t-elle ; je l'aime comme une sœur aime son frère. Serais-je ici si je l'aimais autrement, et pouvez-vous croire que, cherchant à quitter la France avec lui, avec vous, j'aie une autre pensée que celle de me retirer en Flandre, où je suis née ? Je suis seule sur la terre et j'ai toujours aspiré à entrer en religion ; mais avant de renoncer pour toujours au monde, je voudrais être sûre qu'il y vivra libre et heureux, lui qui m'a protégée dans mon isolement, soutenue dans mes épreuves, moi, pauvre abandonnée.

Gudule s'arrêta. Elle sentait que les sanglots qui l'étouffaient allaient éclater et trahir à la fois son amour pour le chevalier et ses intelligences avec Violette. Déjà elle s'apercevait que ce colloque trop prolongé attirait l'attention des prisonnières. Mais l'héroïque enfant avait touché juste.

— Merci, dit Violette en se penchant à son oreille jusqu'à effleurer sa joue de ses lèvres ; merci, ma sœur, dites-lui que je serai prête à fuir avec lui. C'est à vous que je devrai de vivre.

— C'est donc moi qui mourrai, pensait l'orpheline.

A ce moment, la porte de la grange s'ouvrit brusquement et l'exempt de garde cria d'une voix avinée :

— Mademoiselle, on vous attend pour souper. Et vous autres, ajouta-t-il en s'adressant aux exilées, réjouissez-vous, mes filles, on vous enverra les reliefs du festin.

X

Les deux journées qui suivirent se passèrent sans incident notable. On coucha le premier soir à Gouarec, et, le lendemain, on arriva d'assez bonne heure à Carhaix.

L'intimité entre les amis de Violette et les exempts ne fit que se resserrer pendant le voyage, et, à la dernière étape, on s'entendait à merveille.

Gudule, par prudence, s'était abstenue de toute nouvelle visite à la chère captive, et elle avait acquis la certitude que son entrevue avec elle dans la grange des *Trois-Croix*, n'avait excité aucun soupçon. Du Terne, prodiguant les pistoles dans les auberges et les compliments à l'illustre chef de l'escorte, avait conquis tous les cœurs, et La Rissole ne jurait plus que par lui. Liévin, travaillant en sous-ordre, avait eu soin d'entretenir tout le long de la route, par des procédés à lui connus, la bienveillance de messieurs les archers. Il les régalait de chansons et de vieille eau-de-vie, si bien que, sa voix et sa gourde aidant, l'aimable escouade vivait dans des enchantements perpétuels. Plantureusement nourrie et abreuvée largement à chaque couchée, buvant à petits coups du matin au soir, elle se maintenait à un degré d'ivresse douce, on ne peut plus favorable aux projets du chevalier.

Le sergent lui-même, quoiqu'il eût la tête solide, ne descendait guère de ces hauteurs capricieuses où on voit tout en rose, et ne cessait de célébrer en termes hyperboliques la générosité de son jeune compagnon. A plus forte raison, était-il à cent lieues de se défier de lui.

Par surcroît de bonheur, le bivouac de Carhaix fut installé comme l'avait annoncé La Rissole : Gudule, dans une mauvaise chambre au rez-de-chaussée, du Terne et Liévin dans la salle basse, l'escorte et son chef dans l'écurie d'une auberge en ruines, les prisonnières à la belle étoile sur la charrette gardée comme d'habitude par une ou deux sentinelles.

Il ne s'agissait plus, pour profiter de l'occasion, que de griser à fond tous ces coquins-là. L'entreprise n'eût point été facile, si on eût été réduit aux seules ressources de l'hôtellerie de Carhaix, car on n'y trouvait guère en fait de liquide que de l'eau claire, mais, en prévision de cette pénurie annoncée d'avance par La Rissole, Liévin avait fait emplette aux *Trois-Croix* d'un quartaut de vin de Cahors et d'un barillet d'Armagnac. Les deux fûts, amarrés sous la charrette et provisoirement mis en perce pour les besoins de la route, contenaient encore après la seconde étape de quoi enivrer tout le guet à pied et à cheval.

D'un commun accord, le chevalier, Gudule et Liévin fixèrent à minuit l'heure de l'enlèvement. C'était plus de temps qu'il n'en fallait pour que tout le monde dormît, à l'exception des trois amis et de Violette qui avait été avertie par signes de se tenir prête.

Les prisonnières, ayant participé depuis deux jours aux distributions de vin, devaient, selon toute apparence, se laisser aller aussi au sommeil. Les chevaux, soigneusement ménagés, bien pansés, et favorisés ce soir-là d'une double ration d'avoine, ne demandaient qu'à galoper. Du Terne avait pris des renseignements auprès des gens de l'auberge et s'était fait indiquer la route la plus courte pour gagner la côte. La nuit était claire quoi qu'il n'y eût pas encore de lune ; assez claire pour que les fugitifs pussent se diriger, et pas assez pour qu'on pût les apercevoir de très-loin. Rien n'empêchait qu'ils fussent déjà loin au lever du soleil et qu'avant son coucher ils eussent trouvé moyen de s'embarquer sur la baie de Douarnenez. Tout semblait donc conspirer pour que Violette fût enfin délivrée et jamais ses protecteurs ne s'étaient senti le cœur plus gai qu'en soupant ce soir-là avec le sergent chargé de la conduire à Brest.

A l'heure même où ils se mirent à table, où tout était joie et chansons dans la salle de l'hôtellerie, où la prisonnière se sentait renaître à l'espérance et adressait à Dieu une fervente prière, une troupe de cavaliers sortait du bourg de Rostrenen, que le convoi commandé par La Rissole avait quitté vers midi.

Ils étaient huit en tout, marchant militairement, deux en tête et les autres par pelotons de trois. Bien montés, bien équipés, bien armés, ces voyageurs, qui se mettaient ainsi en route à la chute du jour, avaient l'air de s'en aller en guerre. Et cependant ils ne faisaient point partie du corps de la maréchaussée, le seul qui parcourût habituellement ces contrées sauvages.

Les gars bretons couchés dans les bruyères de la lande les prenaient pour des reîtres, comme ceux qui couraient

le pays au temps de la ligue, et se signaient en les voyant
passer. Mais les prétendus routiers étaient les gens les
plus réguliers du monde, sinon les plus pacifiques, car ils
appartenaient à la troupe du guet à cheval, troupe essen-
tiellement parisienne et chargée d'ordinaire de maintenir
l'ordre dans les rues de la capitale. Requis par Larfaille
en vertu d'un blanc-seing du ministre, ils chevauchaient
sous ses ordres depuis le lundi de Pâques, et c'était lui
qui les conduisait, flanqué de Blanche-Barbe, le tavernier
déserteur de l'*Épée-de-Bois*.

Pour avoir franchi si rapidement la distance qui les séparait de Paris, il fallait qu'ils eussent quelque peu forcé
l'allure, car ils étaient sur le point de rattraper le convoi
parti le mardi de la semaine sainte, c'est-à-dire six jours
avant eux.

L'exempt, qui connaissait à fond le personnel de la
police, avait choisi les meilleurs chevaux, les hommes
les plus vigoureux et les plus déterminés, si bien que,
sans les accidents inévitables dans un si long trajet,
il aurait regagné la distance encore plus vite. Un fer
perdu lui avait fait perdre une demi-journée pour courir
après un maréchal; un de ses cavaliers avait pris les
fièvres, et il avait fallu le médicamenter pendant douze
heures. Bref Larfaille, quelque activité qu'il déployât,
avait encore mis onze jours à parcourir seize étapes de la
charrette.

Il serait difficile d'exprimer son impatience et ses in-
quiétudes. Suivant pour ainsi dire pas à pas ceux qu'il
brûlait d'atteindre, il avait chaque soir de leurs nouvelles,
et chaque matin il lui fallait se remettre en route pour
gagner péniblement sur eux une ou deux lieues, et recommencer le lendemain cette chasse lente et continue,

sans pouvoir se flatter d'atteindre le gibier autrement qu'à la longue.

Bien des fois l'envie lui avait pris de se lancer à toute bride sur la piste et de dévorer quinze ou vingt lieues au grand galop pour en finir plus vite; mais la prudence lui commandait de modérer son ardeur, car c'eût été risquer le tout pour le tout que de s'embarquer dans cette course effrénée. Un cheval pouvait se casser la jambe ou tomber fourbu, un homme pouvait se rompre le cou, et alors tout le plan de l'expédition était dérangé. Loin de gagner du temps, on s'exposait, au contraire, à perdre un jour pour se remonter. Mieux valait cent fois procéder méthodiquement.

En notre siècle de chemins de fer et de télégraphe électrique, nous ne saurions nous empêcher de sourire à l'idée de ces gens de police empêchés pour si peu. Aujourd'hui, on signale en quelques secondes et on rattrape en quelques heures les coupables qui se sauvent et même les innocents. Mais, sous la Régence, on en était aux moyens primitifs, et le plus accéléré de tous était le cheval. De là, pour Larfaille et ses pareils, impossibilité absolue d'avertir par avance la maréchaussée du passage des gens poursuivis, et difficultés majeures pour hâter le moment de les saisir.

L'exempt, qui savait cela, maudissait ces retards inévitables, mais il ne se désespérait point, et il ne doutait pas d'atteindre le but. Au surplus, pour calmer ses ardeurs, il avait la satisfaction de recueillir quotidiennement des indications précieuses sur la marche des voyageurs qui le précédaient. C'est ainsi, qu'il apprit que deux cavaliers accompagnant une femme suivaient le convoi à deux jours d'intervalle.

Le signalement de l'un d'eux se rapportait à celui du lieutenant de La Jonquière et la femme ne pouvait être que Gudule. Puisqu'ils n'avaient pas encore rejoint la charrette, on pouvait espérer de les rattraper en temps utile.

Après dix mortelles journées d'anxiété, Larfaille, à la tête de sa troupe, atteignit enfin Loudéac.

Là, il sut que les deux cavaliers et la femme avaient soupé et couché à l'auberge des *Trois-Croix*, en la compagnie des exempts, et que tous ces gens-là, qui semblaient les meilleurs amis du monde, s'étaient remis en route le matin même. La jonction était opérée et il n'y avait plus une minute à perdre pour arriver avant que l'enlèvement de Violette fût consommé.

Larfaille s'informa et on lui dit que le convoi devait être à cette heure à Gouarec d'où il irait coucher à Carhaix le lendemain soir. Il résolut aussitôt de franchir ces deux étapes en un jour, afin de tomber au milieu de la nuit suivante sur les fugitifs qu'il trouverait, selon toute apparence, paisiblement endormis dans le bourg de Carhaix.

Il aimait mieux les surprendre pendant leur sommeil que de les rencontrer sur la route, où le lieutenant de La Jonquière aurait pu essayer de faire résistance. Larfaille tenait par-dessus tout à ne pas effrayer Gudule.

Le matin donc, dès l'aube, Larfaille se mit en route à la tête de sa petite troupe.

Il avait seize grandes lieues de Bretagne à parcourir pour atteindre Carhaix; mais, comme il ne voulait pas s'y présenter avant la nuit, il n'était pas obligé de forcer l'allure. De plus, quoiqu'il espérât trouver les fugitifs couchés dans une auberge, l'exempt devait aussi prévoir le cas où ils essayeraient de prendre le large, et il lui importait de ne pas fatiguer ses chevaux afin de les conserver en état de mener vigoureusement une poursuite. Il se garda donc bien de les pousser, et, en cheminant au pas, il arriva vers midi au bourg de Gouarec, où il fit une assez longue halte.

La Rissole et ses gens en étaient partis le même jour, au lever du soleil, toujours en la compagnie de deux hommes et d'une femme, dirent à Larfaille les gars de l'hôtellerie. Tout allait bien, puisqu'on avait encore gagné sur eux.

On se remit en route, et le soir approchait quand on entra dans le village de Rostrenen. Là, l'exempt s'arrêta de nouveau, se renseigna une dernière fois sur le passage du convoi, apprit qu'il ne s'y était rien passé d'extraordinaire, et, au crépuscule, partit plein d'espoir dans le succès final.

La distance qui le séparait du but n'était plus que de cinq lieues; il pouvait donc choisir l'heure à laquelle il lui convenait le mieux d'y arriver. La plus tardive, à bien prendre, devait être la plus favorable à ses desseins, car il était permis de supposer que ces gens-là se reposeraient tranquillement jusqu'à l'aurore, et, pour les surprendre sans défense, il fallait leur laisser le temps de s'endormir.

Larfaille se flattait même d'éviter, en opérant adroitement, de recourir à la violence.

A Gouarec, il s'était fait indiquer l'hôtellerie où se proposait de loger dans Carhaix la caravane qui le précédait. Il ne s'agissait que d'y tomber en pleine nuit, de faire réveiller par un homme de garde le chef de l'escorte, de lui exhiber les pleins pouvoirs du ministre et de le requérir de faire appeler discrètement Gudule.

Une fois en tête-à-tête avec sa fille adoptive, Larfaille ne doutait pas de la ramener à lui. L'enfant avait toujours témoigné à celui qu'elle appelait du doux nom de père l'affection la plus sincère et la plus vive. Sans doute, elle s'était décidée à suivre le lieutenant de La Jonquière parce qu'elle pensait être maintenant seule au monde. En retrouvant son père qu'elle croyait mort, elle ne manquerait pas de revenir à des sentiments plus raisonnables et de comprendre toute la portée de la faute qu'elle avait commise en se fiant à un aventurier.

Le bon exempt s'attendait bien cependant à une certaine résistance, peut-être même à une explosion de douleur, car il savait que l'amour était de la partie, et il ne faisait pas grand fonds sur le bon sens d'un fillette de seize ans. Mais il tenait en réserve un argument décisif, selon lui.

Il se figurait que, pour détacher Gudule de M. de Lestang, il suffirait de lui apprendre que ce chevalier au doux langage la trompait odieusement et la menait à son insu courir après une rivale.

L'abnégation sublime de l'orpheline passait sa compréhension et il ne pouvait pas deviner qu'elle était résolue à se sacrifier pour Violette. Il supposait tout au plus que, mieux éclairée sur les véritables desseins de son séducteur, elle intercéderait pour lui, et, dans ce cas, Larfaille était tout prêt à faire une concession extrème en laissant fuir le conspirateur.

A vrai dire, quoi qu'il eût promis à Dubois, il songeait beaucoup moins à arrêter le complice du colonel qu'à reconquérir sa propre fille, et ce n'était pas précisément par zèle pour les intérêts de l'État qu'il avait entrepris ce voyage. Néanmoins, si ses calculs se trouvaient faux, si les circonstances ne lui permettaient pas d'user de la persuasion, il était très-décidé à recourir à la force. En un mot, il voulait Gudule et, pour l'avoir, il n'était pas homme à reculer devant la nécessité de faire saisir, voire même arquebuser du Terne.

Ces graves alternatives n'avaient pas cessé d'être présentes à son esprit depuis qu'il avait quitté Paris, mais il gardait pour lui seul ses réflexions et le secret de ses projets. Surtout il s'abstenait d'en faire part à son compagnon de voyage, Pierre Blanche-Barbe.

On sait que le tavernier de l'*Épée-de-Bois* avait, moitié de gré, moitié de force, suivi Larfaille dans son expédition. Celui-ci, après leur colloque sur le seuil du cabaret, s'était si magistralement emparé de la personne de Blanche-Barbe, que le vilain n'avait pas même essayé de résister. Il s'était laissé conduire au Châtelet, où l'exempt l'avait provisoirement mis en bonnes mains.

Maître Pierre avait réalisé tout son bien en louis d'or et en traites sur Londres qu'il portait dans une ceinture, laquelle ne le quittait jamais. Il était donc à toute heure en mesure de partir, sans même se donner la peine de rentrer dans sa maison pour y faire ses paquets.

Pour ce qui était de dame Margot, son épouse, il n'avait à son endroit d'autres sentiments qu'une haine mêlée de mépris. Il ne s'était donc point inquiété de lui dire adieu, et il l'avait laissée se tirer comme elle pourrait du gouvernement de la taverne.

Larfaille, quand il le tint, ne le lâcha plus. Il le fit équiper de pied en cap pour un long voyage, hisser sur un cheval solide, mais un peu lourd d'allures, ainsi choisi à seule fin de lui ôter l'envie de fuir en route, et il l'emmena, sans autre forme de procès, sur le chemin de Brest.

Il eut soin, bien entendu, de recommander aux hommes qu'il commandait de le surveiller étroitement, mais, pour plus de sûreté, il le força de marcher à côté de lui pendant le jour et de coucher, la nuit, dans sa propre chambre. L'exempt était parfaitement décidé à lui brûler la cervelle à la première tentative d'évasion ou de révolte, mais il s'aperçut promptement qu'il n'aurait pas besoin de recourir à ce moyen extrême.

Blanche-Barbe se montra doux comme un agneau, soumis comme un chien, et, métamorphose encore plus surprenante, gai comme un pinson. Il se confondait en servilités pour Larfaille, en prévenances pour ses soldats, et, du matin au soir, il chantait des chansons à boire sur des airs à porter le diable en terre.

Tout cela n'empêchait point que son compagnon, ou plutôt son gardien, le traitât de fort haut et le serrât de très-près. Plus d'une fois même l'exempt jugea utile de lui rappeler qu'il avait pleins pouvoirs pour le faire arrêter sur le moindre indice de trahison, et que la liberté de s'embarquer pour l'Angleterre à la fin du voyage ne lui serait accordée qu'au cas où ses indications sur les fugitifs se trouveraient vérifiées par le plein succès de l'expédition. A quoi maître Pierre ne manquait pas de répondre qu'il était sûr de son fait et parfaitement tranquille sur le résultat final de la poursuite.

Il faut dire que, dès les premières étapes, les renseignements recueillis vinrent confirmer ses affirmations et prouver qu'on était bien, grâce à lui, sur la piste du lieutenant de La Jonquière. Plus on avançait vers le but et plus Blanche-Barbe paraissait confiant et joyeux. Il riait d'un mauvais rire chaque fois qu'on apprenait que, dans la journée, on s'était rapproché un peu plus du convoi des prisonnières.

Dans ces moments de gaieté, l'ex-tavernier ressemblait assez à un ogre qui sent la chair fraîche, et Larfaille, en le regardant, se disait que cet homme devait nourrir contre ceux ou celles qu'on poursuivait un ressentiment bien profond; mais il n'en savait pas plus long sur la cause de cette haine; car, ni après ni avant le départ, maître Pierre ne s'était expliqué sur ce point.

L'exempt n'avait pas cru devoir le presser; cependant, le soir, en sortant de Rostrenen, comme on touchait au moment décisif, il trouva bon de le questionner, tout en l'avertissant qu'il serait surveillé pendant l'action et qu'il lui faudrait marcher droit.

C'était la première fois qu'ils chevauchaient si tard, et Larfaille, par précaution, avait tiré ses pistolets de ses fontes et les avait passés dans sa ceinture, afin d'être en mesure d'envoyer une balle à son voisin au plus petit mouvement suspect.

— Maître, lui dit-il froidement, après qu'ils eurent fait environ trois lieues côte à côte sans échanger une parole, vous n'ignorez pas que, dans une heure, nous serons à Carhaix où les gens que nous cherchons couchent cette nuit.

— Je l'espère, grommela Blanche-Barbe, car il me tarde qu'ils soient pris.

— C'est fort bien; mais, pour les prendre, vous ne trouverez pas mauvais que j'opère à ma guise, et je ne vous cacherai point que, n'étant pas encore assez sûr de vous, je me propose en arrivant dans le village de vous remettre aux mains d'un de mes hommes qui vous gardera à vue jusqu'à ce que l'affaire soit terminée.

— Comme il vous plaira. Je ne tiens pas à m'en mêler, pourvu qu'elle réussisse. Il se pourrait cependant que les choses n'allassent point comme nous le souhaitons; dans ce cas-là, vous auriez certainement besoin de moi et je serais tout prêt à vous aider.

— Et moi je me priverai de vos services jusqu'à ce que vous m'ayez donné de votre sincérité des preuves un peu plus positives que des discours en l'air.

— Je crois en effet qu'il est temps que je vous en donne, dit maître Pierre sans s'émouvoir.

— Pour me convaincre que vous êtes franchement avec moi, reprit Larfaille, il faudrait commencer par me dire tout ce que vous savez sur ces gens-là. Vous avez rompu avec le colonel La Jonquière après avoir été longtemps son agent dévoué, sinon son complice; vous n'aimez pas son lieutenant, le sieur Lestang, et vous détestez la maîtresse de ce Lestang, qui passait pour être votre fille. C'est fort bien; je me plais à reconnaître que vous m'avez fourni sur eux des indications exactes et que vous avez mis beaucoup de zèle à les poursuivre, du moins jusqu'à présen'. Mais je déclare aussi que les motifs de vos actions m'échappent et que vous ne m'inspirerez qu'une confiance très-limitée tant que vous ne me les aurez pas dévoilés, tant que vous ne vous serez point expliqué à fond sur les conspirateurs dont vous possédez tous les secrets.

— C'est ce que je vais faire, dit tranquillement Blanche-Barbe. Aussi bien en ai-je envie depuis longtemps, et, si je n'ai pas vidé mon sac plus tôt, c'est que j'avais peur que vous vous ravisiez et que vous ne m'emmeniez pas avec vous. Maintenant, je n'ai plus de raisons pour me taire. Je vais donc vous apprendre des choses que vous ne soupçonnez point. Seulement il m'est bien permis de vous rappeler que vous m'avez donné votre parole de me laisser m'embarquer librement quand la capture sera faite et parfaite.

— Je vous la donne encore, à condition que vous agirez loyalement et que vous parlerez sans réticences.

— Je n'en demandais pas davantage, et je commence. Sachez donc d'abord que ce lieutenant de La Jonquière, ce locataire de maître La Perrelle, ne se nomme pas Lestang. Il s'appelle de son vrai nom Louis du Terne de Grandpré ; il a servi en qualité de capitaine, et il prétend avoir droit à je ne sais quel titre.

— Oui, il se dit chevalier, murmura Larfaille avec amertume.

Le pauvre exempt se rappelait les naïves admirations de Gudule pour la noblesse de sa pratique de la rue Saint-Antoine, et il maudissait de tout son cœur cette chevalerie qui avait tourné la tête à sa fille.

— Vous saviez cela ? demanda maître Pierre, assez surpris.

— Oui, croyez-vous donc que je vous ai dit tout ce que je savais ? répliqua sévèrement Larfaille, qui ne manqua point cette occasion d'intimider Blanche-Barbe en lui laissant croire qu'il était informé de tout ce qu'il ignorait.

— Bon ! mais savez-vous aussi que La Jonquière et les siens ne se mêlaient pas seulement de conspirer, que parfois ils assassinaient les gens dont ils avaient intérêt à se défaire, et qu'entre autres ils ont expédié un de vos camarades, un exempt…

— Firmin Desgrais, qu'ils ont eu l'audace de porter dans la salle de l'Opéra après l'avoir tué d'un coup de poignard.

— Je vois que vous êtes fort bien instruit. Alors, vous n'ignorez pas non plus que ce meurtre a été commis dans un cabaret de la rue Pierre Lescot ?

— Tenu par un certain Ricœur, lequel a disparu après l'événement.

— Il était de la bande du colonel, et il est allé la rejoindre.

— Et ce chevalier de Grandpré dirigeait les misérables qui ont tué Desgrais ? dit Larfaille d'une voix moins assurée.

Il tremblait d'obtenir une réponse affirmative et d'apprendre que Gudule aimait un assassin.

— Ah ! pour cela, non, s'écria maître Pierre ; le chevalier n'y était point. C'est un drôle qui fait le grand seigneur, et il laissait ces vilaines besognes-là aux autres.

L'exempt se sentit soulagé. En dépit des griefs qu'il avait contre lui, il ne pouvait s'empêcher de s'intéresser jusqu'à un certain point au séducteur de sa fille chérie.

— Le coup a été fait par l'autre lieutenant du colonel, reprit le tavernier ; par le Piémontais Laurent de Mille.

— Celui qui a été exécuté avec le comte de Horn ? dit Larfaille un peu trop vivement pour que Blanche-Barbe ne s'aperçût pas de sa surprise.

— Lui-même. Cet Italien était un drôle peu chargé de scrupules, et il avait la main prompte à jouer du couteau ou de l'épée, à telles enseignes, qu'en assassinant ce juif, il a failli me compromettre, le ruffian. Heureusement, il a a été roué comme cet autre scélérat, ce comte de Horn, ce rejeton maudit d'une race que j'exècre. Ah ! je n'ai qu'un regret, c'est de n'avoir pas pu, ce jour-là, prendre la place de Sanson, bourreau de Paris, et torturer, et rompre de mes propres mains le fils de l'illustre prince de Horn et d'Overiske. Enfin, ajouta maître Pierre entre ses dents, j'aurai du moins la joie de me venger bientôt sur quelqu'un de son sang.

— Que voulez-vous dire et à qui en avez-vous? demanda l'exempt en s'efforçant de garder un air indifférent, alors qu'il se sentait fort ému.

Tout ce que le cabaretier de l'*Épée-de-Bois* venait de lui dire ne lui avait rien appris de bien neuf, mais il devinait qu'il allait passer à des confidences plus intéressantes, et il entrevoyait vaguement que le secret de l'étrange conduite de Blanche-Barbe devait se rattacher, de près ou de loin, à la funeste aventure du comte de Horn.

A son retour de captivité, Larfaille avait su l'histoire du crime et de l'exécution ; son confrère Pillavoine, qui la lui avait dite, penchait à croire que Mille était du complot de La Jonquière et que le supplice de ce misérable avait déterminé le colonel à quitter Paris. Mais ses renseignements s'étaient arrêtés là, et maître Pierre paraissait disposé à les compléter. Il se taisait pourtant, et on aurait dit qu'il hésitait à répondre.

— Eh bien ! parlerez-vous ? lui dit l'exempt.

— Oui, je vais parler, s'écria Blanche-Barbe ; j'ai commencé, j'irai jusqu'au bout. Je vous ai promis des confidences, vous allez les avoir.

— Je les attends.

— Vous venez de m'entendre ; vous avez compris, n'est-ce pas, que je haïssais la maison de Horn ?

— Oui, et j'ignore pourquoi.

— Vous savez aussi que je ne hais pas moins cette créature qui est la maîtresse du chevalier de Grandpré, et que vous preniez pour ma fille ?

— Je le sais, et je ne me l'explique point.

— Vous vous l'expliquerai tout à l'heure. Mes deux haines ont la même origine, et, quand je vous aurai dit ce qui fait que je déteste la race de l'assassin du juif, vous

ne me demanderez plus pourquoi j'exècre Jeanneton, pourquoi je suis résolu à la poursuivre jusqu'au bout du monde,
s'il le faut, plutôt que de la laisser vivre heureuse avec cet
homme. Vous vous étonniez, je l'ai deviné, de me voir faire
si bon marché des conspirateurs que je soutenais autrefois,
de me voir quitter sans regret ma maison, ma femme, la
France que j'habite depuis seize ans et où j'ai fait fortune.
Eh ! bien, vous ne vous étonnerez plus, car c'est à ma vengeance que j'ai tout sacrifié, et je sais que, vous aussi,
vous avez tout abandonné pour vous venger de ce gentil-
lâtre qui vous a pris votre enfant.

— Vous vous trompez, dit sèchement Larfaille; je rem-
plis ici une mission qui intéresse le bien de l'État et n'ai
point de rancunes personnelles à satisfaire.

— Vous avez raison de parler ainsi, et moi j'ai raison de
ne pas vous croire, mais que m'importe ? Ce que je veux
que vous sachiez, c'est que, moi, je n'agis point pour le
bien de l'État et que, si je vous seconde, ce n'est pas pour
l'honneur de servir le Régent, dont je me soucie fort peu,
mais bien pour laver une offense que j'ai reçue de...

— Je suis obligé de vous rappeler, interrompit l'exempt,
que le temps s'écoule, que nous approchons de Carhaix, et
que, si nous y arrivons avant que vous m'ayez complète-
ment renseigné, je serai fondé à me défier de vous et vous
ferai surveiller.

— Vous ne me soupçonnerez plus quand vous m'aurez
écouté. Moi, que vous avez vu confiné dans un cabaret en-
fumé, vendant à boire aux Mississipiens, obligé de respirer l'air d'une rue boueuse, je suis né dans une forêt, et
j'ai vécu trente ans au soleil, libre, fier, heureux. J'étais
garde sur les terres de la maison de Horn et j'habitais,
au fond des bois de Baussignies, une maison où j'étais

le maître, quand je m'avisai, pour mon malheur, de me laisser marier par le vieux prince, le père d'Antoine-Joseph, l'assassin qui est mort sur la roue. Il me fit épouser une servante de la princesse, et je fus assez sot pour ne pas voir où il voulait en venir.

— Est-ce elle que vous avez laissée au comptoir de l'É-pée-de-Bois?

— Oui, et puisse-t-elle y rester, afin que je ne la retrouve jamais sur mon chemin. Je pourrais vous en dire bien long sur cette femme qui est cause de mon malheur, mais je suis vengé de tout ce qu'elle m'a fait souffrir, et je ne la verrai plus. J'aime mieux vous apprendre tout de suite qu'au bout d'un an de mariage, je m'aperçus qu'elle me trompait avec le prince de Horn.

— Comment? Vous demeuriez donc au château?

— Non ; mais tous les jours le prince courait la forêt à cheval, et il profitait pour entrer chez moi du moment où j'étais en tournée à l'autre bout de ses domaines. Je n'eus d'abord que des soupçons, et quand vint au monde cette fille qui s'en va maintenant en Amérique avec ses pareilles — bon sang ne peut mentir — quand elle vint au monde, je me refusais encore à croire à l'infamie de sa mère, mais la nuit qui suivit sa naissance, j'eus une preuve.

— Une preuve?

— Oui, je vais vous conter cela en bref; c'est très-curieux, sur ma parole, dit Blanche-Barbe avec un ricanement sec. Je vous disais qu'il me restait des doutes quand Margot me donna une fille. Il fallait que je fusse aveugle pour ne pas avoir vu clair dans les manéges du prince, mais que voulez-vous? j'étais amoureux, et puis je chérissais les enfants, et, quand je vis cette petite créature qui me tendait les bras, j'oubliai tout et je me figurai que j'étais son père. Vous riez de moi, n'est-ce pas?

— Non, dit Larfaille plus ému qu'il ne voulait le paraître.

— Elle était chétive et malingre, reprit Blanche-Barbe, et, rien que pour cela, j'aurais dû voir qu'elle n'était pas de mon sang; mais, vous ne voudrez pas le croire, en la regardant souffrir, j'avais la faiblesse de m'apitoyer sur elle. Ah! depuis, j'ai maudit bien souvent ma lâcheté! C'était donc la première nuit; il lui prit des convulsions à croire qu'elle allait mourir. Le médecin qui avait délivré la mère ne devait revenir que le lendemain; le bourg où il habitait était loin de notre maison; il fallait traverser toute la forêt; il faisait un froid épouvantable et il y avait deux pieds de neige sur la terre. Je partis. Fou que j'étais!

— Pourquoi regretter une bonne action? murmura l'exempt.

— Vous allez voir comme j'en fus récompensé. La nuit était affreuse, une nuit de décembre, et le vent soufflait du nord avec furie, me chassant au visage de gros flocons glacés qui m'aveuglaient. Les chemins disparaissaient sous une épaisse couche blanche, et tout autre que moi se serait égaré ou jeté dans une fondrière. Mais je courais les bois de Baussignics depuis mon enfance et je ne craignais rien; et puis, je pensais à l'enfant qui se tordait dans son berceau et j'avançais toujours. Il y avait trois heures que je marchais, et je n'étais plus bien loin du village, quand, au détour d'un sentier, je vis un cavalier qui venait à moi.

— Le médecin?

— Je le crus d'abord, mais je fus bientôt détrompé. Le

médecin de Baussignies ne possédait qu'une mule, et l'homme qui s'avançait montait un grand cheval noir que je n'eus pas de peine à reconnaître. Cet homme, c'était le prince de Horn.

L'exempt fit un geste de surprise.

— Oui, le prince de Horn, reprit amèrement maître Pierre, et j'aurais bien dû m'en douter. Un grand seigneur comme lui était seul capable de chevaucher en pleine nuit, par la tempête, pour aller réjouir sa vue du déshonneur d'un vassal.

— Quoi! il venait à cette heure dans votre maison!

— Non; du moins il ne se dirigeait pas de ce côté; en l'apercevant, je m'étais tapi derrière le tronc d'un chêne; il passa tout près de moi sans me voir, si près que j'aurais pu lui briser le crâne avec le bâton que je tenais à la main, car le chemin était creux, et le cheval rasa le tertre sur lequel j'étais monté; mais il paraît qu'il y a un Dieu pour les grands de la terre. J'eus un doute. Je me dis que peut-être ce beau prince s'en allait à quelque rendez-vous donné par une châtelaine du voisinage, car il était en ce temps-là fort aimé des belles dames. Je ne frappai point et je le laissai passer. Étais-je assez stupide, et ne trouvez-vous pas que je méritais bien mon sort?

— Continuez, dit Larfaille au lieu de répondre.

— Alors, reprit Blanche-Barbe, j'eus un instant la pensée de revenir sur mes pas, pour le surprendre chez moi, si c'était chez moi qu'il se rendait par un chemin détourné; puis, je me représentai encore cette misérable créature qui se mourait, et je marchai vers Baussignies.

— C'était bien ce que vous faisiez là, maître.

— Non, c'était lâche. Une heure après, j'entrai dans le village, je réveillai le médecin, et, à force de prières et de menaces, je le décidai à venir avec moi. Il était sur sa mule, moi à pied, et pourtant il avait de la peine à me suivre. Ma tête était en feu. J'avais la fièvre et il me semblait que j'allais devenir fou. Le bonhomme que j'amenais le crut, je le gagerais, car il m'arriva deux ou trois fois de me coucher dans la neige qui fondait au contact de mon front. Enfin, après de longues heures de fatigues et d'angoisses, je revis le toit sous lequel j'avais laissé ma femme et mon enfant. J'aidai le médecin à descendre de sa mule, car il était à moitié gelé; je le poussai dans la maison et je me mis en devoir de conduire sa bête sous un hangar pour l'abriter de la neige. Je n'avais pas fait dix pas que je me trouvai de nouveau face à face avec le prince.

— Mais c'est impossible! vous m'avez dit que, quand vous l'aviez rencontré dans la forêt, il ne marchait pas vers votre habitation; sans doute vous étiez dans un état d'exaltation qui troublait votre vue.

— Non, j'avais retrouvé tout mon sang-froid, et je reconnus parfaitement Philippe-Emmanuel, chef indigne de la maison de Horn. Ah! cette fois, je ne doutai plus de son infamie, et je courus à lui le bâton levé, mais le misérable m'aperçut, piqua des deux et disparut dans le bois. Je n'eus que le temps de voir qu'il se courbait sur sa selle, comme pour cacher un objet qu'il emportait. Si je n'avais été certain d'avoir affaire à un prince du Saint-Empire, je l'aurais pris pour un voleur, et, en vérité, je ne me serais pas trompé, car il me volait mon honneur, ce beau sire.

Maître Pierre dit cela d'un tel ton que Larfaille ne put

s'empêcher de frissonner. Rien qu'à entendre cet homme
maudire le gentilhomme qui l'avait déshonoré, on devinait qu'il était résolu à persécuter impitoyablement jusqu'au dernier rejeton de la race de son ennemi.

— J'étais à pied, je ne pouvais pas songer à le poursuivre,
reprit-il. J'entrai dans ma maison, et la première chose
que je vis, ce fut le médecin qui tenait l'enfant dans ses
bras et le montrait tout souriant à la mère.

« Dame Margot, disait-il avec humeur, il faut que vous
ayez perdu l'esprit ; jamais cette petite créature n'a été
malade, et ce n'était vraiment pas la peine d'envoyer
votre mari me chercher pour me forcer à faire quatre
lieues dans la neige par un temps pareil. »

Margot ne répondait point ; elle s'agitait, tendait les
mains à sa fille et roulait des yeux égarés ; elle avait
le délire. Quant à l'enfant que j'avais quittée mourante,
elle semblait se porter à merveille ; les cris et les convulsions avaient cessé ; les couleurs et les forces étaient re-
venues. Sans doute, la visite de son père l'avait guérie ;
voilà ce que c'est que d'avoir du sang noble dans les
veines.

— Mais rien ne prouve que le prince fût son père, dit
l'exempt, qui trouvait cette histoire plus étrange que con-
cluante.

— Quoi ! vous doutez encore, s'écria Blanche-Barbe ;
vous ne comprenez pas que ce Horn scélérat n'aurait pas
quitté son château au milieu d'une nuit d'hiver s'il n'eût
été poussé par l'envie de voir la créature maudite qui venait de naître ; vous ne comprenez pas que déjà il aimait
sa bâtarde, mieux peut-être que ses enfants légitimes.
Votre roi Louis XIV préférait bien les fils de ses amours
à ceux de sa royauté. Moi, je ne m'y trompai point et

je pressentis l'avenir : cette fille, qui portait mon nom, attirée et élevée au château sous le premier prétexte venu, plus tard mariée et dotée par le prince adultère. Et je jurai que cela ne serait pas.

— Que fîtes-vous donc pour l'empêcher ?

— Ma première pensée fut de tuer la mère et l'enfant ; puis je me dis que la mort ne serait pas un châtiment proportionné au crime et que mieux valait les laisser vivre pour les faire souffrir tout à mon aise.

— Mais c'était là un abominable projet !

— Non, c'était justice, et, si j'avais pu conserver encore des doutes, ce qui se passa ensuite les aurait dissipés. Jusqu'aux relevailles de Margot, le prince ne manqua pas un seul jour de venir nous voir et, à la façon dont il embrassait la petite dans son berceau, on ne pouvait pas se méprendre sur la véritable cause de sa tendresse. Mon parti était pris ; dès que Margot fut en état de se lever, je la forçai à monter à cheval avec sa fille et à me suivre à Paris. J'avais dans ma valise tout ce que je possédais, une somme assez ronde qui me venait d'un récent héritage. J'achetai la maison et le cabaret de l'*Épée-de-Bois*, j'y fis pendant seize ans d'excellentes affaires, et je me donnai de la vengeance à cœur joie.

— Mais en supposant que votre femme fût coupable, la pauvre créature qu'elle avait mise au monde était innocente.

— Je la haïssais et je la hais encore plus que sa mère, cette misérable fille de grand seigneur entrée avec l'infamie dans ma maison. Il me semblait que sa beauté fière, ses grâces princières, ses élégances natives m'insultaient, et ma seule consolation était de la maltraiter et surtout de l'humilier. Son noble père se plaisait à l'appeler Violette du nom de sa fleur favorite, et Margot, sa complice, ne manqua point de retenir cette gentillesse. J'imposai le nom de Jeanneton, au grand désespoir de toutes les deux.

— Vous aviez permis, il me semble, que cet enfant vendît des bouquets, et ce métier paraissait lui plaire.

— Oui, mais, en le lui permettant, j'avais un but. J'espérais qu'elle se ferait enlever par quelque beau muguet de cour. Quand j'ai vu que cela n'arrivait point, je l'ai renvoyée à son tonneau de ravaudeuse. C'est alors seulement que j'ai eu le bonheur d'apprendre qu'on l'avait enfin traitée suivant ses mérites. Elle est présentement avec les filles perdues; j'entends qu'elle y reste.

Comprenez-vous maintenant pourquoi j'ai demandé comme une faveur la permission de vous accompagner en Bretagne?

— Oui, je comprends pourquoi vous êtes venu, dit Lar faille avec indignation; je comprends que, depuis seize ans vous êtes le bourreau d'une pauvre fille innocente et que vous voulez la poursuivre jusqu'au bout du monde pour la torturer encore.

— J'avoue, dit ironiquement Blanche-Barbe, que je ne m'attendais pas à entendre un exempt du roi prendre la défense d'une pensionnaire de l'hôpital général.

— Trève de railleries, maître, et n'oubliez point que vous êtes à ma merci. Je n'aurais qu'un mot à dire pour qu'un de mes hommes vous liât les pieds et les poings; il dépend de moi de vous faire jeter en prison à notre arrivée à Brest, et, s'il me plaisait de vous expédier à Paris avec une recommandation pour M. le lieutenant de police, vous pourriez bien un jour ou l'autre finir en place de Grève, comme le malheureux comte de Horn,

14.

qui était beaucoup moins mêlé que vous à la conspiration de La Jonquière.

— Vous ne ferez pas cela, balbutia le publicain de l'*Épée-de-Bois*. D'abord j'ai votre parole.

— Ma parole est conditionnelle.

— Et puis, vous avez besoin de moi.

— Moins que vous ne le pensez. Nous allons arriver à Carhaix, et tout annonce que nous y surprendrons le chevalier de Grandpré avant qu'il ait eu le temps de délivrer cette jeune fille. Ma tâche sera remplie quand je l'aurai fait arrêter, mais l'accomplissement de cette tâche ne regarde que moi seul, et, je vous l'ai déjà dit, je n'entends point que vous vous en mêliez.

— Il me semblait que cette interdiction devait être levée si je vous prouvais que j'avais comme vous un intérêt personnel à poursuivre ces gens-là. Après l'histoire que je viens de vous raconter, douteriez-vous encore de ma bonne foi ?

— Je ne doute pas de votre désir ardent de vous venger, mais je crois aussi que, si je n'y mettais ordre, vous pousseriez cette vengeance beaucoup trop loin. Retenez bien ceci, maître. Je ne souffrirai pas qu'on touche à un cheveu de la tête de cette malheureuse enfant que vos persécutions ont conduite là où elle est, et, si vous vous permettiez la moindre violence contre sa personne, c'est moi qui me chargerais de faire de vous bonne et prompte justice.

— Vous n'aurez pas cette peine, monsieur l'exempt, dit Blanche-Barbe en haussant les épaules. Je n'ai point changé de système, et je me garderai d'attenter à la précieuse vie de Jeanneton, car je sais fort bien qu'elle souffrira sur les bords du Mississipi des maux mille fois pires que la mort.

Larfaille fit un geste de dégoût. Cette férocité froide le révoltait.

— Cela suffit, dit-il avec mépris. Je sais maintenant tout ce que je voulais savoir, et il est inutile que vous m'adressiez la parole davantage. Je ne puis dire que, jusqu'à ce moment, vous m'ayez trahi, puisque vos indications se sont trouvées exactes. Je tiendrai donc ma promesse, et, dans quelques jours, je vous ferai embarquer pour l'Angleterre sous mes yeux. Mais je vous répète que votre œuvre est terminée et que dorénavant je n'ai que faire de vos services. Veuillez vous considérer, non plus comme mon auxiliaire, mais comme mon prisonnier, jusqu'au jour, très-prochain, je l'espère, où je pourrai me séparer de vous.

— Vos discours sont des ordres et je me tais, dit maître Pierre d'un air railleur. Il me sera peut-être permis cependant de vous rappeler que, si près que nous soyons de nos gens, nous ne les tenons pas encore. Au cas où nous arriverions trop tard, c'est-à-dire après que le chevalier aurait enlevé sa belle, il ne serait point, je le suppose, indifférent à Votre Seigneurie de savoir quelle route ils ont pu prendre.

— Non, sans doute. Qu'en concluez-vous?

— Que mes avis pourraient alors vous être utiles.

— En quoi? vous ne connaissez pas ce pays, que je sache?

— Non, mais je possède une indication précieuse; car, du temps qu'il fréquentait encore l'*Épée-de-Bois*, le colonel m'a désigné plus d'une fois l'endroit où il comptait s'embarquer, si jamais il était contraint de sortir de France.

— Et cet endroit est en Bretagne? demanda vivement Larfaille.

— Vous l'avez dit, c'est en Bretagne, et je crois même
que nous ne sommes pas très-loin du port de refuge où
La Jonquière est assuré de trouver une barque espagnole
qui croise à son intention dans ces parages. Or, comme
La Jonquière a quitté Paris pour éviter d'être dénoncé par
son lieutenant Laurent de Mille, il y a apparence qu'il est
venu par ici et que son autre lieutenant, M. du Terne de
Grandpré, cherchera à le rejoindre, dès qu'il sera en possession de la donzelle.

— Le nom de ce port?

— Monsieur, c'est mon secret, dit tranquillement maître
Pierre, et je le garde.

— Ah! ah! vous vous révoltez, à ce qu'il me parait.

— Point du tout. Seulement, je veux conserver une garantie. Vous ne semblez point animé d'intentions bienveillantes à mon égard. Je prends mes précautions contre
l'envie qui vous pourrait venir d'abuser de notre situation
réciproque.

Larfaille se mordit les lèvres et ne dit rien. Il sentait
qu'il avait affaire à un coquin rusé et que, pour le moment,
il valait mieux filer doux, sauf à le punir plus tard de
toutes ses dissimulations.

Au surplus, la petite troupe avait marché rondement
pendant que Blanche-Barbe racontait ses infortunes con-
jugales, et on arrivait au pied des hauteurs qui dominent
la rive gauche de la petite rivière de l'Hière. Carhaix occupe le sommet de cette pente, et, quoique la nuit fût assez
sombre, bientôt la haute tour carrée de la collégiale de
Saint-Trémeur se détacha sur l'horizon.

Larfaille la reconnut sans l'avoir jamais vue, car il s'é-
tait fait donner, à Gouarec et à Rostrenen, des indications

très-détaillées sur la petite ville de Carhaix, et il était doué d'une excellente mémoire. Comme il possédait aussi cet instinct particulier qu'on pourrait appeler l'instinct topo⁻ graphique et qui permet de s'orienter tout de suite dans un pays où on vient pour la première fois, l'exempt sut se diriger sans trop de peine à travers les rues étroites de ce vieux bourg breton.

L'antique Ker-Ahès, dont les Français ont fait Carhaix, faute de pouvoir prononcer son nom celtique, fut jadis un des centres de résistance des peuples de l'Armorique contre César et devint, après l'expulsion des Romains, la capitale du comté de Poher, démembré du royaume de Cornouailles. Jean de Montfort et Charles de Blois, puis Du Guesclin en personne, la prirent et la reprirent au quatorzième siècle ; les royaux et les ligueurs la saccagèrent au seizième. Au commencement du dix-huitième, ce passé batailleur avait pris fin, et, lorsque Larfaille y fit son entrée, dans la nuit du 13 au 14 avril 1720, les habitants de la vénérable bourgade dormaient du plus paisible sommeil.

L'exempt savait que l'auberge où le convoi avait dû s'arrêter était située au delà de l'Hière, à l'entrée du faubourg de Ploguer. Il traversa donc la cité et le pont, sans que le bruit des pas de ses chevaux réveillât les citadins ; après quoi il prit ses dispositions pour entamer l'opération décisive.

Il commença par remettre maître Pierre aux mains d'un des soldats, qu'il chargea de le garder à vue et de lui casser la tête, s'il faisait mine de bouger. Puis, il distribua le reste de sa troupe en deux pelotons qui durent occuper, chacun de leur côté, les issues d'une petite esplanade qui s'étendait devant l'hôtellerie, vieille masure en ruines, dont on apercevait, sur la gauche, les toits effondrés et le pignon branlant.

Quand ses ordres furent exécutés, Larfaille s'avança seul, au pas, et avec des précautions infinies, vers ce logis délabré.

La nuit était calme et le silence profond. Cette tranquillité lui parut de bon augure, surtout quand il aperçut à quelques pas de l'auberge une charrette dételée près de laquelle brûlait un feu de bivouac. Cet aspect était conforme aux indications qu'on lui avait données à Gouarec, et tout annonçait que les prisonnières étaient là, gardées par des sentinelles, et le convoi encore au complet.

Larfaille s'arrêta un instant pour donner à ses hommes le temps d'occuper leurs postes, et, quand il vit de loin les deux groupes cernant la place, il mit pied à terre, laissa la bride sur le cou de son cheval et s'approcha doucement de la charrette.

Il ne voulait pas réveiller tout le monde à la fois, mais il se proposait de s'aboucher sans bruit avec un des archers, de lui faire connaître sa qualité d'exempt commissionné par le ministre et de le sommer de le conduire sur-le-champ auprès de son chef, l'illustre La Rissole.

A son grand étonnement, il trouva, au lieu de sentinelles, deux corps étendus par terre, près du feu, deux corps qu'il prit un instant pour deux cadavres. En se penchant sur eux, il reconnut, aux ronflements sonores qui sortaient de ces masses inertes, qu'il avait affaire à des dormeurs, et probablement même à des ivrognes. Il en poussa un du pied et n'en obtint d'abord que des grognements inarticulés. Tout dormait aussi dans la charrette.

— Voilà des prisonnières bien gardées, dit Larfaille entre ses dents.

Et, saisissant l'homme par le bras, il le secoua si énergiquement qu'il réussit à le tirer de sa torpeur, et même à le remettre sur pied.

— Qu'est-ce qu'il y a ? grommela le drôle en se frottant les yeux. Est-ce qu'on va mettre en perce un autre quartaut d'Armagnac ?

— Service du roi, lui souffla Larfaille. Où est ton sergent ?

— Il dort là-bas dans l'auberge.

— Et le cavalier qui voyage avec une jeune femme et qui s'est joint à votre convoi ?

— Ils dorment aussi, parbleu !

Larfaille respira. Il arrivait à temps.

— Mène-moi près de la jeune femme, dit Larfaille.

— Diable ! murmura le soldat, c'est que...

— C'est que quoi ?

— Mais, je ne sais pas trop où la prendre. Vous comprenez, moi, je n'ai pas soupé avec elle, quoique j'aie eu ma part de bombance. Oh ! le jeune marchand a fait les choses grandement, et j'ai bien bu ma demi-douzaine de bouteilles.

— On le voit de reste ; tu es ivre à dormir debout et tu mériterais que je te fisse casser aux gages.

— Ivre, moi ! Jamais, mon officier. Il me faut la douzaine pour être ivre.

— Çà, finissons-en ; je n'ai pas de temps à perdre, attendu que je viens ici exécuter un ordre de monseigneur le lieutenant général de police. Tu dois savoir où est la chambre de la personne que je cherche. Indique-la-moi sur-le-champ, ou il t'en cuira.

— Sa chambre ? Attendez donc ! j'ai comme une idée d'avoir entendu l'hôtesse dire qu'on allait coucher la demoiselle au premier étage. Quant à son frère, il pourrait bien être resté avec son valet dans la salle basse, mais, au vrai, je n'en sais trop rien. Je vais vous conduire au sergent ; pour celui-là, je ne suis pas embarrassé de le trouver.

— Où est-il ?

— Sous la table, pour sûr.

A cette annonce, Larfaille lâcha un juron épouvantable.

— Ah ! le misérable coquin, dit-il entre ses dents ; si le chevalier n'a pas déjà pris la fuite avec la prisonnière, ce sera un miracle, car je gagerais que pas un de ces ivrognes d'archers n'est en état de se tenir sur ses jambes.

Viens, ajouta-t-il en prenant le soldat au collet, viens et marche droit ou tu seras pendu.

Subjugué par ce ton de commandement, intimidé aussi par la crainte des autorités que venait de citer Larfaille, le drôle ne fit point de résistance. Il se dirigea en titubant vers l'auberge, poussa une porte vermoulue et dit :

— C'est ici.

L'exempt, qui arrivait sur ses talons, vit à la lueur douteuse du feu mourant dans l'âtre une vaste salle ouverte à tous les vents, au centre de laquelle il aperçut vaguement une longue table. Il courut au foyer, souffla sur un tison et alluma une mince résine accrochée aux parois de la cheminée.

Le soldat n'avait pas menti. Sous un banc et au milieu d'un nombre respectable de bouteilles vides, gisait La Rissole, profondément endormi. De tous côtés, s'étalaient les restes d'une orgie : victuailles à moitié dévorées, plats brisés, verres renversés, barils défoncés.

Évidemment, la troupe entière avait soupé là et s'en était allée cuver son vin quelque part, laissant son illustre chef maître du champ de bataille. Larfaille bourra celui-ci de coups de pied, tant et si bien qu'il ouvrit les yeux et se mit sur son séant en grommelant :

— Morbleu ! l'ami, vous êtes bien pressé de réveiller les gens. Il ne fait pas encore jour, que je sache, et nous avons le temps d'arriver à l'étape.

— Au nom du roi ! cria Larfaille d'une voix tonnante, levez-vous et répondez-moi.

Cette formule produisit sur le sergent un effet magique. Il passa ses mains sur sa face avinée, se secoua deux ou trois fois, comme un chien qui sort de l'eau, et, se soulevant péniblement, réussit à reprendre la position verticale.

— Qu'est-ce qu'il me veut, le roi ? demanda-t-il en regardant l'exempt avec des yeux effarés.

— Il m'envoie pour que vous me rendiez compte de vos prisonnières.

— Mes prisonnières ? elles sont au complet, mes prisonnières.

— C'est ce que nous vérifierons tout à l'heure. Où sont les voyageurs dont vous avez commis l'imprudence de vous accointer en route ?

— Qui ça ? le marchand et sa sœur ? Des poules mouillées. La petite ne s'est [pas seulement mise à table et le frère nous a faussé compagnie après les premières rasades. Mais, s'il ne sait pas boire, il sait payer rubis sur l'ongle et largement, c'est une justice à lui rendre. M'est avis qu'ils dorment depuis longtemps du sommeil des innocents.

Et, après avoir cherché autour de lui, l'ivrogne s'écria :

— Tiens ! leur valet est parti aussi. Il vide pourtant proprement les pots, celui-là, et je ne conçois point que...

— Trêve de sottises ! dit impérieusement Larfaille ; montrez-moi la chambre où ils se sont retirés.

— Oh ! nous n'aurons pas besoin d'aller bien loin ; les deux salles se communiquent et nos deux gaillards doivent être à ronfler derrière ce mur.

Ce disant, La Rissole montrait une ouverture, veuve de toute espèce de porte. L'exempt s'y précipita, sa résine à la main.

— Vous mentez, il n'y a là personne, s'écria-t-il.

— C'est, ma foi! vrai. Où diable sont-ils passés ? Bah ! ils seront allés respirer l'air frais de l'esplanade. Au surplus, si vous tenez à leur parler tout de suite, il y a la fillette qui dort là-haut, dans la chambre que lui a cédée l'hôtesse. Elle pourrait peut-être vous dire ce que vous voulez savoir.

Larfaille ne l'écoutait plus. Il grimpait déjà l'escalier, en forme d'échelle, qui aboutissait au premier étage. En trois enjambées, il arriva dans une espèce de soupente où il ne vit qu'un lit qui n'avait pas été défait. La fenêtre était ouverte et une corde à nœuds pendait au dehors.

L'exempt pâlit et ne douta plus de son malheur. Sa fille avait dû fuir par ce chemin, qui sans doute avait servi aussi au chevalier et à son valet. Il ne s'arrêta point à réfléchir, et, tombant comme la foudre dans la salle basse:

— Misérable ! cria-t-il à La Rissole en lui mettant le poing sous le nez, tu les as laissés s'échapper.

— Qui est-ce qui s'est échappé? mes pensionnaires? Jamais! J'en réponds.

— A la charrette, double brute ! viens avec moi à la charrette.

En se précipitant vers la sortie, Larfaille heurta un gars

de l'auberge que ce tapage avait réveillé et qui arrivait
avec une lanterne allumée. Il la lui arracha, courut au bivouac où il retrouva l'autre sentinelle et les prisonnières
toujours endormies. Là, sautant sur l'essieu d'une roue,
il promena la lumière du falot sur les malheureuses
étendues pêle-mêle au fond du chariot. Violette n'était
point parmi elles.

La clarté fit ouvrir les yeux à une des filles, aussi ivre
que les archers.

— La fauvette est dénichée, mon petit, dit cette créature en riant d'un rire idiot ; son bon ami est venu la chercher, et, à cette heure, ils sont loin, s'ils courent toujours.

Larfaille poussa un cri de colère et reprit pied sur l'esplanade. Il s'y retrouva face à face avec La Rissole et lui
sauta à la gorge en hurlant :

— Elle est partie, coquin ! ils l'ont enlevée. Ah ! ton
compte est bon, et tu iras aux galères.

Puis se ravisant :

— Où est l'écurie ? Conduis-moi à l'écurie.

Le sergent obéit machinalement et Larfaille put voir
que ses pressentiments ne l'avaient pas trompé. L'écurie
était vide.

— Cornes du diable ! ils ont emmené aussi mon cheval !
s'écria La Rissole que ce malheur dégrisa subitement.

Et, se ruant sous un hangar contigu à l'écurie, il chargea à grands coups du fourreau de son épée ses soldats
vautrés sur la paille. En un clin d'œil, toute la troupe de
ces ivrognes fut debout, et alors commença un tumulte
inexprimable que domina bien vite le bruit aigu d'un
coup de sifflet lancé par Larfaille. A ce signal, les cavaliers rangés autour de la place accoururent à la fois, y

compris Blanche-Barbe et celui qui le tenait sous son pistolet.

— Descendez, cria l'exempt à maître Pierre qui ne se le fit pas dire deux fois.

Larfaille le saisit par le bras, le traîna à trois pas des groupes et lui dit d'une voix vibrante :

— Nous sommes arrivés trop tard. Ils ont délivré la fille de votre femme et ils fuient avec elle. Voulez-vous maintenant me révéler le secret du colonel ?

Blanche-Barbe poussa un rugissement de rage.

— Si je le veux ! vociféra-t-il, mais je vous livrerais vingt fois La Jonquière et toute sa bande, plutôt que de renoncer à me venger de cette bâtarde maudite. Par malheur, je ne sais que deux noms que le colonel a prononcés souvent devant moi : le nom du port où il doit s'embarquer : « Morgat; » et le nom d'un moulin où il doit trouver asile en attendant le navire qui croise au large : « Ploéven. »

— C'est bien, dit froidement Larfaille, nous allons nous lancer sur leurs traces, vous marcherez à mon côté et, si je m'aperçois que vous m'avez trompé, je vous tuerai.

Puis, se tournant vers La Rissole qui faisait la mine la plus piteuse du monde :

— Toi, drôle, tu n'as qu'un moyen d'éviter la corde que tu as méritée, c'est de me trouver sur-le-champ un guide qui connaisse bien le pays.

Le malheureux sergent se grattait l'oreille, mais le gars à la lanterne qui avait entendu s'approcha, le bonnet à la main, et dit vivement :

— Ma foi de Dieu, monsieur, s'il ne s'agit que de vous mener à Ploéven et à Morgat pour gagner un écu de six livres, je suis votre homme. J'ai servi sur les vaisseaux du roi, c'est pourquoi je parle assez bien français ; je connais le pays de Cornouailles comme mon *Pater*, et, si un de vos soldats veut me prendre en croupe, je vous promets que nous aurons tôt fait de rattraper ceux qui se sauvent.

— Mon cheval ! amenez-moi mon cheval, cria Larfaille.

Cinq minutes après, huit cavaliers sortaient au grand trot du bourg de Carhaix.

XI

L'aube naissait à peine et le ciel s'éclairait lentement, un ciel de Bretagne gris et voilé. Les nuages chassés par le vent d'ouest couraient vers la France et de longues traînées de vapeurs blanchâtres se déroulaient en rasant le sol.

Le site était sauvage et désert. Des deux côtés d'une route étroite et tortueuse s'élevaient des collines incultes couvertes de bruyères roses et de genêts aux fleurs d'or. D'une vallée profonde et lointaine montaient des fumées humides. Les feuilles à peine écloses frissonnaient au souffle pluvieux qui venait de l'océan.

Ce paysage mélancolique aurait fait un merveilleux décor pour représenter sur un théâtre le royaume de la fée des brouillards.

Les pas précipités de quatre chevaux lancés au grand trot, les chevaux des fugitifs, n'y éveillaient aucun écho en martelant la terre molle de la lande.

Violette et ses amis glissaient comme des ombres à travers ces brumes protectrices ; car Violette était sauvée, et trois heures avant que Larfaille entrât dans Carhaix, à la tête de sa troupe, elle en était sortie montée sur la jument du trop peu vigilant La Rissole.

Les choses s'étaient passées au gré des vœux de ses défenseurs. Le quartaut de vin de Cahors et surtout le baril d'Armagnac avaient fait merveille. Des agents de d'Argenson, pas un n'était resté debout.

On a facilement raison des ivrognes, et l'enlèvement de la prisonnière n'avait pas rencontré d'obstacles. Ses compagnes de captivité, largement abreuvées aussi, s'étaient à peine aperçues de sa fuite, et celles qui en avaient eu quelque soupçon s'étaient bien gardées de souffler mot, car une sorte de fraternité naît toujours de la communauté du malheur.

L'ingénieuse idée de s'approprier le cheval du sergent La Rissole appartenait en propre à Liévin. Il avait profité du sommeil aviné des archers pour délier doucement la bête, attachée au râtelier à côté de l'alezan de du Terne, et il avait poussé la prévoyance jusqu'à dérober dans l'écurie une vieille selle de femme oubliée là sans doute par quelque châtelaine du voisinage. C'était un grand point que d'éviter la nécessité de porter Violette en croupe, car il fallait toujours prévoir le cas où on serait poursuivi.

Le départ clandestin s'était donc effectué dans les conditions les plus favorables et on avait dépassé sans encombre les dernières maisons du faubourg de Carhaix. Là, commençaient les difficultés. Il s'agissait de ne pas se tromper de chemin dans un pays inconnu, où les voies de communication étaient à peine tracées, et de se diriger en pleine nuit.

Pour tout dire, le chevalier et Liévin, chacun de leur côté, avaient eu le soin, pendant les trois dernières étapes, de faire causer adroitement les gens des auberges, et, en distribuant à propos quelques pièces de quinze sous, ils avaient pu obtenir des indications à peu près suffisantes sur l'itinéraire à suivre pour gagner rapidement la mer.

Du Terne avait même eu une inspiration heureuse. Il ne suffisait pas, pour assurer le salut de la petite troupe, qu'elle atteignît un point quelconque de la côte. Il fallait encore que, là où elle arriverait, elle eût chance de trouver un moyen de s'embarquer.

A force de se creuser la tête pour résoudre ce problème malaisé, du Terne s'était rappelé les adieux de La Jonquière, le soir où il l'avait vu pour la dernière fois sur le quai des Augustins.

En lui annonçant qu'il allait quitter Paris, le colonel lui avait parlé de l'anse de Morgat et du cap de la Chèvre. Là, avait-il affirmé, croisait une caravelle espagnole toujours prête à le transporter dans un port de Biscaye.

Sans doute La Jonquière, parti cinq ou six jours avant son lieutenant, voguait déjà sur le golfe de Gascogne, et il n'était plus temps de songer à le rejoindre ; mais on pouvait bien supposer que le rivage où ses amis d'Espagne l'attendaient offrait des facilités d'embarquement qui ne se rencontraient point ailleurs. Peut-être même ne devait-on pas désespérer d'y rencontrer des amis secrets du colonel, lesquels, jugeant les voyageurs sur leur mine, viendraient leur proposer le passage à l'étranger.

Du Terne se renseigna donc tout particulièrement sur cette bienheureuse anse et sur ce cap privilégié. Il apprit qu'il les fallait aller chercher au bout de la presqu'île de Camaret, langue de terre assez étroite qui sépare la baie de Douarnenez de la rade de Brest. Il sut aussi que le plus court chemin, pour s'y rendre de Carhaix, passait par Pleyben et traversait la rivière de l'Aune, un peu au-dessous de Châteaulin, pour aboutir finalement à Crozon, gros bourg qui domine le petit havre de Morgat.

Il grava tous ces noms dans sa mémoire, s'enquit minutieusement des obstacles qu'on devait rencontrer et de la nature du terrain qu'il s'agissait de parcourir. Il acquit ainsi la certitude que le pays n'était pas très-accidenté jusqu'à la rivière de Châteaulin qu'on devait passer à gué. Autre avantage très-appréciable, on ne trouvait, sur ce parcours, ni villes, ni villages de quelque importance.

Cependant, même dans ces conditions exceptionnelles, l'entreprise était encore des plus hasardeuses, car la connaissance des noms ne donne pas celle des lieux, et les fugitifs étaient grandement exposés à s'égarer. Dieu permit qu'en dépit de l'obscurité ils suivissent le droit chemin.

Pendant les premières heures, ils coururent aux grandes allures, afin de mettre tout d'abord de l'espace entre eux et leurs ennemis. Ils firent si bien qu'au point du jour ils avaient dépassé Pleyben et n'étaient plus très-éloignés de la vallée au fond de laquelle coulait l'Aune.

Jusqu'alors la petite troupe était restée silencieuse. Après les premières effusions qui suivirent la délivrance, et qu'abrégea forcément la nécessité de fuir au plus vite, on avait trotté sans échanger d'autres paroles que de courtes observations sur le chemin parcouru ou sur la meilleure direction à prendre quand on arrivait à un carrefour.

15.

Le chevalier qui était la tête de l'expédition marchait naturellement le premier. Les deux jeunes filles suivaient côte à côte, et Liévin formait, à lui tout seul, l'arrière-garde.

Vers cinq heures, aux premières lueurs de l'aurore, du Terne pensa qu'il convenait de ralentir un peu cette course à fond de train. Les chevaux, y compris celui de La Rissole, avaient fourni un excellent service, mais ils n'étaient pas au bout de leurs peines, et la prudence commandait de les ménager pour le reste de l'étape. Justement la route commençait à grimper au flanc d'une longue côte qui semblait placée là tout exprès pour donner à ces braves bêtes le temps de souffler. Le chevalier mit donc la sienne au pas, et cela avec d'autant plus de plaisir qu'il lui tardait de se rapprocher de Violette.

La pauvre enfant avait héroïquement supporté la fatigue de cette terrible chevauchée, mais elle semblait à bout de forces. Ses cheveux dénoués fouettaient ses joues bleuies par le froid pénétrant du matin, et son corps svelte s'affaissait sur sa selle. Gudule, au contraire, ne paraissait pas avoir souffert et ne faiblissait point. On aurait dit que son énergie grandissait avec les épreuves et qu'elle était née pour cette vie d'aventures. Au moment où du Terne, retenant son cheval, vint se placer à côté des deux jeunes filles, l'orpheline ôtait sa mante pour en couvrir les épaules frissonnantes de Violette.

— Entendez-vous? demanda tout à coup Liévin qui venait de rejoindre le groupe.

— Quoi donc? s'écria le chevalier en se retournant vivement.

— On jurerait qu'on galope là-bas derrière nous.

— Écoutons.

Et la petite troupe s'arrêta.

— J'en suis sûr maintenant, reprit le Flamand; ce sont des cavaliers qui arrivent à toute bride.

— Nous sommes poursuivis, murmura du Terne.

— Par qui? Notre ami La Rissole est maintenant à pied comme ses soldats, et il cuve encore son vin dans la salle basse.

— N'importe, avançons.

On reprit le trot et en quelques minutes on atteignit un sommet d'où on embrassait un horizon assez étendu. Là, on fit halte, et Liévin descendit pour se jeter à plat ventre et coller son oreille contre terre. Tout le monde se taisait, et le silence n'était troublé que par les chevaux qui renâclaient en s'ébrouant.

— Ils sont au moins six, et peut-être dix; ils galopent en ordre comme un escadron de gendarmes, et, du train dont ils vont, ils seront ici dans un quart d'heure, dit Liévin en se relevant vivement.

— Mais ce n'est pas à nous qu'ils en veulent, s'écria du Terne; il est impossible que les archers soient déjà sur nos talons, quand le diable leur aurait envoyé des chevaux. C'est quelque gentilhomme qui chasse à courre avec ses amis.

— On ne chasse pas sur les grands chemins, ni avant que le soleil soit levé.

— Je les vois, dit Gudule en montrant un point dans la plaine.

Une rafale venait de balayer les nuages, et, sur la route, à un millier de toises en arrière, apparaissait distinctement un groupe de cavaliers menant un galop enragé.

Liévin s'était déjà remis en selle.

— En avant ! cria du Terne, nous pouvons encore leur échapper.

Pendant qu'il donnait à sa petite troupe l'ordre de fuir, Gudule saisissait la bride du cheval de Violette et l'entraînait en même temps qu'elle lançait le sien. Le chevalier et Liévin vinrent se placer, l'un à droite, l'autre à gauche des deux jeunes filles, et on partit ventre à terre. Mais, avant d'avoir franchi la crête de la colline, les fugitifs purent entendre des cris s'élever de la plaine.

Ce hurrah était de mauvais augure, car il leur apprenait que l'ennemi les avait découverts.

Il est vrai qu'ils furent bientôt hors de sa vue, grâce aux mouvements du terrain, mais ils étaient signalés, et c'en était assez pour que la chasse ne s'arrêtât plus, car il n'y avait pas de doute possible sur les intentions de ces cavaliers courant à toute bride sur leurs traces. Qu'ils appartinssent à la maréchaussée, avertie et lancée par La Rissole, ou qu'ils fussent tout simplement les exempts de l'escorte montés sur des chevaux d'emprunt, il était évident qu'ils poursuivaient la prisonnière évadée.

Du Terne ne se le dissimulait point, mais il lui était impossible de comprendre comment ces gens-là avaient pu deviner la route qu'il avait prise et surtout comment ils avaient fait pour le rattraper si vite. Il était bien loin de songer à Larfaille et encore moins à Blanche-Barbe, lancés à fond de train sur le chemin de Morgat par l'odieux tavernier.

Au surplus, en ce moment, il ne pensait qu'à sauver Violette en gagnant ses persécuteurs de vitesse, et il espérait encore y réussir. Les chevaux étaient excellents et on ne les avait pas trop surmenés, quoiqu'on eût marché rondement. Un vigoureux effort pouvait leur donner une avance telle, que les chasseurs perdraient la piste.

Par malheur, on était à la merci d'un accident, et, à cette allure, il y avait des chances pour qu'une des quatre bêtes bronchât et s'abattît.

La petite troupe descendit la côte bride abattue, fila comme le vent à travers une lande plate qui commençait au bas de la colline et remonta, sans ralentir le train, la pente opposée. Au sommet, du Terne, en se retournant sur sa selle, eut la satisfaction de constater que l'ennemi ne se montrait pas encore au point où on avait fait halte quelques instants auparavant. Évidemment, on gagnait du terrain.

La course continua plus furieuse. On galopait en peloton serré, les hommes penchés sur l'encolure, les femmes cramponnées au pommeau de leur selle, les chevaux couverts d'écume et lançant des fumées par les naseaux. On ne se parlait pas, on ne se regardait même pas. Chacun comprenait qu'une seconde perdue, un faux mouvement, pouvaient causer un désastre.

La route coupait à angle droit une suite de coteaux médiocrement élevés, de sorte qu'on ne faisait guère que monter et descendre. Cependant, la pente générale du sol allait en s'inclinant vers une dernière dépression plus profonde, et tout annonçait l'approche de la rivière qu'on allait avoir à traverser à gué.

Ce passage devait retarder momentanément la fuite des proscrits; mais, une fois qu'on l'aurait franchi, du Terne espérait se dérober plus facilement, car, au delà de l'Aune, le pays paraissait boisé.

On courut ainsi dix minutes et, en arrivant au faîte

d'une colline rocheuse, on vit, à cinq cents pas en avant, le cours d'eau qui barrait le chemin. Excité par cette découverte, le chevalier accéléra encore l'allure et on descendit la côte avec une rapidité effrayante, mais sans accident.

Malheureusement Liévin, qui galopait à côté de Violette, remarqua bientôt que le cheval qui la portait soufflait d'une façon inquiétante. Il le frappa d'un coup de houssine, et ce châtiment, au lieu de donner du cœur à la pauvre bête, fit qu'elle regimba d'abord, puis se mit à piétiner sur place et finalement s'arrêta court. Du Terne comprit qu'elle était fourbue et que rien maintenant ne la ferait avancer.

La mésaventure était des plus fâcheuses et on put croire un instant qu'elle serait irréparable. Mais Gudule, avec une présence d'esprit incroyable, sauta à terre, reçut Violette dans ses bras, l'aida à se hisser sur la croupe de sa jument grise, se remit elle-même en selle, et piqua de nouveau, emportant sa rivale qu'elle venait de sauver une seconde fois.

Tout cela s'était fait avant que le chevalier eût le temps d'intervenir et il eût été difficile de se mieux tirer d'un mauvais pas. Et pourtant, si rapidement que se fût accomplie l'opération, elle avait fait perdre des minutes précieuses, car le bruit du galop de la cavalerie ennemie arriva de nouveau aux oreilles des fugitifs. On ne la voyait pas encore, mais on l'entendait grimper à fond de train le revers de la colline. Il fallait à tout prix passer la rivière avant d'être aperçus.

Du Terne calculait que la rencontre par ces gens-là du cheval de La Rissole abandonné sur la route les arrêterait un instant et ralentirait quelque peu la poursuite. Il espérait donc pouvoir traverser l'Aune assez vite pour se perdre dans les bois qu'on apercevait sur la rive gauche ; mais cet espoir s'évanouit bientôt, car, en approchant du gué, il reconnut que ce prétendu bois n'était qu'un rideau de saules et de frênes, au delà duquel s'étendait à perte de vue, une immense bruyère rase et unie comme une table.

— Dans un quart d'heure, ils vont nous atteindre, murmura-t-il, en arrêtant son cheval au bord de l'eau.

Ce n'était que trop probable en effet, car le bruit des pas de l'escadron devenait de plus en plus distinct.

— Que faire ? demanda Liévin.

— Mourir, répondit simplement le chevalier, mourir pour elles. Nous allons passer la rivière, elles fuiront, et nous, nous attendrons ces coquins sur l'autre rive et nous les chargerons l'épée et le pistolet à la main. Nous succomberons sous le nombre, je le sais, mais nous aurons du moins la satisfaction d'en tuer quelques-uns, et nous retiendrons assez les autres pour qu'elles aient le temps de leur échapper.

— Moi, vous survivre ! s'écria Violette, vous savez bien que je ne le veux pas.

— Et à quoi nous servirait de fuir dans ce pays inconnu ? reprit Gudule. Mieux vaut mourir avec vous.

—Non, non, dit vivement du Terne, et si vous m'aimez, vous écouterez ma dernière prière. Fuyez, vous dis-je ! Il est impossible qu'il ne se trouve pas une chaumière pour vous recevoir, des paysans pour vous cacher. Vous direz que vous cherchez à vous sauver des persécutions de Dubois. Son nom est maudit dans cette province comme dans toute la France. Les Bretons ne vous refuseront pas un asile.

— Monsieur, interrompit Liévin, il nous faut prendre un parti. Dans deux minutes il sera trop tard.

Ce disant, le brave Flamand avait tiré son épée de la main droite et saisi de la main gauche un pistolet dans ses fontes. Il ne récriminait pas contre le sort et il ne songeait pas à marchander sa vie, mais il se préparait à la faire payer chèrement à l'ennemi quel qu'il fût. Violette serrait étroitement Gudule et penchait sa tête sur l'épaule de la courageuse enfant qui était restée droite sur sa selle et ferme devant le danger.

Cette scène se passait à l'entrée du gué. Encore quelques instants, et les cavaliers allaient apparaître sur le sommet de l'escarpement qui dominait la vallée.

La rivière, large et peu profonde en cet endroit, se rétrécissait un peu plus bas et s'encaissait entre deux rives abruptes. Là, le courant devenait plus rapide parce qu'il était plus resserré, et tournait brusquement après avoir fait un coude très-prononcé. L'Aune qui coulait du sud au nord, se dirigeait tout à coup vers l'est, et s'écartait progressivement de la route.

Le jour était venu tout à fait, mais le ciel se couvrait de gros nuages noirs qui s'abaissaient de plus en plus vers la terre. On n'entendait que le murmure de l'eau roulant sur les cailloux et le bruit encore lointain des fers de chevaux martelant le sol rocailleux du coteau. Ce site sombre semblait créé tout exprès pour servir de théâtre à une lutte sanglante et suprême.

Du Terne, lui aussi, s'apprêtait à combattre.

— Eh bien ! s'écria-t-il en levant son épée et en tournant son cheval pour faire face à l'ennemi, puisque vous ne voulez pas m'entendre, Gudule, puisque vous, Violette, vous me refusez la seule grâce que je puisse encore vous

demander, il ne sera pas dit du moins que je vous verrai tomber aux mains de ces misérables. Viens, Liévin,
courons au-devant d'eux et attaquons-les de front. Ce
sera plus tôt fini et nous nous épargnerons l'odieux spectacle de leur victoire.

Il allait se lancer, et le Flamand allait le suivre sans
hésiter, mais Gudule l'arrêta d'un geste.

— Venez, dit-elle vivement. Dieu m'inspire une idée
qui nous sauvera tous.

Et, poussant son cheval dans la rivière, au lieu de la
traverser, elle se laissa aller au courant. Le chevalier et
Liévin firent comme elle sans savoir encore où elle voulait les mener.

Il était temps. Larfaille et ses soldats arrivèrent au sommet de la colline, juste au moment où les fugitifs disparaissaient derrière la berge, au coude de la rivière.

Les chevaux, entraînés par le courant, n'avaient pas
tardé à perdre pied, et l'eau profonde et rapide les emportait entre deux rives escarpées ; mais tous les trois nageaient
bravement, et la robuste percheronne qui portait les deux
jeunes filles ne paraissait nullement embarrassée de ce léger fardeau.

Du Terne avait fait la guerre. Liévin avait souvent
chassé à courre à la suite de son maître, et, pour eux, cette
chevauchée aquatique n'était qu'un jeu. Ils se laissèrent
aller, et, quelques minutes après, ils étaient déjà loin
du gué.

Alors le chevalier comprit l'idée de Gudule.

L'orpheline avait eu vraiment une inspiration d'en
haut, et c'était miracle qu'elle eût trouvé l'unique voie
de salut, alors que les défenseurs de Violette désespéraient.

Il était évident que l'ennemi, encouragé par la rencontre du cheval abandonné, allait continuer de plus belle sa chasse furieuse et passer l'Aune à fond de train, sans se douter que ses eaux protectrices lui dérobaient ceux qu'il poursuivait. Une fois lancé dans la lande, au-delà de la rivière, il n'y avait plus de raison pour qu'il s'arrêtât, et, comme la route courait droit à l'est, il devait nécessairement s'éloigner de plus en plus. On pouvait même espérer qu'il galoperait ainsi sur la fausse piste jusqu'à ce que la terre lui manquât, et alors Violette et ses amis étaient délivrés de leurs persécuteurs pour longtemps, peut-être pour toujours.

Du Terne, inondé de joie et pénétré de reconnaissance, aurait bien voulu remercier celle qu'il avait tant de raisons d'appeler sa petite Providence, mais la situation se prêtait mal aux effusions de gratitude.

Il fallait, avant tout, veiller à la sûreté des deux jeunes filles jusqu'à ce que cette aventureuse navigation eût pris fin. Ce n'était pas que le danger fût immédiat, car les trois chevaux faisaient merveille et paraissaient de force à se soutenir longtemps sur l'eau, mais leur vigueur devait s'épuiser tôt ou tard, et alors il deviendrait urgent d'aborder. Or, le cours de l'Aune suivait un ravin étroit, dont les bords, coupés à pic, n'offraient aucun endroit qui permît de prendre pied.

Cette disposition du terrain présentait, il est vrai l'immense avantage de cacher les mouvements de la petite troupe, et les prévisions de Gudule se réalisèrent complétement.

Larfaille, conduisant Blanche-Barbe et les soldats du guet, donna d'autant mieux dans le piége, que le gars de Carhaix qui lui servait de guide affirma qu'après le gué, le chemin était plat jusqu'à l'entrée de la presqu'île, et qu'on rattraperait certainement les fuyards au pied du Méné-Hom, la pointe la plus élevée et la plus abrupte de la chaîne des montagnes Noires. Mais, pendant qu'ils galopaient à contre-sens sur la lande, Violette et ses amis descendaient au gré d'un courant impétueux, sans savoir où et quand ils rencontreraient un port.

Du Terne avait dirigé son cheval assez habilement pour le maintenir à la hauteur de la jument grise de Gudule, et Liévin en avait fait autant de l'autre côté. Ils étaient donc à portée de secourir les jeunes filles en cas d'accident. Seulement, le chevalier voyait avec inquiétude les berges s'escarper de plus en plus.

On voguait entre deux murailles de granit toutes couvertes d'arbustes et de plantes grimpantes, dont le pied n'offrait pas de talus sur lequel on pût faire grimper les chevaux. De plus, on rencontrait souvent des saules allongeant sur l'eau de grosses branches qu'on avait beaucoup de peine à éviter.

Déjà, deux ou trois fois, du Terne avait failli se casser la tête contre un de ces rameaux si mal placés, et Liévin s'était rudement froissé le genou contre une souche. Il était évident qu'on n'irait pas longtemps ainsi sans malencontre.

Par bonheur, après un tournant de la rivière, les rives commencèrent à s'abaisser un peu, et Gudule fut la première à apercevoir et à signaler sur la gauche un point où l'atterrissement paraissait praticable. C'était une sorte de cap qui faisait saillie dans le courant, un promontoire incliné en pente douce.

Liévin prit les rênes de la jument qui portait les deux jeunes filles, et l'attira doucement de son côté, pendant que, du sien, le chevalier serrait le groupe de près.

La manœuvre réussit. Les chevaux rencontrèrent bientôt le fond, et les cavaliers, en s'accrochant aux branches, les aidèrent à résister au courant, déjà beaucoup moins fort en cet endroit. Quelques instants suffirent pour que tout le monde prît pied en terre ferme, c'est-à-dire sur une étroite langue de sable qui formait le prolongement d'un sentier assez étroit serpentant le long de la berge.

Il s'agissait maintenant de se tirer de là, car on ne pouvait pas songer à séjourner en pareil lieu. Du Terne, prenant aussitôt la direction des opérations, tira son cheval par la bride et remonta la pente pour voir ce qu'il y avait en haut.

Cependant Liévin aidait Gudule et Violette à descendre. Les deux pauvres enfants, mouillées jusqu'aux os, grelottaient de froid, et il était temps que ce voyage dans une eau glacée se terminât, car elles n'y auraient pas résisté un quart d'heure de plus.

En arrivant au sommet de l'escarpement qui dominait la rivière, le chevalier s'aperçut que le hasard les avait amenés au pied d'un taillis coupé de clairières et parsemé de grands arbres. Cela se trouvait à merveille, car on pouvait espérer d'y être à l'abri d'une surprise. Le ciel avait encore changé, et un brouillard épais s'était levé peu à peu de la vallée de l'Aune pour s'étendre, comme un linceul grisâtre, sur les terrains qui bordaient les deux rives. On ne voyait pas à vingt toises devant soi, excellente condition pour ne pas être aperçu de loin. Tout invitait donc les fugitifs à faire là une halte et à prendre un peu de repos qu'ils n'avaient que trop bien gagné.

Du Terne revint chercher les jeunes filles et Liévin, qui menait en laisse son bai-brun mecklembourgeois et la percheronne grise de Gudule. Bientôt tous se trouvèrent réunis dans le bois, et les premiers instants furent consacrés à des transports bien naturels.

On venait de passer par de telles angoisses, qu'il était bien permis de se réjouir d'un si heureux dénouement.

Pour commencer, le chevalier tomba aux genoux de l'orpheline, à qui tous devaient assurément leur salut, et voulut lui baiser les mains, faute de trouver des paroles assez chaleureuses pour exprimer sa reconnaissance. Mais Gudule se déroba à ses démonstrations, en déclarant qu'elle était épuisée de fatigue, que Violette n'en pouvait plus, et qu'il fallait leur permettre de dormir, ne fût-ce que deux ou trois heures.

Ce souhait était assez naturel après une nuit entière passée sans sommeil, après tant d'émotions subies et de dangers bravés. Les hommes d'ailleurs étaient las ; ils ne demandaient pas mieux que de se reposer aussi, et, de plus, ils sentaient la nécessité de tenir conseil avant de poursuivre une expédition dont toutes les conditions se trouvaient changées.

Liévin, toujours plein de ressources, sut, avec les selles, les porte-manteaux et les couvertures, arranger une manière de lit pour les jeunes filles. Il aurait bien voulu compléter ses soins en allumant du feu pour les réchauffer, mais on tomba d'accord que la fumée, en s'élevant au-dessus du taillis, pourrait être aperçue de loin et leur attirer des visites désagréables.

Gudule et Violette se séchèrent comme elles purent, s'étendirent côte à côte sur le manteau dont du Terne s'était dépouillé, et, un instant après, elles dormaient d'un profond sommeil.

Tout cela se fit silencieusement, presque machinalement, comme on fait à la guerre, dans les circonstances graves.

Violette et le chevalier n'échangèrent même pas une parole, et tout se borna à la tentative de remerciements assez froidement accueillie par Gudule. Cependant, quand du Terne et Liévin se trouvèrent seuls, ils se consultèrent à voix basse, afin de savoir ce qu'il convenait de décider pour la suite de l'entreprise.

L'impossibilité de pousser plus loin en ce moment était évidente. D'abord, les chevaux avaient fourni une telle course qu'ils n'étaient plus en état de continuer. Et puis, où aller ? Tout indiquait que l'ennemi s'était dirigé du côté de la presqu'île de Camaret. Chercher à gagner maintenant l'anse de Morgat, c'eût été s'exposer à se jeter, comme on dit, dans la gueule du loup.

La conclusion de l'entretien fut qu'on attendrait le soir dans ce bois, qui offrait un asile sûr, et qu'à la nuit tombante on se remettrait en route vers la mer en obliquant un peu au sud. Pour le reste, on s'en rapporterait à Dieu, qui protégeait visiblement les fugitifs et ne manquerait point de veiller sur eux jusqu'au bout.

On convint que, pendant la journée, les deux hommes seraient de garde à tour de rôle, et ce fut Liévin qui prit le premier la faction. Du Terne lui recommanda de le réveiller à midi et se mit en quête d'un coin écarté où il pût dormir en paix. A vrai dire, il ne tenait plus debout, et il avait absolument besoin de repos. Il trouva ce qu'il cherchait à trente pas de la clairière où le brave Flamand gardait les chevaux et les dormeuses. Il eût été imprudent de s'éloigner davantage, car le brouillard s'épaississait de plus en plus.

La place choisie par le chevalier était fort commode.

Un talus de gazon pour s'asseoir ; le tronc d'un chêne
pour s'adosser ; tout cela constituait un siége, sinon moel-
leux, du moins propice au sommeil.

Du Terne le préférait même au lit de feuilles sèches qu'il
lui eût été facile d'amasser pour s'y étendre, car il entendait bien ne dormir que d'un œil. Il voulait être prêt en
cas d'alerte, et il ne dégrafa point le ceinturon qui portait
son épée.

Liévin veillait à deux pas de là, et on pouvait s'en fier
à lui pour donner l'alarme aussitôt qu'il verrait ou qu'il
entendrait quelque chose de suspect. L'ex-lieutenant de
La Jonquière se laissa donc aller en toute sécurité à l'im-
périeux besoin de repos qui le pressait, et, cédant à la fatigue, il ferma les yeux.

L'assoupissement vint très-vite, mais pas aussi profond
cependant qu'il l'espérait et qu'il le souhaitait. Comme il
arrive presque toujours après une excessive dépense de
force ou à la suite d'émotions très-vives, il tomba dans
une somnolence incomplète, fréquemment troublée par
les soubresauts du corps et sans cesse agitée par les rêves
de l'esprit. Parfois même il se réveillait à moitié et portait brusquement la main à son épée pour la tirer contre
un ennemi qui n'existait que dans son imagination.

Peu à peu cette surexcitation se calma, et le chevalier
finit par s'endormir sérieusement, pas cependant au point
de ne plus rêver. Au contraire, les chimères qui han-
taient son cerveau prirent une forme moins vague, et il
eut un songe précis, déterminé, comme les héros des tra-
gédies classiques.

Il se figura qu'il était condamné à mort et qu'on le menait au supplice. Pourquoi ? Il n'en savait rien ; mais il
voyait très-bien qu'au mépris de son droit de gentilhomme

on le menait à la potence. Bientôt il sentit l'odieux contact du gibet, dont le bois rugueux râclait son dos, et, un instant après, il lui sembla qu'une cravate de chanvre s'enroulait autour de son cou. Il aurait voulu y porter la main pour défaire le nœud, mais sa main n'obéissait plus à sa volonté. Il essaya de crier, mais sa voix s'arrêta dans son gosier. Enfin, il eut tout à coup l'horrible impression de deux pieds qui se mirent à peser sur ses épaules, les pieds du bourreau, pensa-t-il.

Pour le coup, il se réveilla tout à fait et fit un haut-le-corps si brusque et si violent qu'il se débarrassa de ce vilain fardeau ; mais, presque aussitôt et avant qu'il eût le temps de se reconnaître, un homme tomba sur lui de tout son poids, roula par terre en l'entraînant dans sa chute et le saisit à la gorge pour l'étrangler. Le rêve menaçait de devenir une réalité.

Fort heureusement, du Terne était robuste et l'assaillant avait un grand désavantage de position, car, après cette énorme culbute, il se trouva sous son adversaire ; mais il tenait à la main un couteau très-long et très-pointu qu'il allait certainement enfoncer dans le dos du chevalier, lorsque, fort à propos, les visages des deux ennemis se rencontrèrent à trois pouces l'un de l'autre.

— Le colonel ! s'écria du Terne.

— Mon lieutenant ! riposta la grosse voix de La Jonquière.

En même temps, ils se lâchaient réciproquement.

— Morbleu ! grommela le colonel en s'asseyant sur son séant, vous avez bien fait de me montrer votre face, car j'allais vous tuer, et je ne m'en serais jamais consolé.

— Ni moi non plus, dit vivement le chevalier ; mais, au nom du ciel, colonel, d'où tombez-vous ainsi ?

— Du haut de cet arbre où j'étais monté pour observer le pays.

— Et que faites-vous ici ?

— Vous me le demandez, vous à qui j'ai confié mes projets un soir, au bas du Pont-Neuf ! J'y suis venu pour passer en Espagne, pardieu ! Mais vous-même, qu'y faites-vous ? Si je m'en doute, je consens que Béelzébuth m'étrangle avec les boyaux de d'Argenson.

— Comme vous, colonel, je cherche à sortir de France.

— Et vous vous êtes souvenu un peu tard du conseil que je vous avais donné de gagner la Bretagne. A la bonne heure ! je n'ai pas de rancune, moi, et je suis ravi de vous revoir. Çà, ajouta La Jonquière d'un air goguenard, nous avons donc renoncé à nos amours et planté là notre jolie bouquetière ?

— Non, colonel, car c'est pour la délivrer que j'ai entrepris ce voyage, dit du Terne en se levant de son siége de gazon.

Le vieux reître en fit autant, remit tranquillement son couteau dans la poche de son justaucorps, rajusta son ceinturon et murmura :

— Du diable, si je comprends davantage. Voyons, mon cher chevalier, expliquez-vous clairement, si vous voulez que nous nous entendions. Je n'ai point la berlue, et je me souviens fort bien qu'au moment où j'ai quitté Paris, par mesure de prudence, cette petite, qui vous tenait tant au cœur, venait d'être enlevée, à telles enseignes que vous avez refusé de me suivre pour la chercher par la ville.

— Et je l'ai trouvée. Dubois et l'*As de Cœur* l'avaient fait jeter à l'hôpital général ; ils ont mis le comble à leurs abominations en donnant l'ordre de la conduire à Brest et de l'embarquer pour le Mississipi.

— Bon ! j'y suis maintenant ! vous vous êtes lancé à sa poursuite comme un franc étourdi. Ah ! du Terne, mon ami, vous êtes décidément incorrigible.

— Je ne regrette point ce que j'ai fait.

— Soit ! mais vous n'allez pas, je l'espère, pousser la chevalerie jusqu'à courir après elle au-delà des mers.

— S'il l'avait fallu, plutôt que de la perdre, je me serais embarqué comme matelot sur le vaisseau qui devait l'emporter en Amérique. Mais c'est inutile maintenant, puisque je l'ai délivrée.

— Délivrée ! répéta La Jonquière ébahi. Et qu'en avez-vous fait ?

— Elle est là. Elle dort derrière ce buisson.

— Seule ?

— Non, en compagnie d'une autre jeune fille que vous connaissez bien, celle qui est venue nous avertir des projets de son père, l'exempt, le jour où nous devions enlever le Régent dans la plaine de Vanves.

— La fille de ce Larfaille ! il ne manquait plus que cela.

— Larfaille est mort, et sa fille m'est absolument dévouée.

— Voilà que je m'y perds encore. Elle était amoureuse de vous, si j'ai bonne mémoire. Comment se fait-il qu'elle courre avec vous après sa rivale ?

— Ce serait trop long à vous expliquer, dit du Terne en rougissant ; et puis, ce n'est pas tout, j'ai là un ami.

— Un homme ! s'écria le colonel, en mettant la main sur son couteau.

— Oh ! vous pouvez vous fier à celui-là. Il exècre autant que nous le Régent et ses ministres. C'est le valet de M. de Horn, qui a été roué.

— Belle recommandation, en vérité, dit entre ses dents La Jonquière. Et peut-on le voir, ce précieux compagnon ?

— Il monte la garde à quatre pas d'ici. Venez avec moi.

— Ce n'est pas la peine de vous déranger, monsieur le chevalier ; me voici, dit Liévin, qui se montra tout à coup. J'ai entendu que vous parliez, et je suis venu tout doucement me cacher dans ce fourré, pour le cas où vous auriez besoin de moi.

Pendant que le Flamand parlait, La Jonquière le regardait avec des yeux habitués à lire à première vue dans la conscience d'un homme. Le résultat de cet examen lui fut sans doute favorable, car le terrible colonel s'écria :

— Vous êtes un fou, du Terne, et ce garçon est un sot, puisqu'il consent à vous suivre dans cette équipée ; mais il ne sera pas dit que j'aurai abandonné un vieux camarade. Est-ce Dieu ou Satan qui vous a envoyés sur mon chemin ? Je n'en sais rien et m'en inquiète fort peu. Ce que je sais, c'est que dorénavant vous partagerez ma fortune, bonne ou mauvaise.

— Merci, dit simplement du Terne.

— Aussi bien vous pouvez m'être utile, car je suis dans un grand embarras. Le vaisseau qui croisait sous le cap de la Chèvre, pour m'attendre, a été obligé de s'élever au large par suite du gros temps, et il n'est point encore revenu, de sorte que je me suis réfugié tout près d'ici, en un certain moulin dont le maître m'est dévoué.

— Et c'est fort heureux, colonel, car ceux qui nous poursuivent courent vers le havre où vous deviez vous embarquer, vers Morgat.

— On vous poursuit donc ?

— Oui, depuis ce matin.

— Huit cavaliers, n'est-il pas vrai ?

— Vous les avez vus ?

— Parfaitement, et voici comme : j'étais venu, un peu avant l'aube, rôder dans ce bois qui n'est guère qu'à deux lieues de mon moulin, où je m'ennuie fort, et j'allais pousser plus loin pour me dégourdir les jambes, lorsque j'ai entendu galoper dans le lointain. Par précaution, je suis grimpé tout au haut de ce chêne, et de là j'ai pu compter huit hommes et huit chevaux lancés à fond de train vers les Montagnes Noires. Cela m'a donné à réfléchir, et pendant que je réfléchissais, le brouillard s'est épaissi ; je n'ai plus rien vu, mais j'ai entendu qu'on marchait au-dessous de moi. Puis, dans une éclaircie, je vous ai aperçu dormant au pied de mon arbre ; j'ai pensé que vous étiez un traînard de cette troupe, à moi très-suspecte, et, à tout hasard, j'ai résolu de vous couper la gorge. Vous savez le reste, mais ce n'est pas de cela qu'il s'agit. Qui sont ces gens que vous avez à vos trousses ?

— Je l'ignore ; il y a apparence qu'ils ont été envoyés à notre recherche par le chef du convoi des prisonnières, car cet homme, furieux de s'être laissé enlever Violette...

— Fait tout ce qu'il peut pour la rattraper, n'en doutez pas, chevalier. C'est vous qui nous mettez ces coquins-là sur les bras, et vous méritez bien que je vous laisse vous tirer d'affaire sans moi, mais j'ai encore de l'amitié pour vous et je veux réparer vos sottises. Écoutez donc ce que j'ai à vous proposer.

Et d'abord, il faut que je sache ce que vous comptez faire de ces deux créatures.

— Colonel ! interrompit du Terne en fronçant le sourcil.

— Ah ! oui, c'est vrai, j'oublie que l'une des deux tout au moins occupe le rang de dame de vos pensées et, par conséquent, mérite mes respects.

— Colonel, ces railleries ne sont pas de saison.

— Que voulez-vous, chevalier, je ne puis pas m'accoutumer à l'idée qu'un brave soldat comme vous s'est avisé de suivre un cotillon en guise de drapeau. Mais je reviens à ma question. Quels sont vos projets au sujet de ces demoiselles ?

— De ne jamais les abandonner.

— C'est-à-dire que vous vous proposez de les emmener avec vous en Espagne, si vous trouvez un vaisseau pour vous y porter?

— Oui.

— Alors, rien de fait entre nous, mon cher. La caravelle que le roi d'Espagne met à mes ordres n'est point disposée pour recevoir des femmes.

— Fort bien! colonel; je me passerai donc de vous et de votre caravelle, dit du Terne d'un ton très-décidé.

— Et que deviendrez-vous, s'il vous plaît?

— Je suivrai la côte jusqu'à ce que je rencontre un pêcheur qui consente à me conduire au large.

— Et vous rencontrerez la maréchaussée qui vous conduira en prison.

— Nous verrons bien.

— Tandis que, moi, je puis assurer votre salut.

— Vous le pouvez, dites-vous, et vous y mettez des conditions! Autrefois, quand vous aviez besoin de moi, je ne vous marchandais pas l'appui de mon bras.

La Jonquière regarda son lieutenant bien en face et ne lui fit pas baisser les yeux.

— Allons! dit-il en lui tendant la main, touchez là, chevalier! vous ne serez jamais qu'un écervelé, un Amadis des Gaules, un Don Quichotte; mais, après tout, si vous étiez un sage, un réfléchi, un prudent, vous n'auriez pas

16.

conspiré avec moi. J'aimerais tout autant ne pas avoir sur les bras ce bagage enjuponné que vous traînez avec vous, mais j'entends bien qu'il n'est plus temps de vous en défaire, et tout ce que j'ai dit n'était que pour vous éprouver. Vous allez venir avec moi. J'emmène tout le monde, même les femmes.

— Et vous n'aurez pas à vous en repentir, monsieur le colonel, s'écria Liévin. Sans l'une d'elles, nous serions déjà pris, et celle qui nous a sauvés tout à l'heure pourrait bien nous sauver encore une fois.

— Je n'attendais pas moins de vous, colonel, dit simplement du Terne, mais je n'oublierai jamais ce que vous faites en ce moment.

— Pas de remercîments entre nous, mon cher, interrompit La Jonquière. Allons au plus pressé et éclaircissez un point qui m'intéresse fort. Les cavaliers qui vous poursuivent ont eu vent sans aucun doute de la direction que vous aviez prise, puisqu'ils ont failli vous rattraper.

— Nous ne leur avons échappé qu'en nous laissant aller au fil de la rivière, pendant qu'ils continuaient à courir vers Morgat.

— Vous avez donc parlé de Morgat devant eux?

— Devant eux, non, car je ne sais même pas au juste à qui nous avons affaire. Seulement, il m'est arrivé fréquemment de me renseigner dans les auberges sur le chemin qu'il fallait suivre pour arriver à Morgat.

— Cela suffit, morbleu! mais n'avez-vous jamais prononcé d'autre nom?

— C'était le seul que je connusse. Encore est-ce un miracle que je l'aie retenu, puisque je ne l'avais entendu de votre bouche qu'une seule fois, le soir de nos adieux sur le quai des Augustins.

— Ainsi vous ne vous êtes jamais informé auprès de qui que ce soit dans ce pays d'un certain lieu qu'on appelle le moulin de Ploéven?

— Jamais, et cela par l'excellente raison que j'ignorais complétement l'existence de ce moulin.

— Bon! alors nous sommes sauvés, et il est même fort heureux que vous ayez bavardé sur Morgat, car la maréchaussée ne manquera point d'aller vous y attendre, et, pendant qu'elle surveillera l'anse et le cap de la Chèvre, nous nous embarquerons tranquillement au bas de la rivière de Ploéven. Vous aurez, sans vous en douter, mon cher, opéré, ce qu'on appelle à la guerre une diversion, et nous saurons en profiter.

— Que faut-il faire pour cela, colonel?

— Vous laisser conduire, et rien de plus. Vous avez des chevaux, je suppose?

— Trois, depuis que nous en avons perdu un qui est tombé fourbu en route.

— C'est bien assez, car, à dater de ce soir, ils ne nous seront d'aucune utilité. J'ai donné à mon meunier le gris pommelé qui m'avait vaillamment porté depuis Paris jusqu'à Ploéven, et je vous conseille de faire comme moi.

— C'est donc à la porte de ce moulin que nous prendrons la mer.

— Pas précisément, mais peu s'en faut, comme vous le verrez. Au surplus, il est temps que je vous explique pourquoi j'ai modifié mon plan d'embarquement. Depuis l'affaire de Cellamare, nous avons toujours eu des intelligences dans ces cantons, mais le supplice des gentilshommes bretons qui furent décapités à Nantes, le mois passé, a singulièrement refroidi le zèle de nos partisans. Notre agent de Morgat m'a fait savoir qu'il était soup-

çonné et surveillé, hors d'état, par conséquent, de me donner asile. Je me suis donc rabattu sur mon vieux camarade Daoulas; celui-là, avant d'être meunier à Ploéven,
servait sous mes ordres en Espagne, et il me restera fidèle
jusqu'à son dernier jour. Ses deux fils sont les meilleurs
marins de la baie de Douarnenez, et, depuis six jours que
je suis au moulin, ils croisent avec leur barque sous le cap
de la Chèvre pour y attendre le vaisseau espagnol et lui
signaler ma présence, dès qu'ils pourront l'aborder. Aussitôt qu'ils se seront abouchés avec le capitaine qui le
commande, ils reviendront me chercher à Ploéven. Le
moulin est bâti sur le bord d'une petite rivière, à trois
quarts de lieue de l'endroit où elle se jette dans la mer et
où leur bateau nous prendra pour nous conduire à la caravelle.

— Colonel, vous nous sauvez la vie, et ma reconnaissance...

— Vous me direz cela quand nous serons en sûreté sous
le pavillon espagnol, et j'espère bien que ce moment ne
tardera guère, car le brouillard va nous amener de la
pluie, et la pluie fera tomber le vent qui retient notre caravelle au large. Profitons-en pour gagner Ploéven au
plus vite. Cette brume est si épaisse maintenant que nous
traverserons la lande sans que personne puisse nous apercevoir. Donc, sellez les chevaux, réveillez les femmes et
partons.

Du Terne ne se le fit pas dire deux fois. Il envoya Liévin préparer les montures et il se chargea d'avertir les
deux jeunes filles.

Gudule connaissait le colonel, pour l'avoir vu une fois
chez son ami M. Lestang, dans la maison de maître La
Perrelle, et elle savait qu'il les avait précédés en Bretagne.

Elle ne s'étonna donc pas lorsque du Terne la mit en deux mots au courant de ce qui se passait, et elle déclara qu'elle était prête à marcher.

Violette, qui ne pouvait rien comprendre à la situation, manifesta bien quelque surprise, mais elle ne fit pas la moindre objection. On devinait qu'elle était décidée à suivre le chevalier partout où il lui plairait de la mener.

Peu courtois de sa nature avec le sexe féminin, La Jonquière fit ce jour-là un effort sur lui-même et se montra presque gracieux. Il poussa même la condescendance jusqu'à assurer à Gudule qu'il lui savait toujours gré du service qu'elle avait rendu jadis à la conspiration.

On n'avait, du reste, pas de temps à perdre en compliments et on se mit en route sans plus tarder.

L'ordre de marche fut modifié en ce sens que du Terne céda son cheval à Violette, pour cheminer à pied, avec le colonel, en tête du cortége. Les fugitifs, après leur voyage par eau, avaient pris terre sur la rive gauche. Ils n'étaient donc plus obligés de traverser le cours de l'Aune, qui remontait au nord pendant qu'ils s'en allaient au sud-ouest.

Le bois où ils avaient rencontré La Jonquière ne s'étendait pas très-loin et ils l'eurent bientôt passé. Ils traversèrent ensuite une vaste bruyère où le colonel eut besoin de toute son attention pour ne point faire fausse route, car on n'y voyait pas à cinquante toises autour de soi.

Il s'en tira heureusement et trouva le sentier qui conduisait au haut de la chaîne des Montagnes Noires, cette arête granitique qui partage en deux l'extrémité de la presqu'île armoricaine.

— D'ici nous verrions la mer, si le ciel était plus clair, dit-il, quand on atteignit le sommet; mais nous n'avons plus qu'à descendre jusqu'au moulin et nous y serons dans une heure.

La Jonquière avait calculé juste et la fin de cette matinée de voyage fut aussi tranquille que le commencement avait été agité. Vers midi, au moment où le brouillard se dissipait un peu, la petite troupe arriva sur le bord d'un cours d'eau très-encaissé.

— Nous y sommes, annonça le colonel; voici un hangar sous lequel nous allons attacher nos chevaux, car le moulin de mon compère Daoulas est sur l'autre rive et accessible seulement aux piétons.

— Quoi! est-ce qu'il va nous falloir traverser à la nage? s'écria Liévin.

— Non, mon brave; rassure-toi, il y a un pont, dit La Jonquière, et même un pont d'une espèce toute particulière.

Comme pour faciliter la démonstration du colonel, une éclaircie se fit dans le brouillard et les fugitifs purent embrasser d'un coup d'œil le site bizarre devant lequel ils étaient arrêtés.

La rivière étroite, mais rapide et profonde, coulait à leurs pieds, à trois toises en contre-bas. En face d'eux, sur le bord opposé, s'élevait un rocher vertical contre lequel était adossé le moulin, misérable construction en planches bâtie sur pilotis. On y accédait par une passerelle formée de madriers grossièrement équarris dont un bout portait sur la rive droite, celle où se trouvait la petite troupe, et dont l'autre bout reposait sur l'appui d'une large fenêtre percée dans la façade du moulin, juste au-dessus de la roue. Ce pont, d'un aspect peu rassurant, était à claire-voie et n'avait point de garde-fous.

— Vous voyez, dit La Jonquière, que mon vieil ans-

pessade (1) Daoulas a su choisir une position militaire.
C'est une forteresse inaccessible que ce moulin , protégé
d'un côté par la rivière et de l'autre par une muraille
de granit de cinquante pieds de hauteur. Ce pont est
le seul chemin praticable pour s'y rendre, et, quand
nous l'aurons passé , je vous montrerai qu'en dépla-
çant deux ou trois poutres et une demi-douzaine de
chevilles on l'envoie au fond de l'eau en un tour de main,
et même, s'il y a lieu, avec tous ceux qui sont dessus.
L'ennemi n'a pas la ressource d'attaquer par derrière, car
une saillie de la roche surplombe la maison et l'abrite
contre les projectiles qui pourraient tomber d'en haut.
Ainsi, mes très-chers, vous pouvez être assurés que personne ne viendra nous rendre visite sans notre permission. A l'exception des hirondelles, qui commencent à re-
crépir leurs nids sous le rebord du toit, et des saumons,
qui remontent de la baie de Douarnenez jusqu'au pied
du barrage, nul être vivant n'approche du moulin de Ploéven quand ma seigneurie l'habite.

— On n'y vient donc jamais moudre à votre moulin?
demanda timidement Liévin.

— Mon garçon, dit le colonel d'un air goguenard,
cette objection me prouve que vous possédez un esprit
sensé, mais rassurez-vous, on y moud beaucoup, au contraire, et Daoulas fait d'excellentes affaires. Seulement, il
a accoutumé les manants d'alentour à décharger leurs
sacs de grain sous ce hangar et à y reprendre les mêmes
sacs pleins de farine après la mouture. C'est lui qui se
charge de les transporter de la rive au moulin et réciproquement. Ses gars vont aussi chercher le blé sur la côte

(1) Ce grade, dans l'ancienne armée, équivalait à peu près à
celui d'adjudant sous-officier.

avec leur barque et le rapportent jusqu'au bas du grenier où on hisse le chargement avec une poulie. Vous voyez que là-bas je suis bien chez moi et n'ai point de surprises à craindre.

— C'est admirable, s'écria du Terne, et maintenant nous pouvons défier tous les exempts de d'Argenson et toute la maréchaussée de la Bretagne.

— Hum! dit Liévin entre ses dents, la place est bonne, mais, au cas où elle serait bloquée, je la crois difficile à évacuer.

— Judicieux Brabançon, ricana La Jonquière, en ce cas improbable, nous aurions toujours la barque de mon compère Daoulas qui nous viendrait querir.

— Sous le feu de l'ennemi ?

— Au besoin, oui ; nous savons tous ce que c'est que d'entendre siffler les balles, et, en faisant coucher les femmes dans le fond du bateau... et puis les nuits sont noires. Mais nous perdons notre temps ici et nos voyageuses vont s'enrhumer; les chevaux sont attachés sous le hangar, à ce que je vois.

— Oui, colonel, dit le Flamand qui s'était occupé de ce soin tout en se mêlant à l'entretien ; il y a même du foin au râtelier et de l'avoine dans la mangeoire.

— Fort bien. Il est inutile de les desseller, car j'imagine que nous pourrons en avoir besoin tantôt. Le temps se calme et je ne serais pas du tout surpris que nos matelots revinssent aujourd'hui même nous attendre au bas de la rivière.

— Et si cela arrivait, colonel ?

— Si cela arrivait, j'en serais averti par un signal qui se verra parfaitement du haut du moulin. Nous repasserions le pont incontinent, nous remonterions à cheval avec nos jeunes compagnes en croupe et, en trois temps de galop, nous serions à la pointe de Tréfuntec où la barque nous attendrait. Nous sauterions à bord, laissant les trois bêtes, avec leur harnachement, à Daoulas, pour payer son hospitalité, et alors, vogue la galère! Moins de deux heures après, nous serions en sûreté sur le pont de la *Santa-Cecilia*, commandée par don Jaime Otchotorena, hidalgo de Biscaye et fort de mes amis.

— Dieu vous entende, colonel!

— Il m'entendra. Passons le pont-levis en attendant et renfermons-nous dans la forteresse.

Et La Jonquière, donnant l'exemple, s'engagea sur la passerelle, suivi par du Terne, qui soutenait les deux jeunes filles. Liévin, chargé des valises, fermait la marche.

Du haut de ce chemin suspendu, les fugitifs purent voir que la rivière faisait un peu plus bas un coude assez prononcé et qu'à la hauteur du moulin elle était partagée en deux par des travaux faits de main d'homme.

Un mur, parallèle en courant, laissait entre ses pierres et le moulin un passage large à peine de quatre toises où se précipitaient les eaux qui faisaient tourner la roue. Un barrage transversal coupait le reste de la rivière ; et, selon que les vannes étaient levées ou baissées, la masse d'eau principale s'arrêtait devant ce barrage ou passait par-dessus.

Cette disposition, commune à presque tous les moulins du monde, permettait au meunier d'arrêter sa roue à volonté. Il n'avait pour cela qu'à fermer ses vannes. Le courant se détournait aussitôt vers la rive droite, et les palettes, ne recevant plus d'impulsion, cessaient immédiatement de tourner. Le mécanisme d'invention moderne, qui consiste à élever la roue pour la soustraire à l'action de l'eau, était alors complétement inconnu.

Au moment où la petite troupe fit son entrée dans le dernier asile du colonel, les vannes étaient levées et le moulin marchait, quoique le meunier fût absent. On y pénétrait par une ouverture unique pratiquée dans la façade pour recevoir l'extrémité des poutres de la passerelle, et servant aussi à accéder les solives étroites sur lesquelles on descendait quand il s'agissait de manœuvrer les portes de l'écluse.

Quand la petite troupe eut franchi cette espèce de brèche, elle se trouva dans une salle assez vaste où les sacs de farine empilés servaient de siéges concurremment avec trois escabeaux de bois dispersés autour d'une longue table. Il est vrai que cette table était couverte de provisions dont l'abondance témoignait tout à la fois des qualités hospitalières de Daoulas et du robuste appétit du colonel. On y voyait les restes d'un saumon gigantesque, un monumental pâté de venaison dont La Jonquière n'avait encore dévoré que la moitié, et un régiment de bouteilles alignées sur vingt de front et six de profondeur, phalange respectable que la soif inextinguible du vieux reître avait déjà fortement entamée. Les unités mises hors de combat, en d'autres termes, les fioles vides, gisaient de tous les côtés sur le plancher.

Une échelle double conduisait par une trappe à l'étage supérieur réservé à l'emmagasinage des grains et aussi à l'habitation particulière de Daoulas, ce qui, du reste, était tout un, attendu que le meunier couchait volontiers tout habillé sur une poche de blé noir étendue en travers de deux sacs d'orge et de deux balles d'avoine.

Au-dessous, se trouvait le moulin proprement dit, c'est-à-dire les meules, le blutoir et tout ce qui s'ensuit. On y descendait, comme on montait au premier, par une échelle et il en sortait incessamment ces sons bien connus qui constituent l'harmonie spéciale des moulins, une sorte de grondement sourd, ponctué de petites secousses répétées et formant comme une basse continue sur laquelle se détachait, en guise de chant, le *tic-tac* classique.

— Çà, mes amis, s'écria le colonel, vous devez avoir faim et soif, et, si vous m'en croyez, vous commencerez par vous sustenter et par vous rafraîchir. A la guerre, c'est toujours une sage précaution, et, tant que nous aurons encore un pied sur la terre de Bretagne, nous serons en pays ennemi. Mais, avant de nous attabler, laissez-moi vous expliquer les dispositions et les défenses intérieures de notre forteresse.

D'abord, là-haut, sur le toit, il y a une espèce de guérite d'où on découvre les approches du moulin et où j'irai tout à l'heure me placer en sentinelle pour voir si je n'aperçois pas le signal d'embarquement, une flamme rouge flottant au haut du mât du bateau de Daoulas. Ensuite, voici un levier de fer sur lequel il me suffirait de peser pour faire basculer le point d'appui des madriers et pour jeter le pont dans la rivière. Vous voyez maintenant que rien ne vous empêche de dire deux mots à ce saumon que je pêchai hier moi-même et que j'ai de ma propre main mis au court-bouillon. Quant aux bouteilles que vous voyez là, les unes sont venues directement de Porto sur la caravelle de don Otchotorena, les autres...

— A moi! Liévin! cette chère enfant se trouve mal, interrompit du Terne en se précipitant au secours de Gudule qui chancelait et semblait tout près de défaillir.

L'orpheline n'eut que le temps de se laisser aller dans les bras du chevalier, qui, avec l'aide de Liévin, la porta sur une pile de sacs où il la fit asseoir. Mais, une fois ce service rendu à la pauvre enfant qui succombait enfin à la fatigue et à l'émotion, du Terne se serait trouvé bien embarrassé de lui donner d'autres soins. Les hommes n'entendent rien aux évanouissements de jeune fille. Heureusement, Violette était là. Quoiqu'elle fût elle-même à bout de forces, elle put encore venir au secours de Gudule. Écartant doucement les deux serviteurs masculins, elle défit adroitement et promptement le corsage de l'habit d'amazone, pour que la malade pût respirer plus à l'aise.

Un objet se rencontra sous ses doigts, un objet attaché au cou de Gudule par un ruban noir qui la serrait un peu trop. Violette arracha le ruban et le jeta loin d'elle avec l'objet, que Liévin ramassa au vol. Aussitôt le souffle revint, les joues pâles se colorèrent et les yeux se rouvrirent, mais pour se fermer de nouveau.

— Portez la petite là-haut, dit La Jonquière; il y a un matelas pour l'étendre, des couvertures pour la réchauffer, de l'eau-de-vie pour lui frotter les tempes, enfin tout ce qu'il faut pour la guérir; sans compter que sa jeune amie sera bien plus à l'aise pour la soigner quand nous ne serons pas là.

L'avis était certainement bon à suivre, et il fut suivi, avec l'entière approbation de Violette, qui, dès que Gudule fut couchée dans le grenier, demanda qu'on les laissât seules. Le mal ne pouvait pas être bien grave, et le repos était certainement le meilleur remède à ce trouble passager, remède dont Violette avait elle-même grand besoin.

Du Terne et Liévin se retirèrent, et, un instant après, les trois hommes se trouvaient de nouveau réunis dans la grande salle du premier étage.

— Hein ? qu'en pensez-vous, chevalier ? dit le colonel d'un air goguenard. Êtes-vous maintenant d'avis comme moi que, de tous les bagages dont on peut se charger en campagne, une femme est bien certainement le plus embarrassant ?

— Colonel, répondit du Terne d'un ton sec, après ce que vous m'avez promis, je pensais que vous ne reviendriez plus sur ce sujet.

— Bon ! bon ! ne vous fâchez pas, cher ami ; je n'ai pu résister à l'envie de lancer encore un lardon contre les cotillons en général, mais je ne recommencerai point, je vous le promets. Et puis il faut bien pardonner cela à un vieux soldat qui a vu dans sa vie force entreprises, et des mieux conçues, échouer misérablement par la faute des femmes.

— Celle qui souffre en ce moment m'a déjà sauvé deux fois, interrompit du Terne.

— Espérons qu'elle nous sauvera une troisième, à moins qu'elle ne nous perde, riposta l'incorrigible La Jonquière ; mais laissons cela et mettons-nous à table. Çà, Brabançon, mon ami, est-ce que vous comptez vous passer de manger pour examiner l'intérieur de ce brimborion que vous retournez dans vos doigts depuis cinq minutes ? ajouta-t-il en se tournant vers Liévin.

Le Flamand était, en effet, complétement absorbé dans la contemplation de l'objet que Violette avait arraché du cou de Gudule.

— C'est un scapulaire, marmottait-il entre ses dents, un scapulaire brodé en rouge sur fond noir et tout usé... on jurerait que c'est le même.

— Perdez-vous l'esprit, Liévin ? lui demanda du Terne très-étonné de ce manége.

— Ah ! par ma foi, s'écria le serviteur du feu comte de

Horn, la ressemblance est trop extraordinaire... il faut que je l'ouvre pour voir si, par hasard... non, c'est impossible...

Tout en se parlant à lui-même, Liévin défaisait les cordons qui nouaient les deux faces du scapulaire et en tirait un papier jauni par le temps.

— Ah ! mon Dieu, s'écria-t-il après y avoir jeté les yeux, c'est elle !

— Qui elle? que dites-vous? demanda le chevalier impatienté.

— Lisez, monsieur, lisez ! c'est écrit :

« *Je m'appelle Gudule, et je suis née le 9 décembre 1703.* »

— Eh ! bien?

— Eh! bien, c'est moi qui ai mis cela sur ce papier, il y a plus de seize ans.

— Vous !

— Oui, moi; et, si je vous disais à la suite de quelle aventure, si je vous racontais...

— Une histoire romanesque ! s'écria railleusement La Jonquière ; par les cornes de d'Argenson, voilà qui complète à merveille les chevaleries de mon ami.

— Oui, certes, je vais parler. Et pourquoi ne dirais-je pas tout? Il y a assez longtemps que je me reproche de vous avoir caché un secret qui vous intéresse tant, monsieur le chevalier. Je m'étais mis en tête de le garder, comme on dit, pour la bonne bouche, de vous l'apprendre seulement quand nous serions en sûreté sur un vaisseau étranger, mais, ma foi ! je n'y tiens plus, et vous allez tout savoir.

— Enfin ! murmura du Terne, haletant d'émotion.

Il pensait deviner qu'il s'agissait, tout au moins indirectement, de Violette, et il espérait que Liévin allait reprendre les confidences à peine ébauchées, un soir, sur la berge de la Seine, trois jours avant le supplice du comte.

— Monsieur, commença le brave Flamand, vous me croyez meilleur que je ne le suis. Vous mettez sur le compte de mon amitié pour vous le voyage que j'ai entrepris en votre compagnie, ma présence ici, où nous courons risque d'être pris ou tués. Eh bien, il est temps de vous l'avouer, je ne me suis exposé ainsi que pour protéger une jeune fille qui a du sang de Horn dans les veines.

— Violette!

— Celle que vous appelez ainsi est la propre sœur de mon pauvre maître, et, quoiqu'elle n'ait pas le droit de porter le nom glorieux de son père, c'est une Horn, et je suis prêt à mourir, s'il le faut, pour la sauver.

— Est-ce bien vrai? s'écria du Terne rayonnant de joie.

— Vrai, comme il est vrai que ceux de ma race ont toujours servi et serviront toujours la maison de Horn.

— Mon compliment bien sincère, chevalier, dit le colonel avec une ironie peu dissimulée; voilà votre bouquetière changée en princesse. C'est comme dans les contes de fée.

— Mais je m'y perds, reprit du Terne; sa mère, la femme de cet odieux Blanche-Barbe, m'a parlé une fois des injustes soupçons de cet homme, et elle m'a juré...

— Qui? la tavernière de l'*Épée-de-Bois?*

— Oui, dame Margot. Elle trompait donc son mari avec le feu prince, comme elle me trompait moi, en m'affirmant...

— Dame Margot n'est pas plus la mère de Violette que Blanche-Barbe n'est son père.

— Mais c'est insensé ce que vous dites là, s'écria le chevalier.

— Le fait est que le drôle doit être fou, à moins qu'il ne se moque de vous, dit malicieusement le colonel.

—Écoutez-moi, reprit Liévin, et vous ne m'accuserez plus ni de mensonge, ni de folie. L'année 1703, j'étais l'écuyer de Philippe-Emmanuel, alors prince de Horn, et père du comte Antoine-Joseph. Il avait en moi une confiance absolue et il ne me cachait même pas ses visites nocturnes à une de ses cousines, chanoinesse du chapitre noble de l'abbaye d'Overiske, située à quelques lieues du château, à l'autre bout de la forêt de Baussignies. Je l'y accompagnais et je tenais son cheval pendant qu'il escaladait le mur.

Une nuit, au mois de décembre, il ne m'emmena point, mais il m'ordonna d'aller l'attendre sur la route de Liége. Un peu avant le jour, il arriva au grand galop de son cheval; il portait sous son manteau, en travers de sa selle, une enfant qui venait de naître...

— Violette!

— Non. Violette était couchée dans un berceau, auprès du lit de la femme de Blanche-Barbe, car, voici ce qui s'était passé. Pour sauver l'honneur de sa parente et le sien, Philippe-Emmanuel, prince de Horn, n'avait pas reculé devant une substitution d'enfant. Il avait médité ce projet longtemps à l'avance, sachant que les couches de la noble dame, mère de Violette, et celles de Margot, la femme de son forestier, auraient lieu à la même époque, et le hasard l'avait servi mieux qu'il ne devait l'espérer.

Deux filles étaient nées le même jour, l'une sous le pauvre toit de Blanche-Barbe, l'autre clandestinement dans une chambre écartée de l'abbaye d'Overiske. Celle-là, c'était la sienne et il voulait la garder près de lui, la voir grandir, la protéger, l'aimer, sans compromettre son nom ni celui de la coupable chanoinesse... il se glissa, la nuit, chez son garde... Blanche-Barbe, justement, courait les chemins pour ramener un médecin... sa femme, Margot, avait le délire... le prince mit sa fille à la place de la malheureuse fille du forestier, et il s'enfuit avec cette pauvre créature volée.

— Hé! hé! voilà qui n'est pas beau pour un gentilhomme, ricana La Jonquière.

— Et que se passa-t-il alors? demanda du Terne tout éperdu.

— Le prince me remit l'enfant de Blanche-Barbe et me commanda de courir à Liége et de l'exposer à la porte d'une église, et j'eus la lâcheté de lui obéir. Dieu nous en a punis tous les deux. Seulement, comme cela me fendait le cœur d'abandonner la pauvre enfant, je pris sur moi de la garder toute la journée du lendemain dans une auberge où je m'arrêtai sur la route. Là, je détachai un scapulaire que je portais depuis mon enfance et je le lui passai au cou. Après seize ans, je viens de le reconnaître.

Je voulus que l'enfant s'appelât Gudule, comme la sainte patronne de Bruxelles, et j'écrivis ce nom-là, avec la date de sa naissance, sur un papier que j'enfermai dans le scapulaire. Je me disais que la petite serait trouvée par quelque bourgeois de Liége et que, plus tard, en m'informant par la ville, je pourrais la reconnaître, et, selon les temps, en prendre soin moi-même ou la rendre à ses parents. Car je sentais bien que ce que j'allais faire était presque un crime. Mais j'avais pour le prince un dévouement d'esclave et je n'osai jamais lui désobéir. L'hôtesse

chez qui je m'étais arrêté réussit à nourrir Gudule en lui
faisant avaler quelques gouttes de lait de chèvre. Je lui
avais conté je ne sais quelle histoire pour lui expliquer
comment j'avais avec moi cette enfant. La nuit venue, je
me remis en route ; j'arrivai à Liége, je déposai au pied
d'une image de la Vierge Gudule, que j'avais eu soin d'em-
maillotter chaudement pour que le froid ne la tuât pas, et
je m'enfuis le cœur navré.

— Vilaine action que vous fîtes là, monsieur le Brabançon, dit gravement La Jonquière.

— Oui, vilaine action, colonel, et je vous ai déjà dit tout
à l'heure que Dieu fut juste en me punissant comme il
punit le prince de Horn.

— Je ne vois pas trop comment il vous a punis tous les
deux, grommela le colonel, toujours sceptique. Le prince
Philippe-Emmanuel que j'ai connu jadis à Bruxelles est
mort chargé d'ans, de gloire et de richesses. Pour ce qui
est de vous, illustre écuyer, vous me paraissez posséder
votre bonne part des biens de ce monde : une santé de fer,
des écus dans votre valise, et l'amitié d'un bon gentilhomme, appelé le chevalier du Terne de Grandpré.

— Vous voulez savoir quel fut le châtiment, interrompit
Liévin ; je vais vous le dire. Le prince comptait élever et
choyer tout à son aise cet enfant de ses amours illégitimes.
Huit jours ne s'étaient pas écoulés que le forestier Blanche-
Barbe disparaissait subitement avec sa femme et sa fille.
Avait-il eu vent de ce qui s'était passé pendant une cer-
taine nuit de décembre ? Nul ne le sut jamais ; mais, ce
qui est certain, c'est que toutes les recherches furent vaines.
Le prince dut renoncer à tout espoir de jamais retrouver
Violette, — c'était lui qui l'avait nommée ainsi, — et sa
complice, la chanoinesse d'Overiske, mourut bientôt d'une

fièvre chaude que les remords et le chagrin lui avaient donnée.

— Orpheline et noble comme une reine, murmura du Terne, qui suivait ce récit avec un intérêt bien naturel.

— Bon! s'écria La Jonquière, le haut et puissant seigneur a été frappé dans ce qu'il avait de plus cher; c'est justice. Mais vous, honnête Brabançon, vous qui lui servîtes de complice?

— Moi, je ne fus pas mieux traité, colonel. D'abord, j'eus beau m'enquérir à Liége et aux environs, je ne pus jamais découvrir ce que Gudule était devenue. Puis, l'histoire s'était sourdement répandue dans le pays et surtout au château, si bien que l'aîné de la maison, Maximilien-Emmanuel, aujourd'hui prince de Horn, me prit en haine et jura de me faire chasser. Il n'y réussit point, tant que son père vécut; mais, après la mort de mon vieux et cher seigneur, il me fit signifier défense de mettre les pieds sur les terres de Horn. Antoine-Joseph, son frère cadet, s'était pris d'amitié pour moi, et leur mère, la princesse Antoinette, permit que j'entrâsse au service du jeune capitaine. Je le suivis à Vienne, où son régiment autrichien tenait garnison, et je m'attachai à lui comme un chien s'attache à son maître... Il vient de périr sur la roue, et je n'ai plus qu'à errer au hasard par le monde jusqu'à ce que je crève abandonné dans quelque fossé. Pensez-vous, colonel, que j'aie été, moi aussi, châtié comme je le méritais?

— Hum! dit entre ses dents La Jonquière, l'Espagne est un bon pays, et, quand nous y serons tous, il y aura encore de beaux jours pour vous, mon brave. Notre ami du Terne ne délaissera point l'homme qui vient de délivrer à sa future épouse des lettres de noblesse.

— Non, certes, s'écria le chevalier, sans relever ces paroles ironiques ; non, Liévin, vous ne nous quitterez plus, et, si vous m'aviez dit plus tôt ce que je sais maintenant...

— A quoi bon, puisque nous n'étions pas assurés de réussir ? A présent que la fille du feu prince est sauvée, c'est bien différent. Et puis, quand j'ai retrouvé miraculeusement ce scapulaire, il m'a semblé que Dieu me commandait de parler.

— Ainsi, Gudule est née de Blanche-Barbe et de dame Margot, murmura du Terne ; ainsi, ce n'est pas le sang d'un vil exempt qui coule dans ses veines ?

— C'est le sang d'un traître, et c'est bien pis, interrompit La Jonquière ; ce coquin de tavernier nous a tous vendus.

— Mais sa fille nous a sauvés, s'écria le chevalier, et pour elle, je réclame...

— Silence ! dit vivement le colonel ; il me semble que j'entends du bruit, là-bas, sur la rive droite.

Ce colloque se tenait autour de la table, où personne ne s'était encore assis, et assez loin de l'ouverture pratiquée dans la façade du moulin pour y appuyer l'extrémité de la passerelle. Les trois hommes prêtèrent l'oreille, et ils acquirent bientôt la certitude que La Jonquière ne se trompait pas. On entendait distinctement des voix d'hommes et des hennissements de chevaux.

— Qu'est-ce à dire ? murmura le colonel, dont le visage s'était subitement rembruni. Bah ! reprit-il en faisant craquer ses doigts, c'est Daoulas qui sera revenu par terre, avec ses gars, nous annoncer que la barque nous attend. Il sera entré sous le hangar pour examiner notre cavalerie qui mange à son râtelier.

— J'ai bien peur que votre meunier et vos matelots ne soient pour rien dans ce brouhaha, dit Liévin en secouant la tête. Je distingue le bruit des fourreaux de sabre heurtés contre les étriers. Nous avons affaire à des gens de guerre.

— Le Brabançon pourrait bien avoir raison, grommela La Jonquière. Allons ! il faut voir cela.

Et, se glissant le long des murs de bois, le partisan fit le tour de la salle et alla se placer dans le fond, en face de la porte-fenêtre. Là, protégé par l'ombre qui remplissait l'intérieur du moulin, il pouvait, sans être aperçu, observer la rive droite.

— C'est la maréchaussée, ou je consens que la foudre m'écrase, dit-il à du Terne et à Liévin, qui l'avaient suivi.

Du point où ils étaient embusqués, les fugitifs apercevaient en effet un groupe de cavaliers arrêtés entre le pont et le hangar.

Les uns avaient déjà mis pied à terre et attachaient leurs chevaux à la mangeoire, à côté de ceux de la petite troupe qu'ils poursuivaient. Les autres, encore en selle, semblaient conférer entre eux sur un plan d'attaque. Tous, uniformément vêtus de casaques de couleur sombre et coiffés de larges feutres rabattus sur les yeux, portaient l'épée au côté et le mousqueton en bandoulière.

— Jamais gendarmes ne furent équipés ainsi, murmura le colonel.

— Je reconnais mes drôles, dit Liévin, c'est cet escadron qui nous chasse depuis ce matin.

— Ils ont retrouvé notre piste. Nous sommes perdus, s'écria du Terne.

— Perdus ! allons donc ! répondit La Jonquière ; il faut laisser ces mots-là aux femmes. On se tire des plus mauvais pas quand on a du cœur, retenez bien cela, chevadier. D'abord, rien ne prouve encore que nous soyons vraiment en face d'exempts lancés à vos trousses. Comment diable! voulez-vous que des gens, courant à toute bride vers Morgat, où ils se croient assurés de vous rattraper, se soient ravisés en route, et, retournant sur leurs pas, s'en soient venus tout justement donner contre ce moulin de Ploéven, dont ils n'ont jamais entendu prononcer le nom; car vous m'avez juré que vous ne l'aviez jamais dit à personne ?

— Comme l'aurais-je dit, puisque, ce matin encore, je l'ignorais ?

— C'est vrai. Vous voyez donc que nul n'a pu deviner que je me cachais ici, et mon avis est que nous sommes tout simplement en présence d'un détachement de commis des gabelles en quête de faux-sauniers.

— Monsieur, en voici un qui fait mine de se rapprocher du pont, dit Liévin en s'éloignant tout doucement.

— Bon ! nous allons savoir à quoi nous en tenir, répliqua le colonel. Le coquin s'avance à cheval... il va nous héler... voyez, il s'arrête. Oh ! oh ! il est bien civil pour un maltôtier, car le voilà qui soulève son chapeau, et je vais...

Le reste du discours de La Jonquière se perdit dans un formidable juron.

— Par les tripes du diable ! c'est Blanche-Barbe, cria-t-il ; le misérable traître nous a dénoncés.

— Ah ! je comprends tout maintenant, dit le chevalier, c'est lui qui a découvert nos traces et qui nous poursuit pour reprendre Violette et la persécuter encore. S'il savait que Gudule...

— Il ne portera pas sa trahison en paradis, car je vais l'envoyer en enfer, grommela le colonel, qui tira de sa ceinture un pistolet et se mit à ajuster Blanche-Barbe.

— C'est le père d'une enfant qui nous a sauvés, s'écria du Terne en lui saisissant le bras.

Le coup partit, mais la balle se perdit dans le vide, et bien en prit au tavernier de l'*Epée-de-Bois* que le chevalier intervînt pour l'amour de Gudule, car La Jonquière ne manquait jamais un moineau à trente pas.

— Mille tonnerres ! êtes-vous fou ? demanda le colonel.

— Ne voyez-vous pas que la mort de cet homme est inutile et que la ruse seule peut nous tirer d'ici ? dit vivement du Terne.

Cependant Blanche-Barbe, qui venait d'entendre siffler le plomb, fit cabrer son cheval, tourna bride et regagna promptement l'abri protecteur du hangar en criant d'une voix retentissante :

— Merci, colonel ! Salut, chevalier ! tout à l'heure vous aurez de nos nouvelles. Mes baise-mains à Jeanneton, en attendant.

XII

Il n'y avait plus de doute possible. Les chasseurs avaient retrouvé la piste et ils occupaient les abords du moulin.

Conseillés par Blanche-Barbe que sa haine rendait clair-voyant, ils s'étaient sans doute aperçus qu'ils faisaient fausse route en courant vers le fond de la presqu'île de Camaret, et, conduits par le gars de Carhaix qui leur ser-vait de guide, ils avaient gagné rapidement Ploéven.

Le coup de pistolet de La Jonquière venait de leur apprendre qu'ils n'avaient point pris le change et que le sanglier était rembûché là, tout prêt à faire tête aux chiens.

Le blocus du moulin était commencé et la capture des fugitifs assurée, à moins qu'il ne leur poussât des ailes ou des nageoires, car, le pont étant gardé sur la rive droite, il ne leur restait que le chemin des airs ou le chemin des eaux.

La Jonquière et du Terne échangèrent un regard et re-gagnèrent promptement un coin de la salle où ils allaient

pouvoir délibérer hors de la vue de l'ennemi. Liévin y
était déjà, et il avait la main sur l'ingénieux appareil qui
servait à jeter le pont dans la rivière.

— Faut-il couper les communications? demanda-t-il en
faisant mine de pousser le ressort.

— Pas avant que je te l'ordonne, mordieu! cria le colonel. De quoi te mêles-tu? Il me semble que c'est moi qui
commande ici.

— Comme il vous plaira, dit le Flamand; m'est avis, cependant, qu'il est temps de prendre nos précautions. Ces
gens-là sont en force, et, s'ils nous donnent l'assaut, nous
ne sommes pas en état de tenir. Nos pistolets, à M. le
chevalier et à moi, sont restés dans les arçons de nos selles; ce n'est pas avec les vôtres et nos trois épées que nous
résisterons à une demi-douzaine de drilles armés jusqu'aux dents.

— Tais-toi. Nous détruirons le pont quand il le faudra.
J'ai mes idées sur ce point. Contente-toi pour le moment
de rester là; une main sur le levier et un œil à cette fente
par où tu peux voir tout ce que font là-bas ces coquins.
Au premier mouvement de la bande pour passer le pont,
avertis-moi, et je me charge du reste.

— Bon! j'y suis, s'écria Liévin. La bascule jouera quand
ils seront sur la passerelle et nous en serons débarrassés
sans coup férir. C'est une idée superbe que vous avez là,
colonel, et m'est avis que pas n'est besoin de nous inquiéter d'un autre moyen de défense.

— Reste à savoir pourtant s'ils tenteront le passage et
s'ils n'essaieront pas au contraire de nous prendre par la
famine, dit La Jonquière entre ses dents.

— Bah! le moulin est plein du haut en bas de sacs de
blé et de sacs de farine...

— Qui ne nous empêcheraient point de mourir de faim, faute d'un four pour cuire du pain ; mais nous n'en viendrons pas à cette extrémité car je suis décidé à sortir d'ici le plus tôt possible.

— Au vrai, colonel, que comptez-vous faire ? demanda du Terne.

— Je compte surtout sur Daoulas. Le vent a tourné bout pour bout depuis ce matin et je gage que la caravelle croise en ce moment à l'entrée de la baie. Avant la fin de la journée, la barque de Daoulas sera mouillée sous la pointe de Tréfuntec ; il nous enverra son canot qui remontera la rivière et viendra s'amarrer sous le moulin. Il y a apparence que les exempts n'oseront pas faire feu sur des matelots dont ils ne se défient point. Il est vrai qu'en revanche ils tireront sur nous quand le canot repassera devant eux pour descendre. Mais ces drôles-là visent mal et ils nous manqueront.

— Ainsi, vous concluez qu'il nous faut attendre le secours du meunier et de ses gars.

— Oui, à moins que nos ennemis ne fassent la sottise de se lancer tous à la fois sur le pont, auquel cas votre Brabançon poussera le ressort et les enverra au fond de l'eau, ce qui simplifierait beaucoup les opérations.

— Monsieur, dit tout à coup Liévin, qui, suivant ses instructions, se tenait l'œil collé à une large fente pratiquée dans les planches ; monsieur, je vois une pierre qui se balance au bout d'une corde, à portée de ma main... il y a un papier roulé autour de la pierre.

— Un message de Daoulas, s'écria La Jonquière. Allonge le bras ; vite ! vite !

Liévin ne se fit pas prier et ramena sans peine un galet entortillé dans une feuille de papier gris. Dès qu'il le prit,

la corde très-mince qui le portait fut lâchée, preuve manifeste qu'elle était tenue par un ami, probablement par
un des gars de Daoulas, qui avait réussi à se glisser sans
être vu au sommet du rocher surplombant le moulin et s'y
était couché à plat ventre pour établir de là cette communication postale d'une espèce toute nouvelle.

— Donne! dit vivement le colonel. Chevalier, ajouta-t-il
en dépliant l'enveloppe du caillou, notre vie à tous dépend de ce qu'il y a d'écrit là-dedans.

Du Terne regardait avec anxiété La Jonquière qui lisait,
et il cherchait à deviner ses impressions sur son visage;
mais le colonel resta impassible, et pas un muscle de sa
figure ne bougea.

— Tout notre plan est à refaire, dit-il froidement, quand
il eut achevé sa lecture. Voyez plutôt.

Le chevalier prit le papier et parcourut rapidement des
yeux la lettre tracée en gros caractères par une main peu
exercée.

Le message, qui venait bien de Daoulas, disait :

« Les gars sont revenus ce matin, après avoir accosté
l'Espagnol, qui croise pour le moment par le travers de
Brezellec, à l'ouvert de la baie. J'allais vous venir querir,
quand j'ai vu de loin rôder, à l'entrée de la rivière, des
soldats, avec des épées et des mousquets. .

« Un pâtour (1) de Plomodiern que j'ai rencontré sur la
falaise m'a dit qu'ils gardaient le pont et qu'ils avaient
laissé des sentinelles de place en place tout le long de
l'eau. Si je remontais avec le canot, ils me laisseraient
peut-être passer, mais pour sûr, à la descente, ils se dou-
teraient que je vous emmène, et ils nous arquebuseraient

____

(1) Berger.

tous les deux. Si nous allions par terre, ils nous prendraient. C'est pourquoi j'envoie le pâtour, qui est adroit comme un singe et qui saura bien vous jeter cet écrit au bout d'une amarre.

« Le temps presse, parce que les vents *halent le suroit* (1) et que la brise fraîchit. L'Espagnol a dit à mes gars qu'il ne pourrait pas tenir à courir la nuit cette bordée-là, au risque d'être jeté à la côte, et qu'il mettrait le cap au large avant le coucher du soleil. Il nous faut donc profiter de l'*embellie* (2) et manœuvrer comme je vas vous le dire.

« Notre barque est à l'abri sous les roches de Tréfuntec, et les faillis chiens de gendarmes ne l'ont pas vue. Il ne s'agit pour vous que d'y arriver. *Affalez* (3) vous tout doucement dans la rivière en *crochant* des pieds et des mains la roue du moulin ; plongez et nagez entre deux eaux seulement une vingtaine de brasses; vous aurez passé le tournant et vous serez à l'abri des mousquetades. Alors vous continuerez à descendre le courant jusqu'à ce gros caillou blanc que vous connaissez bien, sur la rive gauche, sous le tertre où le *recteur* (4) de la paroisse de Saint-Anne-la-Palue fît planter une croix l'an passé. Là vous pourrez prendre terre et vous n'aurez qu'un bout de lande à passer pour accoster Tréfuntec.

« Nous sommes *parés à pousser* (5) dès que vous aurez le pied à bord, et, deux heures après, nous mettrons le grappin sur l'Espagnol.

(1) Tournent au sud-ouest.
(2) Du calme.
(3) Descendez.
(4) Curé.
(5) Prêts à partir.

« Excusez-moi de commander, mon colonel. Vous savez que c'est le pilote-côtier qui prend la place du capitaine quand le navire est pour atterrir ou pour sortir et qu'il navigue au milieu des *dangers* (1). Vous voulez sortir de France et les *dangers*, c'est comme qui dirait ces porte-mousquets en casaque brune qui croisent aux alentours du moulin. Je suis donc dans le règlement.

« *Appareillez en double* (2), mon colonel ; moi et mes gars nous vous *espérons* (3), et nous avons fait vœu d'aller en pèlerinage à Notre-Dame du Folgoat, si nous parvenons à vous remettre sain et sauf sous le pavillon de l'Espagne. »

Daoulas n'avait pas signé, par prudence sans doute, mais son message était clair et précis. Du Terne, après l'avoir lu, laissa tomber ses bras d'un air découragé.

— Eh bien, lui dit La Jonquière, vous avez vu qu'il nous faut changer nos batteries.

— Cela ne nous servirait de rien. Le projet de ce marin est impraticable.

— Pourquoi est-il impraticable, s'il vous plait ?

— Parce que trois hommes, et surtout deux femmes, ne peuvent faire ce que ferait aisément un homme seul.

. — Ah ! c'est vrai ! j'oublie toujours les femmes, dit amèrement le colonel. Ainsi, de votre propre aveu, le salut de deux gentilshommes et d'un brave garçon dépend de ces donzelles !

— Qui vous empêche d'assurer le vôtre, en fuyant seul ? Moi et Liévin nous resterons pour tenir tête aux exempts, et cela se trouve à merveille, puisque nous occuperons ces

(1) Rochers.
(2) Partez vite.
(3) Attendons.

gens-là pendant que vous vous échapperez. Le reste nous
regarde.

— Pour qui me prenez-vous donc, chevalier? dit La
Jonquière en relevant la tête. Je ne vous ai certes pas
conseillé de vous encotillonner ainsi ; mais, puisque c'est
fait, sachez que je ne suis pas de ceux qui abandonnent
leurs amis dans le malheur. Nous nous sauverons ou nous
mourrons ensemble.

— Nous sauver, c'est fort bien! mais comment? demanda Liévin qui, avec son gros bon sens flamand, allait
droit au fait.

— En nous servant de la roue du moulin pour descendre dans la rivière, répondit du Terne en haussant les
épaules.

— Pendant qu'elle tourne! allons donc! votre donneur
d'avis est fou, s'écria Liévin.

— Pas si fou, murmura le colonel, car il croit qu'elle est
arrêtée. En me quittant hier soir, il m'avait bien recom-
mandé de fermer les vannes.

— Et vous avez négligé de les fermer, s'écria du
Terne.

— Absolument, mon cher, dit le colonel sans s'émouvoir. Que celui qui, dans toute sa vie, n'a jamais péché
par omission, ou par faiblesse, me jette la première
pierre.

A cette allusion à ses accointances féminines, le chevalier rougit et se tut.

— Mais, reprit Liévin, qui était toujours pour les moyens
pratiques, si on les fermait, ces vannes, la roue cesserait
incontinent de tourner, et peut-être qu'alors nous pour-
rions nous servir tous de ce chemin-là ; et, quand je dis
tous, j'entends la fille de mon feu seigneur, et aussi la

fille du forestier Blanche-Barbe, car, si j'appartiens par
devoir à l'une, j'appartiens à l'autre par reconnaissance
et en réparation de mes torts.

— Et rien ne s'oppose à ce que nous les fermions, ajouta
du Terne.

— Rien ? demanda ironiquement La Jonquière ; m'est
avis que vous vous trompez lourdement, et je ne vous conseille pas d'essayer.

— Pourquoi donc?

— Ah ! vous demandez pourquoi ? Eh bien ! regardez.

Et, sans hésiter, le colonel se dépouilla de son justaucorps, la mit au bout d'une perche qui se trouva sous sa
main, et dont il coiffa l'extrémité avec son feutre, passa
cette espèce de mannequin par la porte-fenêtre, et l'agita
en imitant adroitement les mouvements d'un homme qui
aurait tenté de descendre sur les solives du barrage.

L'étrange appareil ne se montra pas plutôt au dehors
que deux coups de mousquet partirent de la rive droite.
La Jonquière abaissa brusquement son mannequin pour
faire croire à l'ennemi que les balles avaient porté, puis,
il le ramena à l'intérieur du moulin avec toutes sortes de
précautions.

— Un trou dans le chapeau et un autre au revers gauche de l'habit, dit-il froidement. Les marauds tirent bien.

Et comme du Terne, étonné, l'interrogeait du regard,
il ajouta :

— C'est un vieux stratagème de guerre que j'ai appris en
Espagne, et dont usent volontiers les miquelets de la Catalogne. On fait un faux soldat avec un bâton affublé d'une
aune de drap et les guerriers novices s'y laissent presque
toujours prendre. Nos exempts y ont été attrapés, comme
vous venez de le voir, mais en même temps ils nous prou-

vent qu'ils font bonne garde et que quiconque tentera le passage ou toute autre manœuvre extérieure leur servira de cible. Et maintenant, chevalier, et vous, brave écuyer, que pensez-vous de la fermeture des vannes ?

— Je pense, répondit vivement du Terne, qu'il suffirait que l'un de nous se dévouât pour assurer le salut des autres.

— Ah ! ah ! mais c'est une idée cela. Il ne s'agit plus, que de trouver le généreux compagnon qui se sentira disposé à imiter l'héroïsme de ce Romain, dont j'ai oublié le nom. Vous savez, celui qui sauva la patrie en se précipitant dans un gouffre.

— Le compagnon est tout trouvé. Ce sera moi, si vous le voulez bien.

— Ou moi, dit Liévin, fidèle écho de la voix et de l'abnégation du chevalier. Au surplus, se hâta-t-il d'ajouter, l'opération ne serait peut-être pas si dangereuse qu'on pourrait le penser. Il n'y a que deux sentinelles au bout du pont. En appliquant mon œil à cette fente, je les vois en ce moment qui rechargent leurs mousquets. Nous n'avons qu'à recommencer la plaisanterie du mannequin, pour attirer de nouveau leur feu, et alors ce sera le moment de sauter sur le barrage et de fermer les vannes, avant qu'une seconde décharge ait le temps de partir.

— Eh ! eh ! Brabançon de mon cœur, murmura le colonel ; voilà qui n'est pas trop mal combiné et on pourra tenter l'aventure.

Du Terne allait se proposer de nouveau quand une main se posa sur son épaule. Il se retourna et vit derrière lui Gudule qui était entrée sur la pointe du pied, sans que personne s'aperçût de sa présence.

L'orpheline était très-pâle et la fièvre brillait dans ses yeux, mais elle se tenait droite, et, à sa contenance ferme, on devinait que son énergie avait été plus forte que la fatigue, plus forte que l'émotion.

— Vous, ici, s'écria le chevalier, vous, mon enfant, qui avez tant besoin de repos !

— Ne troublez pas celui de notre amie, dit Gudule avec un sourire triste ; elle dort profondément, et il sera temps de l'appeler quand viendra l'heure de partir. Le bruit des coups de mousquet m'a réveillée et j'ai pensé que vous aviez peut-être besoin de moi.

— Nous aurons surtout besoin de votre agilité, dit brusquement La Jonquière, car tout à l'heure il vous faudra descendre dans la rivière en vous accrochant aux jantes de cette roue, puis nager en vous appuyant sur les épaules de l'un de nous.

— Je suis prête, répondit la jeune fille.

— Dieu soit loué ! pensait du Terne ; elle n'a pas entendu ce que nous disions tout à l'heure, car, si elle savait ce que je veux faire, elle se jetterait au-devant de moi, pour m'empêcher de m'exposer aux balles.

Pour prévenir toute indiscrétion, du Terne se pencha à l'oreille du colonel et lui dit quelques mots à voix basse. La Jonquière hocha la tête en signe de consentement et reprit le fil de son discours.

— Il est donc entendu, mon enfant, dit-il d'un air paterne, que vous êtes résolue à nous suivre par ce chemin qui commence dans les airs et qui finit dans l'eau. Mais la belle qui dort là-haut ne sera peut-être pas de force à faire comme vous ?

— M. le chevalier la décidera, dit doucement Gudule, et il l'aidera à descendre et à nager. Vous, monsieur, ajouta-t-elle en s'adressant à Liévin, vous me rendrez le même service, n'est-ce pas ?

—Si je vous le rendrai ! s'écria le bon Flamand ; oh ! de grand cœur, mademoiselle, d'autant plus que... là-bas,.. autrefois... il y a seize ans...

Il n'acheva point. Un coup d'œil de du Terne lui commanda de se taire, et il resta muet, troublé, éperdu, regardant alternativement cette douce et malheureuse créature qu'il avait jadis exposée, de ses propres mains, sur le pavé de la bonne ville de Liége, et ce farouche Blanche-Barbe, vis-à-vis duquel il avait bien aussi quelques reproches à se faire et qu'il voyait, par la fente de la muraille, se promener, sur l'autre rive, au milieu de ses soldats. Car le tavernier de l'*Épée-de-Bois* paraissait commander toute la troupe, et Larfaille ne se montrait point, de sorte que les fugitifs ne soupçonnaient pas sa présence dans les rangs ennemis. Ils ne croyaient même pas qu'il fût encore de ce monde.

— Ça, dit La Jonquière, occupons-nous de préparer notre déménagement sans plus tarder. Les minutes sont précieuses, et ce n'est point le temps de se complimenter. Il faut agir. Le plan du Brabançon est certainement le seul qui nous offre quelque chance de salut, et nous allons l'exécuter de point en point. Je n'ai nul besoin, je suppose, de vous rappeler les détails de la comédie que nous devons jouer pour commencer, et qui pourrait être intitulée : « la farce du mannequin et la chute des vannes. »

— Non, non, c'est inutile, je sais mon rôle par cœur, dit vivement du Terne, qui tenait beaucoup à ne pas attirer l'attention de Gudule sur le péril qu'il allait courir.

— Fort bien, reprit le colonel ; je ne vous apprendrai donc pas que, pour fermer l'écluse, il suffit de retirer cette barre qui retient la vanne levée. Un enfant s'acquitterait de cette besogne, car il n'y faut qu'un peu d'adresse.

— Et je n'y faillirai point, interrompit le chevalier avec impatience.

— Bon ! alors il me reste à vous rappeler les instructions de Daoulas : nager vigoureusement et prendre terre à côté d'un rocher blanc, sur la rive gauche, à trois cents toises d'ici, au pied d'un tertre surmonté d'une croix.

— Je saurai reconnaître l'endroit.

— Cela vous sera d'autant plus facile que je compte passer devant vous pour vous montrer le chemin. Il est juste, au surplus, que, s'il y a des arquebusades, j'essuie le premier feu, ne fût-ce qu'à cause de mon grade de colonel. Vous me suivrez donc avec notre ami de Brabant, et, à vous deux, vous vous chargerez de ces demoiselles.

— C'est convenu.

— Ah ! encore un mot. Quel est le couple qui partira le dernier ?

— Le nôtre, n'est-il pas vrai, mon ami ? répondit Gudule en s'adressant à Liévin.

— Oui, certainement, le nôtre, appuya l'ancien écuyer du prince de Horn.

— Alors, cher Brabançon, reprit La Jonquière, faites-moi la grâce de mettre la main sur ce levier et de l'y tenir pendant que nous exécuterons notre descente à travers les jantes de la roue.

— Et si ces coquins qui montent la garde là-bas se lancent sur le pont, j'appuie sur la bascule et je les envoie au fond de l'eau, hein ?

— Parfaitement compris ; mais, alors même qu'ils ne tenteraient pas l'assaut, vous pouvez vous donner le plaisir de renverser la passerelle avant de nous suivre. J'aime autant que les drôles ne viennent pas fourrer leur nez ici après notre départ.

— Monsieur, soyez tranquille, je ne manquerai point de leur couper le passage, et je tiens mon levier.

— Alors, tout est dit ; nous n'avons plus qu'à leur exhiber le bout du nez du mannequin, et c'est à moi que revient l'emploi de montreur de marionnettes. Vous êtes prêt, chevalier? demanda le colonel en allongeant son bâton habillé.

— Je suis prêt, dit du Terne d'une voix ferme.

— Vous savez que le barrage est à droite de la porte-fenêtre, que vous pouvez y arriver d'un saut et remonter ici en vous enlevant à la force des poignets?

— Oui, oui, je sais tout cela. Le mannequin... vite ! cria le chevalier, qui avait hâte d'en finir pour ne pas laisser à la jeune fille le temps de comprendre.

Au moment où il se rangeait contre le bord de l'ouverture, afin de n'avoir plus qu'un mouvement à faire pour s'élancer, il sentit que Gudule lui prenait la main et la portait à ses lèvres.

En ce moment même, éclataient les coups de mousquet tirés de la rive opposée sur le mannequin agité par le colonel.

— Les sots ont encore donné dans le panneau, s'écria La Jonquière triomphant; sautez, chevalier, sautez promptement pour profiter de leur sottise.

Du Terne fit un pas vers la porte-fenêtre et se baissa pour se préparer à descendre sur le barrage. Le saut n'était ni difficile ni dangereux, car les poutres qui encastraient la vanne traversaient la rivière à trois pieds tout au plus en contre-bas de l'ouverture. Quant au mécanisme destiné à fermer le passage au courant, il était des plus simples et il n'y avait pas besoin de force pour le faire fonctionner, puisqu'il ne s'agissait que de retirer une barre de bois de médiocre grosseur arc-boutée contre la solive supérieure de la vanne. Le seul danger que pré-sentât cette manœuvre venait de la rive opposée, puisqu'il fallait opérer sous le feu de l'ennemi. Mais l'ennemi pour le moment ne montrait que deux sentinelles, et toutes les deux, trompées de nouveau par le stratagème de La Jonquière, venaient de décharger à la fois leurs armes dans le vide.

— Dépêchez-vous, monsieur, dit Liévin qui avait tou-jours une main sur le levier et un œil à la fente; car je vois un autre coquin qui s'approche.

Du Terne s'élança; mais au moment où il allait dépasser la muraille qui l'abritait, Gudule se glissa sous son bras et sauta sur le barrage avant qu'il pût la retenir.

— Ah! cria le chevalier, elle a tout entendu et elle veut se sacrifier pour moi!

Et il chercha à se précipiter après elle. Mais le colonel le saisit à la ceinture et l'étreignit vigoureusement en lui disant d'un ton bref :

— Ne bougez pas, vous la feriez tuer.

— Laissez-moi! dit du Terne en se débattant.

— Non, riposta l'intraitable La Jonquière, vous n'irez point. Ne comprenez-vous donc pas qu'ils n'oseront ja-mais tirer sur une femme, tandis que, si vous vous mon-trez, ils feront une salve générale, et vous savez bien que les balles ne connaissent ni l'âge, ni le sexe.

Le chevalier comprit et cessa de lutter. Son âme passa dans ses yeux. Il regardait l'héroïque enfant qu'il ne dé-pendait plus de lui de protéger et il priait Dieu de veiller sur elle pendant cette minute terrible.

Elle avait franchi d'un bond l'espace qui séparait la fenêtre de la vanne, et, sans hésiter, avec une adresse et une énergie incroyables, elle avait saisi l'arc-boutant par le pied et s'efforçait de le déplacer. Déjà cette barre assez lourde cédait à la pression de ses petites mains. Encore quelques secondes et l'appui allait tomber.

— Les sentinelles rechargent leurs mousquets, dit Liévin sans quitter son observatoire, mais la brave fille aura fini avant que la poudre soit dans le bassinet. Oui, oui, bourrez, mes drôles! bourrez, gibiers de potence! Vous n'aurez pas le temps d'amorcer.

Gudule travaillait toujours.

— Courage, mon enfant! lui cria le colonel.

— Dites-lui qu'elle se hâte, reprit le Flamand. Voilà le sacripant que je vous ai déjà signalé qui court vers l'entrée du pont. Il a un mousquet à la main... il s'arrête... il se hausse sur la pointe des pieds pour mieux voir... Il lève la tête. Que Dieu ait pitié de nous! C'est Blanche-Barbe!

— Ah! le misérable!

— Soyez tranquille, c'est un rusé compère, et il gardera son plomb pour nous.

— Non, cria Liévin, non, il lève son mousquet, il épaule, il vise...

— Et il s'y prend trop tard, dit La Jonquière; voyez plutôt.

Gudule, par un effort suprême, venait de réussir à retirer la barre. La vanne, entraînée par son poids, tomba avec un bruit sourd, et l'eau, ne trouvant plus d'écoulement, commença aussitôt à bouillonner au-dessus du barrage.

— Baissez-vous! baissez-vous! Il va tirer.

A ce dernier avertissement de Liévin, du Terne, repoussant violemment le colonel, s'arracha de ses bras, courut à l'ouverture et se jeta sur le barrage pour couvrir Gudule de son corps. Mais, si prompt qu'il fut à sauter, la balle de l'abominable Blanche-Barbe arriva avant lui.

La pauvre enfant, frappée en pleine poitrine, s'affaissa sur elle-même, et resta couchée sur les poutres qu'elle teignit de son sang.

— Il a tué sa propre fille, l'infâme bandit, murmura le colonel ; mais nous sommes sauvés, Brabançon, mon ami, car la vanne est fermée.

Pendant que La Jonquière, inaccessible aux émotions sentimentales, constatait froidement le résultat si cruellement payé d'une généreuse action, du Terne, éperdu, relevait Gudule expirante. Une mousse sanglante coulait des lèvres de la pauvre enfant, et son visage se voilait déjà des teintes terreuses de la mort.

— Gudule ! pardonnez-moi ! cria le chevalier en la serrant dans ses bras.

Elle rouvrit les yeux et regarda une dernière fois l'homme qu'elle avait tant aimé.

— N'essayez pas de m'emporter, dit-elle d'une voix éteinte ; laissez-moi mourir ici, il ne faut pas qu'elle me voie... et vous, fuyez ! ils vous tueraient.

Du Terne comprit qu'au moindre mouvement le souffle suprême allait s'envoler, et il ne bougea plus. A genoux sur les solives du barrage, il soutenait la tête de Gudule et il pleurait.

— Penchez-vous sur moi, murmura la jeune fille ; je n'ai plus de force pour parler... et je voudrais vous dire adieu... plus près... plus près encore.

Le chevalier se courba. La bouche de la mourante effleurait sa joue.

— Dieu m'a exaucée en me rappelant à lui, dit-elle si bas que du Terne l'entendait à peine ; il m'ôte de ce monde où il n'y avait plus de place pour moi... je le bénis... et je vais là-haut prier pour vous... pour elle... vous serez heureux... car vous l'aimez... et elle vous aime...

— Gudule ! sanglota du Terne qui sentait son cœur se briser.

Alors un souffle murmura à son oreille :

— Moi aussi je vous aimais...

Puis des lèvres glacées se collèrent sur les siennes, et il sentit comme le frémissement de l'âme de Gudule qui s'envolait dans ce dernier... dans ce premier baiser.

— Garde à vous, chevalier, dit la voix retentissante de La Jonquière.

L'avertissement se perdit dans le fracas d'une formidable explosion. Les soldats rassemblés sur la rive droite venaient de faire un feu de peloton. L'infâme Blanche-Barbe leur avait commandé de tirer sur une morte pour atteindre un vivant. Mais, par un miraculeux hasard, du Terne ne fut pas touché. Les épaisses solives qui formaient les montants de la vanne le préservèrent, et les balles allèrent ricocher sur la façade du moulin, sans frapper personne.

Cependant, le dévouement de Gudule n'avait point été perdu, car la rivière détournée brusquement de son cours franchissait maintenant le barrage en se portant vers la rive droite, et la roue ne tournait plus.

— Laissez là le corps et venez nous rejoindre, cria le colonel.

La fumée de la décharge commençait à se dissiper et on entrevoyait les archers, Blanche-Barbe en tête, groupés à l'entrée du pont. Le chevalier prit Gudule dans ses bras, se releva et, malgré ce fardeau, réussit à prendre pied sur la porte-fenêtre.

— Êtes-vous fou de vous embarrasser ainsi, quand nous n'avons pas une minute à perdre pour descendre en nous aidant de la roue et nager jusqu'au Caillou blanc! lui dit vivement La Jonquière.

Du Terne, au lieu de lui répondre, se tourna vers Liévin.

— Jure-moi que tu vas sauver Violette, lui dit-il d'une voix saccadée.

— Je vous le jure et je comprends ce que vous voulez faire. Il ne faut pas que ce pauvre corps reste abandonné et il ne faut pas que la fille du prince de Horn le voie. Allez, monsieur le chevalier, allez, et fiez-vous-en à moi pour vous ramener Violette et pour venger Gudule.

Liévin n'avait pas fini de parler que du Terne avait déjà saisi d'une main les jantes de la roue. De l'autre, il soutenait la chère morte qui ne pesait guère à son bras robuste.

La manœuvre salutaire eût été tout à fait impraticable tant que l'eau, passant sous la roue, la faisait tourner dans un sens contraire au courant. Elle s'exécuta sans peine sur la roue immobile qui céda doucement sous le double poids, et permit au chevalier de se couler dans la rivière avec le corps de Gudule.

— Il a réussi, l'enragé, dit entre ses dents le colonel en s'avançant pour regarder; dans cinq minutes, il abordera en terre ferme avec ce qu'il porte. Maintenant, mon garçon, à notre tour. Ne laissons pas à ces coquins le temps de nous saluer d'une nouvelle mousquetade.

— Partez, si vous voulez, monsieur, dit froidement Liévin; j'ai encore quelque chose à faire ici.

— Bon! la princesse de Horn, que tu as promis de sauver. A ton aise, Brabançon, mon ami! moi, je décampe dit La Jonquière en se glissant par l'ouverture pour prendre le même chemin que du Terne.

Liévin laissa faire le colonel sans souffler un mot. Il le vit descendre doucement, emporté par la roue, que son poids fit tourner, prendre pied dans le courant, s'y allonger, et, dès que la profondeur fut suffisante, y plonger pour aller ressortir un peu plus loin, puis recommencer la même manœuvre jusqu'à ce qu'il fût hors de vue.

Blanche-Barbe et ses soldats ne s'aperçurent de rien, car le mur de l'écluse leur cachait la roue, et de plus, leur attention se concentrait tout entière sur la passerelle, qu'ils semblaient se disposer à franchir.

Violette ne donnait pas signe de vie, et il fallait que son sommeil fût bien profond pour que toutes ces mousquetades ne l'eussent pas réveillée. Il est vrai que le grenier où elle dormait n'avait point de fenêtres et que les bruits extérieurs n'y pénétraient guère.

—Je la sauverai bien plus sûrement tout à l'heure, murmura Liévin en se levant de l'air résolu d'un homme qui vient de prendre un grand parti.

Le coin où il se tenait, la main sur le levier, n'était qu'à trois pas de la porte-fenêtre. Liévin fit ces trois pas et se présenta debout au milieu de l'ouverture.

Là, il avait devant lui, et à sa gauche, la roue du moulin, encore un peu vacillante après le passage de du Terne et de La Jonquière ; à ses pieds le barrage teint du sang de Gudule ; un peu à sa droite et de niveau avec le plancher de la salle, le pont au bout duquel s'étaient groupés les archers.

Liévin en compta six, rangés en bataille derrière Blanche-Barbe, le mousquet haut. Il vit aussi leurs chevaux attachés sous le hangar, à côté de son bai-brun, de l'alezan du chevalier et de la percheronne grise qui avait porté les deux jeunes filles.

A peine s'était-il montré à découvert, que Blanche-Barbe se retourna pour commander une décharge générale. Mais le Flamand fut prompt à crier :

— Ne tirez pas. Je me rends.

En même temps, il avançait un peu sur la passerelle, et il ajoutait, en étendant les bras :

— Vous voyez que je suis sans armes.

— Alors, venez à nous, dit le tavernier de l'*Epée-de-Bois*.

— Pas avant de savoir les conditions que vous me ferez, répondit Liévin en reprenant son poste contre la muraille, afin de pouvoir, en un besoin, s'abriter contre les balles.

— Les conditions, c'est la vie sauve, excepté pour le colonel La Jonquière et pour le chevalier du Terne.

— Le colonel est mort. Les deux premiers coups de feu de vos sentinelles l'ont tué. Le chevalier a été grièvement blessé en enlevant le corps de cette enfant que vous avez arquebusée sur le barrage. Il ne reste ici qu'un moribond, une jeune fille et moi.

— Vous qui parlez, qui êtes-vous ?

— Je suis le laquais du chevalier du Terne de Grand-pré.

— Alors, je ne promets rien pour vous, et je vous somme de vous rendre sans conditions.

— Sans conditions ! Ma foi, non !

— Je vous avertis que vous ne pouvez pas nous échapper. Vous voyez qu'ici nous sommes en force. Le bas de la rivière est gardé aussi. L'exempt du roi qui nous commande y est posté avec un détachement.

— C'est bon à savoir, dit Liévin entre ses dents.

Et il reprit, en forçant sa voix, pour que Blanche-Barbe ne perdît pas une seule de ses paroles :

— Je comprends que je suis perdu, mais je ne veux pas quitter mon maître, qui expire là, derrière ce mur. Si vous voulez nous avoir, venez nous prendre.

— Suivez-moi, vous autres, cria Blanche-Barbe à ses hommes.

Et, sans plus hésiter, le tavernier s'engagea sur la passerelle. Les archers marchèrent derrière lui, deux par deux. A mesure qu'ils avançaient, Liévin reculait. Il voulait avoir à portée de sa main le mécanisme qui servait à renverser le pont.

A ce moment, il sentit une main se poser sur son épaule et, en se retournant, il se trouva en face de Violette.

La jeune fille était debout comme lui au milieu de la porte-fenêtre et un rayon de soleil, perçant tout à coup le brouillard, illumina son visage. Blanche-Barbe, qui la reconnut, poussa un cri de rage.

— Ah! coquin, hurla-t-il en montrant le poing, tu m'avais dit qu'elle était morte.

— Ce n'est pas elle qui est morte, répondit Liévin; ce n'est pas elle que tu as tuée, Pierre Blanche-Barbe, forestier de Baussignies, c'est ta fille.

— Tu mens ! Je n'ai pas de fille.

— Tu en avais une qui te fut volée la nuit du 9 au 10 décembre 1703, et elle vient de mourir de ta main ! C'est moi qui te le dis, moi, Liévin, autrefois écuyer de Philippe-Emmanuel, prince de Horn.

— Liévin! cria Blanche-Barbe; ah! misérable, je te reconnais, maintenant, et tu vas payer pour ton infâme maître !

Et il saisit son mousquet, mais il n'eut pas même le temps d'épauler.

D'un mouvement aussi prompt que la pensée, Liévin se

baissa et appuya sur le levier. Le pont s'écroula subitement et Blanche-Barbe fut précipité dans la rivière avec
tous ceux qui le suivaient. Gudule était vengée.

Il y eut un bruit sourd, puis quelques cris isolés, puis...
plus rien. La rivière grossie par les pluies du printemps
était profonde et rapide. Le pont, dans sa chute, avait
écrasé ceux qu'il portait. Le courant entraîna vers la mer
des débris et des cadavres.

Liévin s'était relevé, et pâle, les poings serrés, les yeux
hagards, il regardait l'eau qui roulait au loin des casaques
brunes.

— Qu'avez-vous fait, mon Dieu ! dit la voix tremblante
de Violette.

— Je vous ai sauvée, s'écria le Flamand subitement
rappelé à lui-même ; l'homme que je viens d'envoyer en
enfer vous aurait remise aux mains des archers et nous
aurait tous fait pendre.

— C'était mon père, murmura la pauvre enfant en ca-
chant sa figure dans ses mains.

Liévin tomba aux genoux de la fille de son maître.

— Votre père s'appelait Philippe-Emmanuel, prince de
Horn, dit-il gravement ; vous êtes née du plus noble sang
qui soit dans les Pays-Bas, et le chevalier Louis du Terne
de Grandpré ne se mésalliera point en vous épousant.

— Que dites-vous?

— La vérité, et je salue en vous l'héritière de la maison
que je sers depuis que je suis au monde, et que je veux
servir jusqu'à mon dernier jour.

— Le chevalier ! vous avez parlé du chevalier? où
est-il?

—En sûreté, et nous allons le rejoindre.

— Et Gudule?

— Elle est avec lui, répondit vivement Liévin qui comprenait la nécessité de cacher à Violette la triste vérité. Partons, mademoiselle, partons sans perdre une minute ; la barque est là-bas, prête à mettre à la voile.

Et comme il vit que la jeune fille hésitait, il ajouta :

— Il nous attend.

— Emmenez-moi, dit Violette éperdue.

Dieu avait été clément en lui envoyant le sommeil presque léthargique où elle était tombée après que ses soins eurent tiré Gudule de son évanouissement. Il lui avait épargné l'affreux spectacle de la mort et des adieux suprêmes d'une rivale chérie. C'était bien assez qu'elle eût assisté à l'engloutissement de Blanche-Barbe et de ses soldats.

Émue de cette scène tragique, bouleversée par les brusques révélations de Liévin, Violette n'avait plus ni la force de parler, ni le courage de penser. Elle s'abandonna tout entière au seul homme qui fût resté pour la protéger.

Le sauvetage ne fut ni long, ni difficile. Le chevalier avait montré le chemin et ce qu'il avait fait en portant le corps inanimé de Gudule, Liévin sut le faire aisément en soulevant de son bras vigoureux la sœur de l'infortuné comte de Horn. La descente s'effectua sans accident et, l'ennemi n'étant plus là pour tirer sur les nageurs, le Flamand n'eut pas même besoin de plonger.

Peu d'instants après, il touchait le rivage au pied du calvaire de la paroisse de Sainte-Anne-la-Palue.

Violette s'était maintenue à la surface de l'eau en s'appuyant sur ses épaules et paraissait moins fatiguée de ce trajet que préoccupée du sort de ses amis.

Liévin aussi avait hâte de retrouver le chevalier et même le colonel qui disposait seul de la barque de Daoulas. Il aida sa compagne à grimper sur le tertre que surmontait la croix désignée dans le message du matelot.

Quand ils furent arrivés au sommet, ils s'écrièrent de surprise et aussi de joie.

La mer était devant eux, la mer qui allait les porter en Espagne, la mer, qui venait de s'apaiser tout exprès pour ne pas leur fermer le chemin de la liberté.

Au delà d'une lande étroite, la vaste baie de Douarnenez roulait ses vagues bleues, à peine frangées d'écume blanche par la brise du sud-ouest, qui commençait à se lever. Au large, entre le cap de la Chèvre et la pointe du Raz, courait sous toutes voiles un navire portant à sa corne d'artimon le pavillon espagnol. Tout près de la côte, à quelques centaines de toises du calvaire, se balançait un bateau au grand mât duquel flottait une longue flamme rouge, le signal annoncé par La Jonquière.

— Ils nous attendent ; courons, dit Liévin.

Et il entraîna Violette par la main, Violette aussi impatiente que lui d'atteindre la barque. Le sol de la lande s'abaissait d'abord un peu pour se relever ensuite, et la bruyère finissait au pied d'une rangée de monticules sablonneux qu'ils eurent bientôt franchis.

Au delà de ces dunes, un étrange et triste tableau les attendait.

La mer était haute, et la barque de Daoulas, soulevée par les vagues qui venaient expirer sur la grève, s'inclinait lentement sous la brise naissante. Mais elle ne portait qu'un matelot assis à la barre et le colonel debout, à l'avant, les bras croisés et les yeux fixés sur l'horizon.

A vingt pas du rivage, au flanc de la dune, deux hommes, les deux fils de Daoulas, sans doute, appuyés l'un sur une bêche, l'autre sur une pioche, regardaient le chevalier du Terne qui priait agenouillé au bord d'une fosse ouverte. Liévin comprit tout et voulut dérober à Violette le funèbre spectacle de l'ensevelissement de Gudule.

— Venez, lui dit-il en cherchant à l'entraîner.

Mais elle lui échappa, courut à la fosse, poussa un cri d'horreur en voyant couchée sur son lit de sable la généreuse enfant qui venait de mourir pour elle, et tomba évanouie dans les bras du chevalier.

— Ah! monsieur, dit Liévin qui la suivait de près, nous sommes encore arrivés trop tôt puisque la fille de mon maître a pu voir ce pauvre corps; aidez-moi vite à la porter sur le bateau. Si elle reprenait connaissance sur le bord de cette fosse, il y aurait de quoi la tuer aussi.

Du Terne n'était point en état d'assister le Flamand, ni même de lui répondre. Il s'était levé péniblement, et il chancelait comme un homme qu'on vient de réveiller en sursaut et que poursuit encore un rêve affreux.

Liévin fit signe aux deux jeunes gars qui s'empressèrent de venir à son aide. Un instant après, Violette était couchée sur le pont de la barque, et le père Daoulas, abandonnant la barre à un de ses fils, lui mouillait les tempes avec de l'eau de mer pour la faire revenir à elle.

La Jonquière avait quitté l'avant pour courir à Liévin et le pressait de questions, sans s'occuper, en aucune façon, de la jeune fille étendue à ses pieds.

— Ils sont tous au fond de l'eau; j'ai coupé le pont pendant qu'ils le passaient, dit laconiquement l'ancien écuyer du prince de Horn.

— Ah! mordieu! c'est heureux, s'écria le colonel, car ce maudit chevalier, à force de larmoyer mal à propos, aurait fini par nous faire prendre. Mais n'importe ! Nous n'avons point de temps à perdre en jérémiades et la fille de Blanche-Barbe a été assez pleurée. Saute à terre, Brabançon, mon ami, va dire à du Terne, qui m'a tout l'air d'avoir perdu la tête, que sa belle est à bord, et ramène-le-moi.

Liévin allait obéir, lorsque le colonel lui saisit le bras et dit d'un air furieux :

— Tu m'as menti, coquin ! ils ne sont pas tous noyés, car en voilà un qui arrive.

En effet, un homme venait d'apparaitre au sommet de la dune, et cet homme c'était Larfaille.

L'exempt, après avoir mené la poursuite jusqu'au pied des montagnes Noires, s'était aperçu qu'il faisait fausse route et s'était aussitôt dirigé sur le moulin de Ploéven. Mais le gars de Carhaix qui lui servait de guide ayant affirmé que le meunier se tenait moins souvent dans son moulin que sur une barque mouillée à l'embouchure de la rivière, Larfaille avait eu la malheureuse idée de laisser le commandement de sa troupe à Blanche-Barbe et d'aller seul à la recherche de ce bateau suspect.

Sur la grève, il avait rencontré des pêcheurs qui lui avaient montré la caravelle espagnole croisant au large et la barque de Daoulas mouillée sous la pointe de Tréfuntec, avec un signal à son mât. Il s'était hâté alors de dépêcher son guide à Blanche-Barbe, avec ordre de lui envoyer trois de ses hommes et de continuer à garder le pont avec les trois autres. Puis, impatienté de ne pas voir revenir son messager, il avait passé la rivière à la nage et il accourait, résolu à tout braver pour empêcher l'embarquement.

Il espérait bien, au surplus, arriver au bateau avant le colonel et avoir bon marché des matelots qui le gardaient.

Quand, du haut de la dune, il vit quatre ou cinq hommes sur le pont et un homme seul sur le rivage, il fondit sur celui-là l'épée haute en criant, pour intimider les autres :

— Rendez-vous, ou vous êtes morts ! ma troupe me suit.

— Coupe ton amarre, Daoulas, dit La Jonquière d'un ton bref. Nous allons voir comment le chevalier va se tirer de là, mais nous ne l'attendrons pas longtemps.

Cependant du Terne, toujours penché sur la fosse, avait relevé la tête au cri de Larfaille, et il s'était croisé les bras sans faire mine de chercher à se défendre. Il venait de reconnaître le père de Gudule.

Une minute après, les deux êtres que la pauvre morte avait le plus aimés se trouvaient face à face.

— Ah ! je te tiens donc enfin, toi qui m'as volé ma fille, s'écria l'exempt.

Le chevalier, au lieu de chercher à détourner le fer qui menaçait sa poitrine, montra du doigt la fosse ouverte.

Larfaille fit un pas en avant, vit Gudule endormie du sommeil éternel, laissa tomber son épée et s'enfuit à travers les dunes.

Il était fou.

Au même instant, Liévin et un des gars de Daoulas saisissaient du Terne par derrière et l'emportaient à bord malgré ses cris.

L'amarre était coupée, les voiles hissées. La barque bondit sur les vagues et fila comme une flèche.

Une heure après, elle accostait la caravelle, et le cinquième jour les fugitifs mettaient le pied sur la terre d'Espagne.

La Jonquière passa aux Indes orientales et y fit fortune en commandant les troupes d'un puissant rajah. Larfaille, son ennemi, finit doucement ses jours à l'hôpital de Quimper, sans avoir recouvré la raison. Liévin vieillit au service du chevalier qui avait épousé la fille du prince de Horn. Violette et Louis du Terne furent heureux.

Gudule avait bien fait de mourir. Pour celles qui aiment sans espoir d'être aimées, la vie ne vaut pas une tombe dans le sable des grèves.

FIN.

D. THIÉRY ET Cᵉ. — IMPRIMERIE DE LAGNY.